主要经济体流动性管理
对中国经济的溢出效应

王珏帅　著

中国金融出版社

责任编辑：曹亚豪　张熠婧
责任校对：潘　洁
责任印制：程　颖

图书在版编目（CIP）数据

主要经济体流动性管理对中国经济的溢出效应／王珏帅著．—北京：中国
金融出版社，2020.11
ISBN 978 - 7 - 5220 - 0708 - 3

Ⅰ.①主…　Ⅱ.①王…　Ⅲ.①资本流动—影响—中国经济—经济增长—
研究　Ⅳ.①F124.1

中国版本图书馆 CIP 数据核字（2020）第 126540 号

主要经济体流动性管理对中国经济的溢出效应
ZHUYAO JINGJITI LIUDONGXING GUANLI DUI ZHONGGUO JINGJI DE YICHU XIAOYING

出版
发行　**中国金融出版社**

社址　北京市丰台区益泽路 2 号
市场开发部　（010）66024766，63805472，63439533（传真）
网 上 书 店　http://www.chinafph.com
　　　　　　（010）66024766，63372837（传真）
读者服务部　（010）66070833，62568380
邮编　100071
经销　新华书店
印刷　保利达印务有限公司
尺寸　169 毫米×239 毫米
印张　12.75
字数　206 千
版次　2020 年 11 月第 1 版
印次　2020 年 11 月第 1 次印刷
定价　58.00 元
ISBN 978 - 7 - 5220 - 0708 - 3
如出现印装错误本社负责调换　联系电话(010)63263947

推荐序

如今对许多人而言，跨境资本流动和金融市场周期共振似乎像人的呼吸一样自然；但从经济学研究的角度来看，对这一问题进行深入研究的历史并不久远。20世纪80年代之前，在国际贸易和金融领域中，经常账户一直是最为重要的议题，资本流动仅被视作经常项目的镜像；在宏观经济领域中，人们讨论的唯一"周期"是商业周期（Business Cycle），即由生产活动起伏波动驱动的就业与收入水平变化，而且通常认为核心发达经济体、小型发达经济体以及新兴市场经济体都有各不相同的商业周期。到20世纪80年代，金融周期尤其是全球金融周期还没有进入研究视野。

从20世纪80年代末开始，全球范围内间断爆发了一系列金融动荡（拉美与亚太地区金融危机、美国互联网泡沫危机、美国次级贷款危机，以及随之而来的全球金融危机和欧洲主权债务危机等），使得金融周期成为家喻户晓的话题，并在学术研究的殿堂上占据了一席之地。尤其是2008年国际金融危机之后，全球范围内的融资状况和资产价格的同步起伏、债务与权益市场的交叠震荡，使得许多研究者更加关注跨境市场周期联动问题。法国经济学家、伦敦商学院教授埃莱娜·雷伊（Hélène Rey）2013年在全球中央银行年会上提出的"全球金融周期"（Global Financial Cycle）概念，十分准确地描述了这种资本流动、信贷状况以及资产价格的跨境共振（Cross-border co-movement）现象。

那么，究竟是什么驱动了全球金融周期呢？按照国际清算银行经济学家申铉松（Hyun Song Shin）、克劳迪奥·博里奥（Claudio Borio）等人的观点，金融全球化的进程中，主要经济体流动性管理带来外溢效应和大规模的跨境资本流动，可能是驱动信贷状况以及资产价格跨境共振的核心要素。正如意大利前财长萨科曼尼（Fabrizio Saccomanni）所言，主要经济体的流动性管理措施带来的外溢效应，改变了市场的价值和风险感知，引发风险承担和融资约束之间的相互作用，并转化为金融繁荣或萧条。

从过去十多年的全球经济实践来看，主要经济体流动性管理的外溢效应既产生了一些积极影响，在金融危机中起到挽狂澜于既倒、扶大厦之将倾的作用；同时也推波助澜，加剧了新兴经济体资本市场扭曲和脆弱性。例如，2008 年国际金融危机中美联储的量化宽松政策很大程度上避免了全球经济陷入深度衰退和萧条；但大量热钱进出巴西、印度、印度尼西亚以及土耳其等金融市场相对不发达的国家，造成了信贷、资产价格以及汇率的大幅波动，使得金融市场极不稳定。学界广泛传播的一个新观点是，对新兴市场而言，通过自由浮动的汇率制度隔离外部冲击的传统观点将不再成立，即过去我们所熟知的"三元悖论"正在坍缩为"二元悖论"。这意味着，在资本自由流动的假设下，新兴市场的货币政策很难保持独立性，货币政策的共振将成为驱动全球金融周期的又一因素。

那么，主要经济体的流动性管理对中国经济的溢出效应是积极的，还是消极的？是短期的，还是长期的？是整体性的，还是局部性的？这些问题均是值得思考和实证的重要问题。目前，中国改革开放进程已经走过 40 个年头，中国经济已经深度融入世界经济。在全球主要经济体和地区的经济形势、政策立场及政治走向高度不确定性的背景下，中国经济也进入结构转型的关键时期。在更加自由浮动的汇率制度、更加开放的资本市场、更加宽松的准入制度下，国际资本介入中国经济的程度将大大加深，其他经济体流动性管理对中国的影响可能更加显著。因此，关于主要经济体流动性管理对中国经济溢出影响的研究不仅重要，而且格外紧迫。

令人欣慰的是，王珏帅博士在本书中尝试对这些重大问题进行了系统性讨论。我认为，这一研究工作对于合理评估主要经济体流动性管理对中国的外溢风险、做好流动性外溢冲击的应对策略是大有裨益的。

本书主要特点是研究视野较为开阔，研究内容系统且有一定的深度，同时在研究方法、样本覆盖等方面也有可圈可点之处。例如，作者梳理了 20 世纪末以来全球三次大规模金融危机（互联网泡沫危机、美国次级贷款危机、欧洲主权债务危机）的演化过程，以及危机前后主要经济体流动性管理操作和对应的流动性变化，这对读者理解全球金融周期发展脉络具有重要意义，也为主要经济体流动性管理对中国经济波动影响的后续研究奠定了基础。又如，作者从宏观经济、产业活动和金融市场三个层面系统探讨了主要经济体流动性管理对中国的影响，有针对性地采用了较为前沿的 GPM 分析框架、FAVAR 和 GVAR 模型等实证工具，样本覆盖了全球十多个主要经济体，使用数据变量百余个，揭示了不同经济体、不同流动性管理工具对中国经济活动溢出效应的异质性。

当然，正如作者所言，主要经济体流动性管理规模庞大、转向频繁、手段丰富，这为研究主要经济体流动性管理对中国经济的溢出效应带来了很大的困难，进一步进行深入和完善的研究仍有必要。随着流动性管理工具的不断创新、国际贸易和金融格局的逐渐变化，以及中国资本市场对外开放的日益深化，相信针对这一问题的相关研究将会不断焕发光彩，希望本书作者以及更多国内学者继续投入这一领域，产出丰硕成果。

杜金富

2020 年元旦于北京

前　言

　　2008 年美国次贷危机诱发的全球金融风暴、全球经济衰退以及"救市"实践显示：尽管核心发达经济体、小型发达经济体以及新兴市场经济体都有各不相同的实际经济周期，但全球主要经济体的经济与金融表现出被称为"全球金融周期"的高度相关性。而驱动全球金融周期的根源即是流动性外溢 (Monetary Spillover)。在过去 10 年里，由发达经济体的流动性管理和溢出效应所驱动的全球经济高度相关带来了一些积极的影响，同时也可能产生严重的副作用。那么，主要经济体的流动性管理对中国经济的溢出效应是积极的，还是消极的？是短期的，还是长期的？是整体性的，还是局部性的？这些重大问题目前尚没有得到充分论证。在中国经济结构转型的关键时期，在世界主要经济体和地区的经济形势、政策立场及政治走向高度不确定的背景下，流动性外溢风险是中国学界和政府有关部门亟待解答的一个重大问题。

　　为了回答这一问题，本书以"主要经济体流动性管理对中国经济的溢出效应"为题，尝试从宏观经济、产业活动以及金融市场三个方面，就主要经济体流动性对中国经济的溢出效应进行系统研究。本书首先回顾了有关流动性管理的国际溢出效应传导机制、影响效果，以及主要经济体流动性管理对中国影响的文献资料；而后考察了 20 世纪 90 年代以来三次金融危机的发展历程（互联网泡沫危机、美国次贷危机以及欧洲主权债务危机）、危机前后主要经济体流动性管理的历史；接着构建了一个包含美国、欧元区、日本、中国四大经济体的 GPM - 4 模型，分析了美国、欧元区和日本的 3 种流动性管理手段对我国 9 个关键宏观经济变量的影响；随后利用 FAVAR 模型，研究了 G7 经济体的流动性对我国工业、农业、房地产业、消费品零售业、对外贸易以及外商直接投资六种主要产业活动的溢出影响，以及各行业中流动性溢出效应的传导机制；最后，基于由 15 个主要经济体构成的 GVAR 模型，利用广义脉冲响应分析、反事实分析等方法，探讨了主要经济体流动性管理对我国金融市场的溢出效应。

　　研究发现：第一，流动性变化是塑造全球经济金融走向的重要因素。主要经济体的流动性管理不仅存在协同性，而且主要经济体的流动性管理多次转向、手段丰富，且流动性管理规模庞大。第二，主要经济体的流动性管理对我国主要宏观经济变量产生了一定影响，但不是主导因素。不同类型的流动性冲击对我国宏观经济的影响机制和效果存在差异，其中，货币冲击的瞬时效果最强，信贷条件和基准利率冲击对中国宏观经济波动的长期贡献度更大；G3 经济体中美国的流动性管理对中国宏观经济影响最大，欧元区次之，日本的影响最小；流动性冲击对中国宏观经济变量的影响主要体现在短期，20 个季度之后影响基本被完全吸收。第三，主要经济体的流动性管理对我国主要产业活动产生了明显的溢出效应。短期内以扩张效应为主，但部分行业表现出一定的滞后和反复；瞬时冲击对我国主要产业活动的影响在 6 个月左右达到稳定状态，长期来看，流动性冲击对我国各产业活动变量预测方差都有一定的解释力，但不起主导作用；流动性冲击对大类产业部门影响的传导机制总体上遵循从初始生产资料价格和生产活动向最终产品价格和生产活动传递的过程，但对细分产业活动影响的传导机制具有较大差异。第四，主要经济体的流动性管理对我国金融市场产生了明显的溢出效果。不同经济体、不同的流动性管理方式对中国金融市场的瞬时冲击和长期贡献有较大差异，其中，非常规货币政策冲击对中国金融市场波动的贡献度更高，中国长期债券利率对主要经济体的流动性冲击更敏感。

本书研究的主要边际贡献和创新之处体现在以下四个方面：第一，系统研究了主要经济体流动性管理对中国经济的溢出效应，分别从宏观经济、产业活动、金融市场三个方面进行了系统深入的研究，弥补了现有国内外研究的不足。第二，尝试拓展了国际货币基金组织研发的 GPM 分析框架，构建了由中美欧日四大经济体构成的 GPM-4 模型，并首次将其用于分析主要经济体流动性对中国宏观经济的溢出效应。第三，基于 FAVAR 模型探讨了主要经济体流动性管理对中国主要产业活动的溢出效应，首次从产业层面研究了流动性管理的国际溢出效应，进一步丰富了流动性溢出领域的研究内容。第四，对全球 15 个国家构建了 GVAR 模型，系统讨论了美国、欧元区经济体、亚洲经济体、其他经济体的常规与非常规货币政策对中国股、债、汇三个市场的溢出效应，在研究内容、研究方法、样本覆盖等方面完善和补充了现有的文献资料。

目　录

第一章 导 论

第一节 研究主要经济体流动性管理的背景与意义

一、现实背景

人们常用"当美国打喷嚏时，世界其他地区都会感冒"这样一句俗语来表达美国经济对全球其他经济体的巨大影响，但其隐含的另外一个更加重要的事实是：所有经济体都不是偏于一隅或者孤立存在的，相反，大家离得很近。2008 年美国次贷危机诱发的全球金融风暴和经济衰退告诉我们，世界比我们想象的还要小。尽管过去的经验表明，核心发达经济体、小型发达经济体以及新兴市场经济体都有各不相同的实际经济周期，但最近十多年的全球经济实践则显示：全球主要经济体正朝着同一方向前进。这种经济与金融的高度相关性在最新的研究中被定义为"全球金融周期"（Global Financial Cycles），即全球各国总资本流动、信贷状况和资产价格的共同波动。

那么，是什么驱动了全球金融周期呢？在国际清算银行（BIS）的一份年度报告中，申铉松（Hyun Song Shin）和克劳迪奥·鲍里奥（Claudio Borio）领导的一批经济学家指出，流动性外溢（Monetary Spillover）可能是全球金融周期的根源。主要经济体的流动性管理措施带来的外溢效应，"改变了市场的价值和风险感知，引起风险承担和融资约束之间的自我强化相互作用，并转化为金融繁荣和萧条"。

这种由流动性溢出所驱动的全球经济高度相关性带来了一些积极的影响，例如，随着 2007—2009 年国际金融危机后美国货币政策的放松，在不受危机直接影响的国家中短期利率和长期利率也有所下降，很大程度上避免了全球经济陷入深度衰退和萧条。但是，发达经济体的流动性管理和溢出效应，对世界其他地区产生了重要的副作用，尤其会对新兴市场经济体

1

的资产价格和资本流动造成巨大冲击。美联储副主席斯坦利·费雪（Stanley Fischer）曾警告：美国的低利率和量化宽松可能造成负面的国际溢出效应，同时他指出，欧洲中央银行的货币政策也会造成重大国际影响。在发达经济体增长前景不确定的情况下，全球流动性大幅增加会导致大量资本流入欧洲、中东和非洲，但这些资本往往是不稳定的。新兴市场的中央银行家、印度储备银行行长拉古拉姆·拉扬（Raghuram Rajan）也对美国和欧洲的货币政策的溢出效应表示担忧。对于金融市场相对不发达的国家而言，大量资本流入可能会助长信贷和资产价格泡沫、汇率升值，甚至经济失衡，尤其是在主要经济体货币政策立场即将转向时变得尤为严重。例如，时任美联储主席伯南克在 2013 年 5 月表示，美联储可能减少债券购买量（放缓量化宽松进度）时，全球金融市场变得极不稳定。因为预期美国未来退出量化宽松和货币政策利率上升，巴西、印度、印度尼西亚和土耳其等几个主要新兴经济体的金融市场经历了大量资本外流、股价下跌和汇率贬值。

由于国际金融危机以来全球经济对主要经济体实际或预期的流动性政策高度敏感，BIS 称国际金融市场一直处于"货币政策的魔咒之下"，并多次呼吁国际政策协调，以结束金融流动的过度波动和汇率的无序变动，美联储、欧洲中央银行以及日本银行也就量化宽松政策的实施过程和退出计划进行了更有效的沟通和信息传递。但是，这是否意味着不用再担心流动性外溢的风险呢？

恐怕得出这样的结论还为时过早。目前，全球经济形势的特点是：世界主要经济体和地区的经济形势及政策立场高度不确定，反映为金融和货币市场的高度波动。一些主要的因素可能包括：欧洲、中东和非洲的经济活动显著放缓，凸显了其持续的结构性弱点和失衡；石油和大宗商品价格迅速下跌，出口国的外部地位随之恶化；主要经济体复苏节奏不同导致货币政策协调难度加大，"以邻为壑"的政策带来更多不确定性和信任危机。对中国而言，除了上述不确定性之外，贸易摩擦问题的持续性和不可预测性使得问题更加复杂。主要经济体的政策立场变化可能会引起资本全球配置策略的重新评估，资产价格和汇率调整可能会引发普遍的风险规避，并产生更广泛的传染效应。在这种情况下，合理、全面评估主要经济体流动性管理对中国经济的溢出效应，是中国应对未来经济、政治不确定性的首要工作。

二、理论背景

流动性溢出，是现代宏观经济、货币政策、国际经济政策研究领域最重大，也是最富争议的课题之一。从20世纪60年代的两国版本蒙代尔—弗莱明模型，到蒙代尔—弗莱明—多恩布什分析框架（Dornbusch），再到20世纪末的新开放宏观经济学，早期关于流动性溢出效应的研究大都从贸易、物价、汇率以及总需求等实体经济渠道展开分析，为后期研究奠定了坚实的基础。随着20世纪70年代末金融自由化的快速推进，全球范围内发生了一系列金融动荡（如20世纪80年代初期全球商品价格崩盘导致的新兴市场国家银行危机和主权债务危机、1984年开始的美国储贷危机、20世纪80年代末90年代初的北欧国家银行危机、1992年日本资产价格泡沫破裂导致的经济衰退以及2000年前后的网络科技泡沫破裂等）。从20世纪末开始，学术界掀起了新一轮的货币政策研究热潮，研究者们转而从货币政策传导机制的角度来分析常规的利率调整和货币供应量变化的国际溢出效应。最近10年里，在美国房地产次级贷款泡沫引发的国际金融危机、欧洲主权债务危机，以及美国、欧元区、日本等主要经济体实行大规模量化宽松政策的背景下，关于非常规货币政策的国内有效性及其对全球资产价格和资本流动的国际溢出问题在政策讨论中占据主导地位，相关理论研究和实证研究层出不穷，研究热度一时无二。

随着研究的深入、数据和方法的完善，相关文献资料呈现出以下特点：研究者普遍认同主要经济体流动性管理对其他经济体溢出效应的存在，但在具体的传导机制、作用方向、影响程度等方面莫衷一是。由于流动性溢出效应存在多种并行的传导机制，且不同机制的影响方向有时相反，导致很难从理论上作出明确判断。因此，后期的研究重点转向针对特定经济体的实证分析。在国外实证研究文献中，关于发达经济体流动性管理对新兴市场经济体的溢出效应的研究在2015年之后才逐渐增加，且主要集中于分析中东欧国家和拉美国家，对亚洲新兴经济体尤其是中国的研究比较少见；而国内少数文献在方法和样本选择上仍然存在较大不足，导致研究结论的可靠性存疑，留下了研究空间和进一步深入研究的必要性。

三、研究意义

从上述选题背景可以看出，流动性管理的国际溢出效应是一个历久弥新的研究课题，特别在重大经济或金融危机之后，不仅产生了许多有待研究的新问题，而且过去的许多研究结论也亟须更新，值得重新深入思考。本书以"主要经济体流动性管理对中国经济的溢出效应"为题，尝试从宏观经济、产业活动以及金融市场三个方面，就主要经济体流动性对中国经济的溢出效应进行系统、深入的研究。这一选题对于更新相关研究结论、填补国内外研究空缺，丰富流动性管理和流动性溢出领域的研究成果具有重要的理论意义。

在选题的实践意义方面，当下中国正处在经济结构转型的关键时期，对金融稳定和经济平稳增长的要求超过了以往任何时候；同时，全球金融周期波动的特征越发显现，而世界主要地区的经济形势、政策立场和政治走向仍然存在高度不确定性。这意味着，未来很长一段时间内，流动性外溢风险可能是中国政策当局必须考虑和面对的主要问题之一。通过对该问题的研究，一方面有助于中国政策当局监测和评估主要经济体流动性管理措施对我国宏观经济、产业活动以及金融市场的冲击，以便对未来可能发生的流动性外溢冲击做好应对；另一方面，弄清楚主要经济体流动性冲击对我国经济的溢出效应，为中国人民银行介入国际货币政策协调提供了一定的参考价值。

第二节　研究内容与方法

一、研究内容

本书的主要内容包括三个核心部分：主要经济体流动性管理对我国宏观经济的溢出效应、主要经济体流动性管理对我国主要产业活动的溢出效应、主要经济体流动性管理对我国金融市场的溢出效应。

在展开核心章节研究之前，本书首先系统回顾了20世纪90年代以来三次金融危机与主要经济体流动性管理的历史。弄清楚主要经济体的流动性管理操作，对于理解经济金融发展脉络具有重要意义，也是研究主要经济体流动性管理对中国经济波动影响的基础性工作。基于此，主要以三次大型金融危机为串联，回顾并总结20世纪90年代以来主要经济体的流动性管理操作、对应的流动性变化，讨论了流动性管理在塑造全球经济金融走势方面所发挥的巨大作用。

第一部分研究的主要目的：评估主要经济体流动性管理对我国经济增长速度、产出缺口、通胀、政策利率、实际有效汇率等宏观经济变量的溢出效应。已有的文献资料和目前主流的宏观经济研究方法对这一问题考察并不充分：一方面，大量基于时间序列计量工具的研究考虑了不同经济体变量间的交互作用，但对变量间的理论联系和内生结构性约束考虑不足；另一方面，基于结构宏观经济模型的一些动态随机一般均衡研究充分考虑内生关系和微观基础，但又很难将多个经济体纳入同一分析框架。为了解决这一问题，这一部分基于国际货币基金组织（IMF）的全球预测模型（Global Projection Model，GPM），构建了一个包含美国、欧元区、日本、中国四大经济体的 GPM - 4 模型，综合使用校准和贝叶斯估计方法得到模型参数，随后利用数值模拟的方法，揭示主要经济体的流动性管理对我国关键宏观经济变量的影响。

第二部分在第一部分的基础上，将研究的视角深入到中观层次，研究的主要目的是：揭示主要经济体流动性管理对中国主要产业活动的影响。在现有的文献资料中，鲜见从产业层面研究流动性的国际溢出效应，国内仅有的几篇文献也只是分析了美国等发达国家的货币政策对中国进出口或房地产的影响。一个主要的原因在于当选取的行业数量较多时，"维度灾难"成为实证检验中最大的困难。为了解决这一问题，这一部分主要选用因子增强向量自回归模型（Factor-Augmented Vector Auto Regressive，FA-VAR），从高维的产业层面数据信息集中提取包含丰富数据信息的少量共同因子，建立回归模型，研究主要经济体流动性管理对我国主要产业活动（工业、农业、房地产业、消费品零售业、进出口贸易及外商直接投资）的影响。

第三部分在前两部分的基础上，将研究的关注点从实体经济领域转移到虚拟经济领域，进一步探讨主要经济体流动性管理对中国金融市场的影响。2015 年之后，西方学者开始讨论发达经济体的量化宽松对新兴市场经济体的影响，但其中对亚洲新兴经济体尤其是中国金融活动影响的研究还比较少见。更重要的是，现有研究表明流动性溢出效应对不同国家的影响差异巨大，这使得我们也很难借鉴其他研究成果来评估流动性溢出对中国金融的具体影响。为了填补这一空缺，这一部分基于全球向量自回归方法（Global Vector Auto Regressive，GVAR），利用多国数据，系统检验了主要经济体的常规和非常规的流动性管理措施对中国金融市场（股票、债券、外汇）的影响。

二、研究方法

针对上述三个部分的研究内容，相应选取了不同的实证研究方法。

第一部分中，主要的研究框架是一个包含美国、欧元区、日本、中国四大经济体的全球预测模型（GPM – 4）。本部分利用稳态变量的动态随机过程和行为方程来刻画多经济体宏观经济变量间的联系和内生结构性约束关系；在此基础上，利用多个经济体的宏观经济数据，对模型参数进行校准和贝叶斯估计；利用仿真手段模拟主要经济体的流动性管理冲击，研究中国关键宏观经济变量的动态响应特征；通过基于模型仿真的方差分解分析来解析主要经济体流动性冲击对中国关键宏观经济变量长期预测方差的贡献度。

第二部分中，研究的主要工具是利用工业、农业、房地产业、消费品零售业、进出口贸易以及外商直接投资六大类产业活动共计 129 个变量，基于共同因子和可观测变量构建的因子增强向量自回归模型（FAVAR）。本部分针对不同行业选取具有代表性的指标，提取共同因子，构建并估计 FAVAR 模型；计算脉冲响应函数，分析主要经济体流动性管理的单次瞬时冲击对我国产业活动的短期影响；对预测方差进行分解，考察主要经济体流动性冲击对产业活动中长期波动的解释能力；利用格兰杰因果检验的方法考察主要经济体流动性管理对我国产业活动影响的传导机制。

第三部分中，主要的研究方法是利用 15 个主要经济体的数据构建一个全球向量自回归模型（GVAR）。在 DdPS – GVAR 框架下，本部分通过构造内部变量、外部变量、全局变量，刻画单一经济体的 VARX 模型；利用全球贸易流数据构造权重矩阵，建立不同经济体之间变量间的联系，形成完整的 GVAR 模型；基于变量间的协整关系，利用降秩回归估计模型参数，并按照递归思路求得模型的解；通过计算广义脉冲响应函数（GIRF）和广义方差分解（GFEVD）考察中国金融市场对其他经济体流动性冲击的动态响应路径和长期依赖关系；利用反事实分析（Counter Factual Analysis）进一步揭示出主要经济体流动性操作对中国金融市场的影响。

此外，在文献回顾和评价、流动性管理的历史考察等部分，还运用了历史分析法和文献比较法。

第三节　结构安排与内容框架

一、结构安排

本书的结构安排如下。

第一章简要阐述了选题的现实背景、理论背景和研究意义，介绍了主要的研究内容和方法、研究框架和结构安排，以及创新与不足之处。

第二章回顾并评价了有关流动性管理的国际溢出效应的文献资料，指出了研究的必要性。本章回顾并总结了流动性管理的国际溢出效应的传导机制，包括早期从实体经济视角的研究成果、后期从金融与货币政策视角的研究成果，后者具体从常规货币政策的国际溢出传导机制和量化宽松政策的国际溢出传导机制两方面展开。在此基础上，从宏观溢出效应、产业溢出效应、金融溢出效应三个方面，回顾了近年来关于流动性管理国际溢出效应的实证研究。基于上述分析，就主要经济体流动性管理对中国经济的溢出效应的相关研究进行了回顾和总结。

第三章考察了 20 世纪 90 年代以来三次金融危机，以及危机前后主要经济体流动性管理的历史。本章回顾并梳理了 2000 年左右互联网泡沫危机爆发前后主要经济体中央政府和中央银行的流动性管理操作，以及流动性变化；2007 年美国房地产次级贷款危机爆发前后主要经济体中央政府和中央银行的流动性管理操作，以及流动性变化；2009 年欧洲主权债务危机以来主要经济体中央政府和中央银行的流动性管理操作，以及流动性变化。

第四章基于 GPM－4 模型研究了主要经济体流动性管理对中国宏观经济变量的溢出效应。本章简要介绍了 GPM 框架的基础、区别于传统结构宏观计量模型和传统时间序列计量方法的特征和优势，以及目前的发展和应用现状；随后，构建了一个包含美国、欧元区、日本、中国四大经济体的 GPM－4 模型；在此基础上，利用上述经济体的宏观经济数据，对模型参数进行校准和贝叶斯估计；利用仿真手段进行随机冲击响应分析，进行方差分解计算，分析美国、欧元区和日本的流动性管理对中国关键宏观经济变量的影响。

第五章基于 FAVAR 模型研究了主要经济体流动性管理对中国主要产业

活动的溢出效应。本章简要介绍 FAVAR 模型的基本思想、优势，以及研究样本的选择；针对选择的样本选择适当的指标，并提取因子；在此基础上，利用 FAVAR 模型进行参数估计，计算脉冲响应函数，分析主要经济体流动性管理对我国主要产业活动的影响，并进行稳健性检验；最后，利用格兰杰因果检验的方法考察主要经济体流动性管理对我国产业活动影响的传导路径。

第六章基于 GVAR 模型研究了主要经济体流动性管理对中国金融市场的溢出效应。本章简要介绍 GVAR 模型的发展过程、优势，以及基准的模型框架、参数估计以及求解方法等；随后针对本章研究问题，构建 GVAR模型，介绍了样本选择和数据处理过程；在此基础上进行模型参数估计，并利用广义脉冲响应分析、广义方差分解分析，以及基于 GVAR 模型的反事实分析，探讨主要经济体流动性管理对我国金融市场的影响。

第七章总结了基本研究结论，并阐述了对未来研究方向的理解。

二、内容框架

本书内容框架如图 1 − 1 所示。

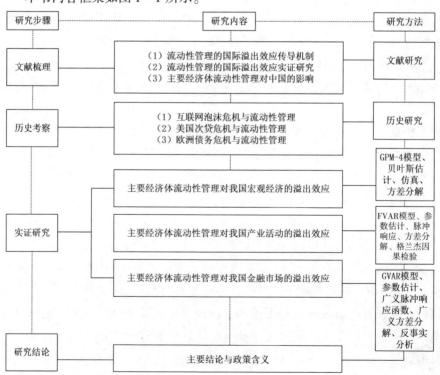

图 1 − 1　内容框架

第四节 创新与不足

一、创新点

本书的边际贡献和创新之处体现在以下四个方面。

第一，系统研究了主要经济体流动性管理对中国经济的溢出效应，分别从宏观经济、产业活动、金融市场三个方面进行了系统、深入的研究，弥补了已有研究的不足。目前，越来越多的国外学者开始关注发达经济体流动性管理对新兴市场经济体的溢出效应，但大多还是集中于分析中东欧国家和拉美国家；少数研究亚洲国家的外文文献也仅是把亚洲新兴经济体作为一个整体来分析，很少单独研究主要经济体流动性管理对中国的溢出效应。国内文献中，相关研究总体数量较少，研究内容比较分散、零碎，研究方法比较滞后。本书的研究丰富了国内外这一领域的研究内容，作出了一定的边际贡献。

第二，尝试拓展了国际货币基金组织研发的 GPM 分析框架，构建了由中国、美国、欧元区、日本四大经济体构成的 GPM-4 模型，并将其应用于研究中国宏观经济问题；从目前可查文献来看，本书也是首个构建 GPM 模型分析主要经济体流动性管理对中国宏观经济溢出效应的研究成果。研究结果揭示了流动性管理中信贷条件等非价格因素对中国宏观经济变量的影响，这与现有研究集中讨论利率、汇率及货币供应量等传统变量有着明显的不同。

第三，尝试研究了主要经济体流动性管理对中国产业活动的溢出效应。从国内外主流研究资料来看，鲜有在产业层面研究流动性管理的国际溢出效应的文献资料，通常只是局限于分析国内货币政策影响的行业异质性、共同货币区内统一货币政策对不同行业的影响，或者货币政策对行业股票价格指数的溢出影响。实证研究中，研究对象覆盖了工业、农业、房地产业、消费品零售业、进出口贸易以及外商直接投资六大类产业活动，使用的产业活动变量多达 129 个；基于共同因子和可观测变量建立 FAVAR 模型，克服了经典 VAR 模型的缺陷，更加全面地揭示了主要经济体流动性冲击对中国产业活动短期波动的影响，以及对产业活动中长期波动的解释能力。

第四，对全球 15 个国家构建了 GVAR 模型，研究主要经济体的流动性管理对中国金融市场的影响。在充分论证了 GVAR 模型可靠性的基础上，采用广义脉冲响应分析、广义方差分解分析以及反事实分析的方法，系统讨论了美国、欧元区经济体、亚洲经济体、其他经济体的常规与非常规货币政策对中国股票市场、债券市场和汇率的溢出效应，揭示了不同经济体、不同流动性管理工具对中国金融市场溢出影响的异质性。本书在研究内容、研究方法、样本覆盖等方面都对现有文献资料形成了重要补充。

二、不足之处

目前研究仍然存在一些不足和可待改进的地方，主要体现在以下三个方面。

第一，在研究主要经济体流动性管理对中国宏观经济的溢出效应时，GPM－4 模型中对中国宏观经济变量行为方程的刻画仍然略显粗糙。目前，中国经济仍然存在一些非市场化的行为特征，这给模型化带来了一定的困难。如何准确刻画这些行为特征、进一步提高模型的解释能力，将是未来的研究方向。

第二，在研究主要经济体流动性管理对中国产业活动的溢出效应时，受研究能力、数据收集与处理能力的限制，FAVAR 模型未能覆盖更多门类的产业活动，且在刻画一些产业活动时选择的变量也存在一定的局限性和欠合理之处，还须在后续研究中进一步完善。

第三，在研究主要经济体流动性管理对中国金融市场的溢出效应时，可能由于掌握的数据有限、大规模数据处理能力不足，构建的 GVAR 模型对全球经济互动机制的刻画并不完善，由模型得到的个别结论在一些细节上比较令人费解。在后续的研究工作中，可通过对样本和变量进行扩充、对溢出机制权重矩阵进行完善等方法，提高模型的解释能力和预测能力。

第二章　文献回顾与评价

在 2008 年国际金融危机之后，越来越多的研究者认识到，经济全球化程度已经达到较高水平，一国经济对其他经济体的发展形势以及流动性管理措施表现出越来越高的敏感性。流动性管理的溢出效应成为近 10 年学术界研究的一个热门议题。本章主要从"流动性管理的国际溢出效应传导机制研究""流动性管理的国际溢出效应实证研究""主要经济体流动性管理对中国经济的溢出效应研究"三个方面回顾近年来这一领域的相关研究成果；随后，对现有研究作出评价，并指出进一步研究的必要性。

第一节　流动性管理的国际溢出效应传导机制研究

一、流动性溢出效应传导机制的早期研究

流动性溢出效应，指的是一个经济体的流动性变化对其他经济体的影响。最早研究流动性溢出机制的是蒙代尔（Mundell），他构建了一个标准的两国蒙代尔—弗莱明模型，研究发现：一个国家的流动性宽松（通常是基准利率的下降或货币供应量的增加）对国内产出产生积极影响，并导致本币贬值。这对外国的产出有两个相反方向的影响：一个是本币贬值导致的"以邻为壑"作用，使得外国产品的竞争力削弱；另一个是由于本国产出的扩大增加了对外国产品的需求，从而提升外国的总产出水平。流动性扩张对国内外消费价格也有影响，本币贬值增加了进口商品和服务的本币价格，从而提高了国内消费价格指数。相比之下，在国外，它降低了进口货物的外币价格，从而降低了消费价格指数。这意味着在给定的产出水平下，一个消费篮子的实际价值在本国下降，而在外国上升。因此，由于外国贸易条件的改善，即使国内货币扩张对外国产出产生负的净影响，部分也会被外国实际消费的增长所抵消。因此，蒙代尔认为，短期内本国流动性扩张会给其他经济体带来好处，但长远来看，货币扩张足以提高国内商品价格，

以恢复与货币扩张前相同的实际汇率水平，每个国家的实际产出都会回到其潜在水平。

Dornbusch 在蒙代尔—弗莱明模型的基础上发展出"超调"（Overshooting）理论，将流动性变化的影响拓展到金融领域，并提出两点不同见解：第一，流动性的变化会造成资产价格，特别是汇率的大幅波动。第二，由于金融市场的前瞻性，对未来货币政策变化的预期可能导致今天资产价格的变化，如汇率和股票价格。因此，由于过度调整和预期驱动的资产价格波动反映了金融市场固有的前瞻性本质，金融市场不断根据新信息重新定价资产，包括对未来流动性变化的预期。

20 世纪末，由 Obstfeld 和 Rogoff 以及 Corsetti 和 Pesenti 提出的新开放宏观经济学（New Open-Economy Macroeconomics）进一步深入研究了流动性管理政策的国际溢出问题。该理论指出，如果名义价格是刚性的，则溢出机制受出口公司定价行为差异的影响。如果国内外出口企业采用生产性货币定价（PCP），那么由于流动性扩张导致的本币贬值将恶化本国的贸易条件，改善外国的贸易条件，从而刺激国内出口产品的生产；相反，如果国内外出口企业采用当地货币定价（LCP），由于流动性扩张导致的本币贬值将改善国内的贸易条件，恶化外国的贸易条件，从而对国外生产产生抑制作用。

可以看出，早期关于流动性溢出效应传导机制的研究主要是从贸易、物价、汇率以及总需求等实体经济渠道进行的，随着不同经济体金融联系更加紧密，后期的研究发现了更多的传导机制，尤其是在 2000 年前后关于货币政策传导机制的研究极大地丰富了这一领域。

二、常规货币政策国际溢出效应的传导机制

2000 年左右，学术界涌现了一大批研究货币政策传导机制的文献。尽管这些文献主要讨论的是货币政策在国内的传导机制，但为货币政策国际溢出效应的研究奠定了基础。根据这些理论，货币政策的一般传导渠道包括四类：一是利率渠道，即货币政策的调整会直接影响利率，从而对投资或耐用消费品的需求产生影响。这一传导机制得到了 Hayo 和 Uhlenbrock 以及 Carlino 和 DeFina 的验证。二是信贷渠道，即货币政策的传导依赖于银行的贷款能力和贷款意愿，而货币政策会制约商业银行贷款规模，影响信贷市场供给，贷款成本发生变化，进而影响借款人的资金需求和社会总需求。这一传导机制得到了 Kashyap 等以及 Iacoviello 的验证。三是资产负债表渠

道，即货币政策会改变企业和消费者的资产负债表状况，影响其外部融资升水压力，进而影响投资和消费需求。这一传导机制得到了 Bernanke 等、Bernanke 和 Gertler 以及 Aoki 等的验证。四是银行风险承担渠道，即货币政策是松弛还是紧缩会影响商业银行的风险感知和风险承担行为，进而对政策效果产生影响，这一传导机制得到了 Adrian Shin、Borio 和 Zhu 的验证。

与货币政策国内传导机制类似，其对应的国际溢出效应传导机制包括利率渠道、国际银行信贷渠道、国际投资组合平衡渠道，以及国际风险承担渠道。

利率渠道方面，Hofmann 和 Takáts 利用由 30 个新兴市场国家构成的固定效应面板模型发现，核心国家的货币政策调整会引起其他边缘国家利率的同向变动，这一结果确定了利率渠道的基本逻辑。Obstfeld 也发现，不同国家的长期利率存在显著的溢出效应。类似地，Chari 等也指出，不同国家的资产价格和资金成本表现出同向运动的趋势。虽然大多数研究者都认为长期利率存在显著溢出，但对短期利率的溢出存疑。不过，Obstfeld 等以及 Goldberg 发现，对于汇率联系比较紧密，或者盯住同一基准货币的国家来说，短期利率走势也表现出高度一致性；Gray、Edwards 也寻找到了政策利率显著溢出的证据。

国际银行信贷渠道方面，Bruno、Shin 和 Rey 发现，在国际金融危机之前，国际银行业的信贷流动是美国货币政策向欧洲、中东和非洲地区传递的重要渠道，因此也是全球金融周期的重要组成部分。Buch 等指出，国际货币政策对银行贷款的溢出是普遍存在的，而且流动性变化的影响在资产价格和银行间贷款中比在其他形式的银行和非银行资本流动中更为显著。类似地，Morais 等利用墨西哥和欧洲及美国的银行数据发现，欧美的货币政策宽松扩大了国际银行的信贷供应，产生了强大的金融支持效应，进一步证实了国际银行信贷渠道对货币政策溢出效应的传导作用。

国际投资组合平衡渠道（International Portfolio Balance Channel）方面，Fratzcher 等提出，货币政策通过影响关键基准资产（尤其是政府债券）的风险溢价和收益率，促使投资者重新平衡其投资组合，最终对广泛的资产范围产生额外的价格影响。Anaya 等对欧洲、中东以及非洲地区新兴经济体的研究发现，美国扩张性货币政策引起了国际投资组合向这些地区的流动。Brono 和 Shin 则进一步指出，国际投资组合平衡渠道已经替代国际银行信贷渠道，成为最重要的流动性溢出机制。

国际风险承担渠道方面，Bekaert 等通过实证研究发现，美国传统货币政策对金融市场风险承担具有显著影响，风险偏好的增加可能会促使投资者转向更具风险的高收益新兴市场资产，从而将流动性溢出到新兴市场国家。类似地，Miranda Agrippino 和 Rey、Bruno 和 Shin 以及 Morais 也发现，高收入国家的宽松货币政策会导致全球银行增加新兴市场的信贷供应，以达到更高的事前收益率，以及更高的贷后违约。

三、量化宽松政策国际流动性溢出效应传导机制

2008 年至 2014 年间美国实施了超大规模的量化宽松货币政策，2014 年之后欧洲中央银行也开启了量化宽松周期，为市场注入了巨额流动性。针对量化宽松政策的国际流动性溢出效应，近年来也有许多学者研究其传导机制，特别是比较其与常规货币政策的不同之处。

从文献来看，量化宽松政策（QE）国际流动性溢出效应的传导机制主要包括以下几个方面：一是投资组合平衡渠道。与常规货币政策的国际溢出类似，量化宽松政策执行中，中央银行大量购买长久期政府债券或资产抵押证券会挤出一般投资者，从而增加市场对其他类型资产的需求，尤其是新兴市场资产；而资金的流入会减轻这些国家的金融压力。二是信号渠道（Signalling Channel）。QE 通常被市场理解为中央银行将在未来一段时期内保持低利率环境的信号，因此债券收益率中的风险中性部分将下降。执行 QE 国家的利率与其他经济体的利率存在的差距将在较长时间内保持，这会导致从事息差交易的热钱和长期资本流向其他经济体。三是汇率渠道。在投资组合平衡渠道和信号渠道的作用下，资金的流出会导致实施 QE 的国家的货币贬值，这会降低该国的国际购买力，从而减少对其他国家产品的国际需求。因此，这一渠道的作用方向是负向的。四是贸易渠道（Trade - flow Channel）。由于 QE 有助于本国的经济扩张和总需求，会增加其他国家的出口贸易，这在一定程度上对冲掉一部分汇率渠道导致的负面影响。

除此之外，Fratzcher 等还提出并验证了信心渠道（Confidence Channel）和主权信贷风险渠道（Sovereign Credit Risk Channel）两种机制。前者是指中央银行的 QE 有助于恢复市场对金融体系的信心，风险溢价和不确定性会下降，从而对资产价格产生积极影响；后者是指通过对主权信贷风险的控制，削弱市场毫无根据的担忧，从而保障货币政策的实施效果。

第二节　流动性管理的国际溢出效应实证研究

从上述研究可以看出，流动性管理的国际溢出效应传导机制丰富多样，不同的流动性管理手段的主要溢出机制也不相同。更为重要的是，一些传导机制下流动性溢出效应的影响方向是相反的，而现实中流动性溢出效应不可能仅通过一种渠道进行传导。因此，研究者很难根据理论分析来判断流动性溢出的实际效果，相关实证研究在最近几年快速发展。

一、流动性管理的宏观溢出效应

关于流动性管理对宏观经济变量的溢出效应的早期研究主要是针对美国等发达国家的常规货币政策，影响范围包括实际产出、通货膨胀等。

产出方面，大多数研究发现美国等发达国家的利率水平会对所研究样本国家的产出造成负向的效应，即美国紧缩性（扩张性）货币政策冲击使得所研究的样本国家产出下降（上升）。Kim 和 Roubini 对 G7 国家构建的 SVAR 模型结果显示，货币冲击会对实体经济产生影响。Kim 基于 VAR 模型的实证研究发现，当美国出现宽松的货币政策冲击后，美国利率水平下降会导致全球实际利率水平的下降，从而提高世界范围内的总需求，促进进出口贸易的繁荣和其他经济体实际产出的增加。Clarida 等、Galí 和 Monacelli 基于考虑价格黏性的新凯恩斯模型发现，其他国家释放流动性、降低利率尽管会导致所研究国家货币的升值，但预期更高的外国产出和对该国出口的更高需求会缓和这种影响，从而对该国产出带来促进作用。Mumtaz 和 Surico 基于 FAVAR 模型估计国际货币政策冲击对英国的影响，其结果也表明：在外国货币扩张后，尽管汇率升值，英国的产出仍会增加。但是，外国货币宽松（紧缩）并不一定会导致其他国家产出增加（减少）。例如，Canova 对拉美国家的实证研究发现，美国紧缩性货币政策反而提高了拉美国家的实际产出；Willems 对以美元为主要货币的国家的研究发现，美国紧缩性货币政策对这些国家的产出没有实际影响；而 Neri 和 Nobili 则指出，短期内美国紧缩性货币政策对欧元区产生了正向溢出作用，但中期之后，反而产生了负向作用。

通货膨胀方面，尽管关于货币传导机制的文献表明，给定的利率变化并不能唯一地反映通货膨胀的变化，但相关实证研究表明，外部经济体的货币宽松的确可能会给所研究经济体带来通胀压力。Ma′kowiak 基于 VAR 模型对新兴经济体的研究发现,典型新兴市场国家的价格水平对美国货币政策冲击的反应迅速而强烈,甚至超过了美国自身的价格水平反应程度,也就是所谓的"当美国打喷嚏时,新兴市场会感冒"。Dees 等基于 33 个国家的数据的多国新凯恩斯动态随机一般均衡模型的研究发现,美国货币政策紧缩会导致其他国家通货膨胀水平降低。类似地,Eickmeier 和 Tim 通过构建并估计 GVAR 模型来研究美国信贷冲击对其他经济体的影响,发现美国信贷紧缩会导致其他国家物价水平的下降。

2008 年美国次贷危机引发了全球范围的经济衰退,包括美联储、欧洲中央银行以及日本银行在内的多个中央银行启动量化宽松政策,研究者也集中研究了量化宽松的流动性管理手段对宏观经济的溢出效应。Gambacorta 等利用面板 VAR 模型估计了国际金融危机期间美联储量化宽松政策在发达国家间的溢出效应,他们发现量化宽松对其他国家实际产出的影响力度与常规货币政策接近,但量化宽松对物价水平的影响更小一些,且作用时间更短。Anaya 等发现,美联储大规模资产购买计划(Large Scale Asset Purchases)的实施,为发展中经济体带来资本流入,并促使其实际产出增长。Kucharčuková 等比较了欧洲中央银行的常规货币政策与量化宽松政策对欧元区国家的影响效果,他们发现量化宽松政策引起的宏观经济变量反馈比较复杂,流动性对汇率的影响比较迅速,仅对部分国家的实际产出有影响,对通货膨胀几乎没有影响。此外,也有部分中国学者研究了美国量化宽松政策的国际影响。例如,陈磊和侯鹏指出,美国量化宽松政策导致全球流动性泛滥,推动全球大宗商品价格上涨,美元贬值使得国际资本流入新兴经济体,造成这些经济体货币的被动投放,加大了通胀压力。李自磊和张云基于 SVAR 模型分析了美国量化宽松政策对金砖国家的溢出效应,他们认为,美国量化宽松对金砖国家的产出水平构成负向冲击,对通货膨胀率构成正向冲击。

二、流动性管理的产业溢出效应

从掌握的文献资料来看,直接研究流动性管理在产业层面的国际溢出效应的文献资料比较少见。不过,有三个相近领域的研究仍然可以提供一些洞见:一是流动性管理(或货币政策)对本国产业活动的影响,由此可以了解流动性溢出影响产业活动的基本特征;二是共同货币区内中央银行的流动性管理对各成员国产业活动的影响，可以作为国际溢出效应的简单类比；三是流动性管理对不同产业板块股票价格指数的影响，即通过股票市场来判断流动性溢出对不同产业的影响。

针对第一个问题，流动性管理对国内产业部门的影响通常具有异质性。Dale 和 Haldane 最早研究货币政策效应的产业差异，他们利用英国的数据发现，工业部门相比零售部门对货币政策的反应更加快速且剧烈。在此基础上，Ganley 和 Salmon 利用英国 24 个行业的数据进行了更为细致的研究，他们发现，耐用消费品制造业、建筑业、批发业对流动性更敏感，而农业部门对冲击几乎没有反应。Ibrahim 也验证了这一结论，即对常规货币政策调整而言，利率敏感性行业（如建筑业和制造业）通常比其他行业的相应幅度更大。Ghosh 利用印度 2 位数行业数据分别与货币政策变量构建了 VAR 模型，来研究货币政策冲击对各产业产出水平的影响。他发现，行业对货币紧缩表现出不同的反应，其差异可以由利率和金融加速器来解释。类似的研究还包括 Hayo 和 Uhlenbrock 对德国问题的检验、Dedola 和 Lippi 针对 OECD 国家的检验、Alam 和 Waheed 针对巴基斯坦数据的检验。国内学者如闫红波和王国林、郭晔等也证实了统一货币政策对不同产业的非对称效应。Goto 研究了非常规货币政策（量化宽松）对产业部门影响的异质性，并利用美国、英国以及日本三个国家进行了对比。他发现，非常规货币政策对产业部门影响的异质性与传统货币政策的异质性效应相似，对制造业部门的影响最迅速，而对服务业部门的影响持久。

针对第二个问题，共同货币区内中央银行的流动性管理对各成员国产业活动的影响具有异质性，这一异质性的发现主要来自并用于解释成员国对同一货币政策的不同响应。Peersman 和 Smets 估计了欧元区范围内货币政策变化对 7 个欧元区国家 11 个行业产出增长的影响，他们发现，在繁荣时期和衰退时期中利率紧缩对产出的影响有不对称性，且这种不对称性存在相当大的跨行业异质性，这种异质性主要可以被行业生产商品的耐用程度来解释，同时也与行业的融资结构、债务期限结构、规模等相关。类似地，Peersman 关于欧元区货币政策传导机制差异的研究也表明，制造业和建筑业受流动性的影响较大。

针对第三个问题，归属不同产业的公司股票对流动性管理的响应差异，反映了流动性对行业影响的异质性。Angeloni 和 Ehrmann 在研究欧元区货币政策传导机制时发现，与电信、消费品、科技以及金融有关的上市公司股票价格对未预期到的货币政策冲击的反应最激励。Kholodilin 和 Montagnoli 研究了欧洲股票市场对欧洲中央银行货币政策冲击的响应，他们发现，石油与天然气、消费品、健康、电信、金融等行业的股票对货币冲击最敏感。相反，Bredin 等研究英国和德国的主要股票市场指数和行业指数对德国、英国以及欧洲中央银行货币政策的反应时发现，德国和英国的行业指数对英国货币政策冲击有显著响应，但对德国和欧洲中央银行货币政策不太敏感。

总体来看，关于流动性管理的产业溢出效应的相关研究表明，流动性冲击对产业的影响具有明显的异质性，但没有形成一致结论，而且鲜见在产业层面研究流动性管理的国际溢出效应的文献。

三、流动性管理的金融溢出效应

目前，已有不少学者研究了美国和欧元区货币政策对其他经济体金融市场的溢出效应。尽管研究方法和样本存在很大差异，但基本上都证实了流动性管理在金融领域溢出效应的存在性。这里从常规货币政策和非常规货币政策两个方面进行文献回顾。

常规货币政策方面，Calvo 等的经典文献已经指出，主要经济体的利率在驱动全球资本流动方面发挥了重要作用。Agrippino 和 Rey 利用动态因子模型证明了 Calvo 等的观点，他们发现全球风险资产价格、跨国资本流动等金融变量中存在一个贡献度达到 20% 的共同因子，而这一因子受到美联储联邦基金利率的显著影响。Kishor 和 Marfatia 利用期货市场的高频数据研究了外国股市对美国货币政策冲击的时变反应，他们发现，全球股票市场对美国货币政策冲击的反应存在显著的时间变化，联邦基金利率的意外下调会导致股票回报的增加，这一现象在国际金融危机期间更为显著。Ko 和 Lee 利用小波分析的方法研究了国际货币政策不确定性与股票价格的关系，他们发现国际货币政策的不确定性会给股票价格带来负面影响，其中短期影响比长期影响更显著；当美国货币政策与其他国际货币政策不确定交叠时，影响发生变化。Gilchrist 等研究发现，美国传统货币政策的宽松会导致非投资级信用评级国家发行的美元计价主权债券的信用利差显著缩小。

非常规货币政策方面，Neely 采用事件分析方法研究美国非常规货币政策对其他国家金融市场的影响时发现，美国的量化宽松导致其他国家外汇储备的美元价值下降，同时降低了部分发达国家长期债券的收益率。Chen 等发现，美联储在 2009 年之后的大规模资产购买计划在全球范围内推高了一系列资产（股票、主权债券收益率、公司债券收益率、CDS 溢价）的价格，但对不同国家金融资产价格的长期影响差异很大。Gilchrist 等的研究表明，美国非常规货币政策扩张导致其他国家以本币计价的外国债券收益率曲线变得更加平坦。Bowman 等研究了 17 个欧洲、中东和非洲国家主权债券收益率、汇率和股票价格对美国量化宽松政策的反应，他们利用准事件分析方法发现，美国量化宽松对这些国家的金融市场产生了明显的溢出效应，特别是对主权债券收益率产生了很大影响。

除此之外，一些学者比较了不同国家量化宽松政策对其他经济体金融溢出效应的差异。例如，Fratzscher 等比较了欧洲中央银行和美联储量化宽松对股票、汇率、债券，以及一些风险指标和国际资本流动的影响，他们发现，国际投资组合对欧洲中央银行的量化宽松政策反应很小，这与它们对美联储流动性宽松政策的反应形成鲜明对比，后者会导致国际投资组合在不同资产和国家之间进行大规模再平衡。Inoue 和 Okimoto 研究对比了美联储与日本银行量化宽松政策的效果，发现两者对各自国内金融市场都产生了显著的影响，但是日本银行的量化宽松操作对国际金融市场的影响很小，大约只有美国量化宽松政策影响效果的十分之一。

第三节 主要经济体流动性管理对中国经济的溢出效应研究

尽管中国的资本账户没有完全开放，但一些实证研究结果显示，其他经济体的流动性管理措施会对中国经济产生一定的溢出效应。大多数研究集中讨论了美国的货币政策对中国的影响，且主要在宏观溢出效应和金融溢出效应两个方面。

宏观溢出效应方面，文献中关于国际流动性对中国产出的影响结论并不一致。白玥明等基于信号渠道分析了美国货币政策对中国经济的影响，他们的实证结果表明，美国扩张性非常规货币政策冲击会改善中国投资者的预期，增加投资规模，并导致实际产出的增加。叶阿忠等的研究则发现，美国的货币扩张短期内会促进中国实际产出的增加，但长期效应不明显；而且，美国联邦基金利率的提升在长期来看也有助于提高中国的实际产出。类似地，张蓉基于时变参数因子增强向量自回归模型（TVP - SVFAVAR）的研究也表明，扩张的全球流动性对我国经济增长起到刺激作用。相反，李自磊和张云基于 SVAR 模型的实证研究则显示，美国的量化宽松政策会对中国的产出水平产生负向冲击；蒋帝文对中国、美国、欧元区三大中央银行货币政策溢出效应的研究表明，美联储施行紧缩货币政策会促进中国产出的增加。通胀方面，相关研究结果普遍认为国外流动性宽松会推高中国通货膨胀率。例如，孙雪芬等通过理论和实证研究指出，全球流动性会通过总需求、利率、货币供应和进口商品价格等渠道传导到一国的通货膨胀，全球流动性的增加会对中国通货膨胀产生一个正向拉动作用。类似地，丁志国等也发现，美国流动性的增加会导致中国物价水平较长时间提升。刘少云基于结构突变非线性视角研究了美联储货币政策转向对中国通货膨胀的溢出效应，发现美国流动性泛滥助推中国通货膨胀指数快速上涨，在 2010 年 5 月之前主要由价格型工具导致，其后主要由数量型工具导致。

金融溢出效应方面，刘兰芬和韩立岩利用五大经济体的货币供应量变动估算全球流动性扩张规模，并利用 EGARCH 模型证明量化宽松货币政策对中国股票市场泡沫有溢出作用。易晓微等基于 LT – TVP – TVR 模型的研究发现，美国的量化宽松导致我国货币市场利率期限结构变化，短期利率和长期利率水平下降，但中期利率水平上升，债券的短期利率上升，中期和长期利率下降。李明贤和张敏琦利用 QVAR 模型研究了美联储量化宽松货币政策对新兴市场国家的溢出效应，认为美国的量化宽松操作导致美国国内资本流入中国等新兴市场国家，使得中国等新兴市场国家资本繁荣。姜富伟等利用事件研究考察了美联储货币政策对我国资产价格的影响，他们发现，美联储加息会降低我国债券和股票回报，降息则会提高债券和股票回报；而且，预期内的货币政策调整对债券市场和股票市场的回报都有显著影响，预期外的货币冲击和前瞻性指引只对债券市场有影响。

国内关于流动性管理的产业溢出效应的研究不多，仅有的文献主要涉及房地产和对外贸易。例如，余振等认为，美国量化宽松退出导致流动性紧缩，会引起我国房地产价格的下跌。孙浦阳等基于微观企业数据的实证研究表明，日本量化宽松政策对我国出口企业价格有着显著影响，主要表现在企业对于量宽政策个体反应指标与出口价格波动率呈同向变动关系。张靖佳等基于面板固定效应模型的研究发现，欧洲量化宽松政策的汇率溢出效应促进了我国企业出口额和出口量的增长。

第四节 小结与评述

本章系统回顾了近 20 年来关于流动性管理国际溢出效应的相关研究成果。本章首先总结了流动性管理国际溢出效应的传导机制，随后针对研究的问题，回顾了流动性管理的宏观溢出效应、产业溢出效应以及金融溢出效应，并对近年来关于主要经济体流动性管理对中国经济溢出效应的研究成果进行了回顾。

从上述文献资料来看，近年来关于流动性管理国际溢出效应的研究呈现出以下结论和特点：第一，主要经济体的流动性管理，尤其是美国、欧元区等发达经济体中央银行的流动性管理措施对其他国家产生了明显的溢出效应，在宏观经济变量、产业变量以及金融变量上均有体现。第二，流动性管理的国际溢出效应的传导机制非常繁杂，学者在检验前人提出的传导机制的基础上还提出了许多新的传导机制；这些传导机制包括利率渠道、国际银行信贷渠道、国际投资组合平衡渠道、国际风险承担渠道、贸易渠道、信号渠道、信心渠道等。但是，不同传导机制下流动性管理的国际溢出效应的作用方向有时相互矛盾，这使得研究者更多地通过实证研究来检验具体的影响效果。第三，早期的研究大多集中于探讨美联储、欧洲中央银行等主要经济体中央银行的常规货币政策的溢出效应，即基准利率调整对其他国家经济金融的溢出效果；随着 2008 年国际金融危机的爆发，美联储实施了以大规模资产购买计划为主要形式的非常规货币政策操作，欧洲中央银行和日本银行也启动了量化宽松操作，在此之后，更多的研究者将研究的焦点转移到非常规货币政策的流动性溢出效应。第四，早期的文献资料中，研究者更多地关注美联储、欧洲中央银行等主要经济体中央银行的流动性管理操作对发达经济体，尤其欧元区内经济体的影响；但最近几年里，越来越多的学者开始研究发达经济体中央银行的流动性管理措施对新兴经济体的溢出效应。第五，从研究方法来看，绝大多数研究仍然基于 VAR、SVAR 等传统的时间序列计量方法，但最近几年里发展了一些新的研究工具，如全球向量自回归模型（GVAR）、全球向量误差修正模型（GVECM）、定性向量自回归（Qual VAR）等，这些新方法更加适用于研究流动性管理的国际溢出效应问题。

尽管现有文献已经对流动性管理的国际溢出效应问题有了比较深入和

广泛的研究，笔者认为仍有必要进一步探讨主要经济体的流动性管理对中国宏观经济、产业活动以及金融市场的溢出效应，主要的考虑和动机包括以下几个方面。

第一，相关理论研究指出的流动性溢出效应的作用方向有时是相反的，而且流动性溢出效应的各种传导机制是并行的，同时发挥作用，这导致很难从理论上指出主要经济体流动性管理对中国经济的具体影响。不仅理论研究存在这一问题，相关实证研究的文献资料也显示，国际流动性变化对不同国家，甚至是同一货币区或地理上邻近国家的影响也存在很大差异，实证结论相反的情况也并不鲜见。这使得我们很难借鉴相关理论研究或已有的实证研究结果，来推断主要经济体流动性管理对中国经济溢出效果的具体形式和影响程度。

第二，尽管近年来越来越多的学者开始关注发达经济体流动性管理对新兴经济体的溢出效应，但这些研究大多数还是集中于分析中东欧国家（Central and Eastern Europe，CEE）和拉美国家，对亚洲国家特别是中国的研究较少。少数研究亚洲国家的外文文献也仅是把亚洲新兴经济体作为一个整体来分析，很少单独研究主要经济体流动性管理对中国经济的溢出效应。

第三，在流动性的产业溢出效应方面，国外文献大多只是涉及本国货币政策对产业影响的异质性、共同货币区内货币政策对各国产业活动的影响，或者流动性管理对行业股票指数的影响，鲜见针对其他经济体流动性管理对一国产业活动溢出效应的研究。国内有少量文献研究了美国或欧元区货币政策对中国房地产和进出口贸易的影响，但行业覆盖面较窄。因此，目前尚不清楚主要经济体流动性管理对我国主要产业门类的具体影响。

第四，国外早期的文献以及国内大多数文献的研究方法并不适用于分析流动性管理的国际溢出效应。大量研究通常只是利用两个或者少数几个国家构建 VAR/SVAR 等模型进行实证检验，但是，基于这些传统计量工具的研究很难考虑全球关联的多边性质，即一国流动性管理的溢出效应可能影响多个经济体，而对其中某一国家的影响既有直接作用，也可能存在第三国效应。因此，一些实证研究的结论可能是不可靠的，有必要对其进行更新。最近几年得到快速发展的一些研究全球问题的新方法（如 GPM、GVAR、FAVAR 等）在国内的应用还不常见，将其应用于分析主要经济体流动性管理对中国经济的溢出效应可能会得到新的认知。

第三章　三次金融危机与主要经济体流动性管理的历史考察

　　回顾 21 世纪以来的全球经济与金融发展历程，把握主要经济体的流动性变化无疑是理解全球经济走向的重要手段。尤其是在最近三次大规模金融危机中（互联网泡沫危机、美国次贷危机、欧洲主权债务危机），主要经济体的流动性管理既起到推波助澜的效果，也是挽狂澜于既倒、扶大厦之将倾的重要手段。不仅如此，主要经济体的流动性变化甚至可能是塑造全球经济金融走势的核心原因。例如，White 曾指出，美联储 20 世纪 80 年代后期的宽松货币政策造成了后续多个国家的资产价格泡沫化；20 世纪 90 年代初期极低的利率使得美元贬值，导致许多盯住美元的亚洲国家货币接连遭殃，引发了亚洲金融危机；其后的持续宽松导致了 20 世纪 90 年代末的股票市场过度投机和股票价格泡沫；之后不久互联网经济泡沫的破裂又开启了一轮更加宽松的货币政策调整，又为随后的房地产市场泡沫及其崩溃埋下种子。因此，弄清楚主要经济体的流动性管理操作，对于理解经济金融发展脉络具有重要意义，也是研究主要经济体流动性管理对中国经济波动影响的基础性工作。基于此，本章主要以三次大型金融危机为轴线，回顾并总结 20 世纪 90 年代以来主要经济体的流动性管理操作和对应的流动性变化。

　　本章的结构安排如下：首先回顾了 2000 年互联网泡沫危机爆发前后主要经济体中央政府和中央银行的流动性管理操作，以及流动性变化；其次回顾了 2007 年美国房地产次级贷款危机爆发前后主要经济体中央政府和中央银行的流动性管理操作，以及流动性变化；再次回顾了 2009 年欧洲主权债务危机以来主要经济体中央政府和中央银行的流动性管理操作，以及流动性变化；最后是本章小结。

第一节　互联网泡沫危机与流动性管理

　　互联网泡沫危机是指在 1995 年至 2002 年间与信息技术和互联网相关的

投机泡沫膨胀并最终破裂的过程。其间，在欧美、亚洲多个股票市场中，互联网及信息技术相关企业的股价高速上升，在 2000 年 3 月 10 日纳斯达克综合指数触及 5408.60 点的最高点时达到顶峰，而后泡沫开始破裂，并最终蒸发了 8 万亿美元的财富，被认为是有史以来最大的资产价格泡沫破裂。

一些经济学家认为，互联网泡沫的形成与前期美国的宽松货币政策有很大的关联性。因此，本节先回顾互联网泡沫形成和破裂的重大事件时间表，随后分析互联网泡沫形成和膨胀过程中的流动性状况，随后阐述互联网泡沫破裂后的流动性管理措施。

一、互联网泡沫膨胀与破裂

1993 年，Mosaic 浏览器及万维网的出现，令互联网开始引起公众注意。初期人们只看见互联网具有免费出版及即时世界性信息等特性，但逐渐人们开始适应网上的双向通信，并展开以互联网为介质的直接商务（电子商务）及全球性的即时组群通信。这些概念迷住了不少年轻人才，他们认为这种以互联网为基础的新商业模式将会兴起，并期望成为首批以新商业模式赚到钱的人。这种可以低价地在短时间内接触世界各地数以百万计人士、向他们销售及通信的技术，令传统商业信条包括广告业、邮购销售、顾客关系管理等因而改变。互联网成为一种新的最佳介质，它可以即时把买家与卖家、宣传商与顾客以低成本联系起来。互联网带来了各种在数年前仍然不可能的新商业模式，并引来风险基金的投资。

在投资端，风险投资机构在目睹了互联网公司股价的创纪录上涨之后发现，即使互联网企业缺乏切实可行的计划和管理能力，只要"沾染"了新颖的"DOT COM"概念，就能够高价出售给新的投资者。因此，风险资本的风险偏好大幅上升，不再谨慎地选择投资标的。在当时，典型的互联网商业模式就是高度依赖风险资本来"快速变大"，用长期净亏损为代价来换取市场份额，以期能够创建品牌价值，以便从日后的服务中获取收益。这种商业模式有一个致命的缺陷，即大量公司在相同的领域均有着相同的商业计划，寄希望于通过网络效应来垄断，而且只有形成垄断之后才能获得定价权；但显然，一个板块中真正能够胜出并形成垄断的只有一个，或者甚至没有，因此大部分有着相同商业计划的公司都将必然失败。然而，在当时整个社会对这些公司都有着强烈的好奇心，加上没有对这种商业模式进行估值的经验，投资者把众多互联网公司的股票推上令人瞠目结舌的高度，并令公司的原始控股股东拥有了惊人的纸面富贵。这些早期的成功使得泡沫更加活跃，繁荣期吸引了大量个人投资，甚至有人辞掉工作专职炒股。

在公司端，在市场高度繁荣的情况下，大量未盈利甚至尚未产生过任何收入的网络公司也能够顺利地公开发行股票。规模膨胀的假象以及对"新经济"不可能失败的信仰，使得部分公司内部开销大手大脚，比如精心定制商业设施，为员工提供豪华假期等。与此同时，网络公司的生存需要尽快拓展客户群，会产生巨大的营销费用。这样，一个既不盈利又缺乏可行的商业模式的公司，其存活的寿命就取决于挥霍完资产的时间。美国所有的城市都在建造网络化的办公场所以吸引互联网企业家，纷纷谋求成为"下一个硅谷"。通信供应商，由于相信未来经济将需要无处不在的宽带连接，债台高筑地购进高速设备、建设光纤线路以优化网络。类似地，在欧洲，像德国、意大利及英国等国的移动运营商花费大量现金来购买 3G 牌照，导致负债累累。几乎所有与互联网相关的公司的现金流都惨不忍睹，但是持续高涨的股价掩盖了这些问题。

在 2000 年千禧年之交，科技行业和股票市场都已经显现出疲态。一些行业开始冻结招聘、裁员，尤其是互联网行业比较严重；英国富时 100 指数和道琼斯指数分别在 1999 年底和 2000 年初到达了顶点。时任美联储主席格林斯潘宣布大幅提高利率的计划，这加剧了股票市场的波动。2000 年 3 月，互联网泡沫终于走到了尽头。

3 月 10 日，以科技股为主的纳斯达克（NASDAQ）综合指数收于5048.62 点，这一价格相比一年前翻了一番，相比 1995 年增长了 6 倍。

3 月 13 日（星期一），日本再次陷入衰退的消息引发了全球抛售。大量对高科技领头羊股票（思科、微软、戴尔等）的数十亿美元卖单在早盘涌现，导致 NASDAQ 综合指数盘前就下跌了 4%。

3 月 15 日（星期三），雅虎和 eBay 结束了并购谈判，纳斯达克综合指数下跌 2.6%，但标准普尔 500 指数上涨 2.4%，投资者从表现强劲的科技股转向表现不佳的老牌股。初始批量卖单的处理引发抛售的连锁反应——投资者、基金和机构纷纷开始清盘。在最初的 6 个交易日里，NASDAQ 综合指数下跌近 9%，至 4580 点。

3 月 20 日，《巴伦周刊》刊登了一篇题为"Burning Up；Warning：Internet companies are running out of cash—fast"的封面文章，预测许多互联网公

司即将破产。这导致许多人重新考虑他们的投资。同一天，Microstrategy公司宣布就其过于激进的会计账簿进行收入重述，其股价在一天内下跌了140美元，跌幅达62%。

3月21日，美联储提高了基准利率，导致收益率曲线反转。

4月3日，法官托马斯·彭菲尔德·杰克逊裁定微软垄断，违反《谢尔曼反托拉斯法》，导致微软股价一天下跌15%，纳斯达克股价下跌350点，跌幅8%。

4月14日，纳斯达克综合指数下跌9%，结束了下跌25%的一周。

11月9日，一家得到亚马逊公司支持的大肆宣传的公司pets.com在完成首次公开募股后仅9个月就倒闭了。届时，大多数互联网股票的市值已经从高点下跌了75%，损失了1.755万亿美元的市值。

进入2001年后，互联网公司的境况愈加恶化。大多数网络公司在把风投资金烧光后停止交易，许多甚至还没有盈利过。随后，"9·11"事件加速了股市的下跌。几起会计丑闻以及由此引发的破产进一步削弱了投资者的信心，包括2001年10月的安然丑闻、2002年6月的世通丑闻和2002年7月的阿德尔菲娅通信公司丑闻。到2002年股市低迷结束时，股票市值自顶峰以来已经损失了5万亿美元。在2004年10月9日的低谷时，纳斯达克100指数跌至1114点，较峰值下跌了78%。

在互联网泡沫破裂之后，不仅网络公司一家接一家地耗尽资金，并被收购或清盘，对其他行业也产生了深远的影响。随着对服务需求的下降，广告和航运等支持行业缩减了业务规模。包括花旗银行和美林集团在内的投资公司因误导投资者，被美国证券交易委员会处以巨额罚款。IT行业失业的技术专家进入饱和的就业市场，导致了就业市场的普遍过剩。计算机相关学位的大学入学率明显下降，失业程序员重返学校成为会计师或律师的轶事屡见不鲜。

二、互联网泡沫破裂前的流动性状况

在1995年互联网投资兴起之前，美国的经济形势并不平稳，美联储的货币政策调整也十分剧烈。20世纪80年代的石油危机、海湾战争以及股灾等事件，使得1988年和1989年美国通货膨胀率激增，美联储1990年初将基准利率提高到8%。随后经济陷入衰退，失业率从1990年1月的5.4%上升到1991年3月的6.8%，并持续上升至1992年6月的峰值7.8%。到

1992 年底，国内生产总值（GDP）增长和创造就业机会仍然疲软。经济衰退期间约有 1621 万人失业，通货膨胀的压力急剧消退，美联储则持续调低基准利率，到 1992 年底、1993 年初时基准利率已降低至创纪录的 3%。

在流动性极度宽松的环境下，经济首次经历了"失业复苏"，即国内生产总值增长和企业利润恢复到正常水平，而创造就业机会的速度却滞后。1993 年 7 月失业率保持在 7% 以上，1994 年 9 月失业率保持在 6% 以上。1994 年，美国国内生产总值增长迅猛，创造的就业机会（385 万）创下了纪录，经济表现出过热迹象。为了防止经济过度繁荣，避免通货膨胀率再次上升，美联储从 1994 年年中开始逐步提高基准利率，到 1995 年初时重新达到 6%，使得这一期间经济增长出现短暂停顿。

1995 年 3 月，在美国救助墨西哥经济（以及墨西哥债券持有人）之后，美联储结束了一年前开始的信贷紧缩运动，并从 1995 年 7 月开始，迅速将利率降低了 75 个基点。以科技股为主的纳斯达克综合指数开始快速上涨，首次突破 1000 点，在 10 个月内累计上涨超过 27%。与此同时，日本银行也在实施宽松的货币政策，将贴现率从 1.75% 下调至 0.5%。美国和日本的中央银行维持较大利率差的政策导致了有利可图的"套息交易"，即投资者将以低利率借入日元，并在美国以更高的收益再投资。这种安排加速了美国金融资产价格的上涨。此外，亚洲各国政府成为美国政府证券的大买家，将美国政府证券的海外销售水平提高到 20 世纪 90 年代初的几倍。1995 年注册销售额达到 1972 亿美元，1996 年达到 3120 亿美元，创历史新高。

经济调整和互联网投资的激增从 1995 年底开始刺激经济，1996 年恢复稳定增长。尽管当时美国失业率温和，但美联储在 1996 年 1 月下旬"意外"地下调了贴现率，经济出现"过热"的苗头。

1997—1998 年间，亚洲金融危机、俄罗斯主权债务危机、巴西经济衰退、长期资本管理公司（LTCM）的破产导致的美国国内金融恐慌，以及当时对潜在"千年虫"问题的担忧，使得美联储不得不重新考虑加大对市场注入流动性的规模。随后，美联储连续三次降息，其中包含了 1998 年 10 月 15 日在两次联邦公开市场委员会（FOMC）定期会议之间的临时大幅降息。美联储还鼓励包括房利美（Fannie Mae）、房地美（Freddie Mac）、美国政府国民抵押贷款协会（Ginnie Mae）、联邦住房管理局（FHA）等在内的美国政府资助的企业，从事前所未有的大量借贷活动。1996 年至 1998 年间，以 MZM（money, zero maturity）口径统计的货币供应量以年化 10% 的速度持续增长，且在 1998 年下半年超过了 15%。

到 1999 年，流动性已经全面释放。30 年期国债的利率已从 7% 以上的高点降至 5% 以下。不仅是美联储在持续释放流动性，社会资本和个人储蓄也全部流向互联网泡沫。1950 年至 1992 年期间，美国个人储蓄率从未低于 7.5%；但在 1992 年至 2000 年期间，该指数从 8.7% 跌至 - 0.12%。到 2000 年，家庭未清偿债务占个人可支配收入的比例达到了 97% 的历史最高水平，高于 20 世纪 80 年代下半年的平均水平 80%。这些流动性推动股市继续飙升，当年 NASDAQ 综合指数上涨了 80%。

在 1999 年末、2000 年初，受"千年虫"问题的冲击，NASDAQ 市场波动加大。美联储预计 2000 年可能出现流动性危机，向银行系统注入足够的流动性，使得银行贷款 1999 年第四季度的同比增速达到 19.4%，是过去 15 年以来的最高水平。这一意外的巨额流动性注入，为 2000 年第一季度发生的股市上最后一次疯狂的、创纪录的大涨铺平了道路。纳斯达克综合指数从 1999 年 9 月底的 2746 点上升到 2000 年 3 月 10 日的 5048 点，在不到 6 个月的时间里上升了 83%。

图 3 - 1 描绘了美国 1990—1999 年流动性变化和 NASDAQ 综合指数的走势。可以看出，1995 年之后的流动性宽松政策对应了其间互联网泡沫的快速膨胀。

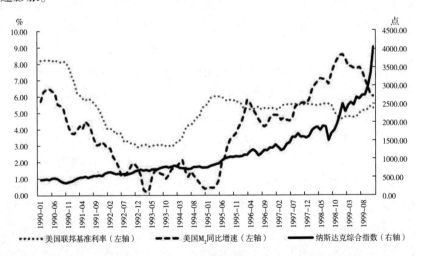

图 3 - 1   美国 1990—1999 年流动性指标与 NASDAQ 综合指数

(资料来源：Wind 数据库)

三、互联网泡沫危机中的流动性管理

由于互联网泡沫不断膨胀、美国 GDP 增长强劲，以及失业率下降到 4%，美联储担心经济出现过热倾向，于 1999 年 6 月启动了新一轮的加息周期。从 1999 年 6 月至 2000 年 5 月，美联储连续 6 次上调联邦基金目标利率，从 4.75% 上调至 6.5%，共计 125 个基点。2000 年美国经济增速放缓，互联网企业走向末路，NASDAQ 综合指数在 3 月 13 日达到峰值后快速下跌。3 月 21 日，美联储继续加息，市场流动性逐渐枯竭，彻底刺破了互联网泡沫。NASDAQ 综合指数在 4 月 14 日结束的一周内，下跌了 25%。

互联网泡沫破灭和纳斯达克综合指数崩溃后，经济再次陷入衰退。美联储随即转向，由次年年初开始连续大幅降息。2001 年 1 月 3 日，美联储称销售与生产疲软、消费者信心下降、部分金融市场信用紧缩，将联邦基金利率由 6.5% 下调至 6%。1 月 31 日，在 FOMC 例行会议中再次降息 50 个基点至 5.5%。3 月 20 日，美联储在 FOMC 例行会议中决定降低联邦基金利率 50 个基点至 5%，主要理由是证券市场财富效应下降，企业投资开支减少。一个月后，在 4 月 18 日，美联储突然宣布降息 50 个基点，联邦基金利率降至 4.5%，以应对资本投资持续下降、企业未来资本支出可能受到不利影响。5 月 15 日，美联储的 FOMC 例行会议决定继续降息 0.5 个百分点，利率下降至 4%，其主要理由是：企业资本投资持续下降，证券市场财富减少影响消费。美联储的第 6 次降息发生在 6 月 27 日，为了应对企业获利及企业资本支出下降、消费疲软以及海外经济增长减缓，美联储下调联邦基金利率 25 个基点至 3.75%；随后又在 8 月 21 日进行了第 7 次降息，降息幅度为 25 个基点，联邦基金利率降至 3.5%。

8 个月内的七次降息，并没有显著改善美国的经济状况。相反，"9·11"事件的发生更令经济和股市雪上加霜。9 月 17 日，为了确保美国经济不衰退，对"9·11 恐怖袭击事件"作出反应，美联储继续大幅下调联邦基金利率 50 个基点至 3%。仅半个月之后，联邦基金利率在 10 月 2 日又下调了 50 个基点至 2.5%，达到过去 39 年来最低水平。至此，联邦基金利率已从年初的 6.5% 下调至 2.5%，整整下降了 400 个基点。2001 年第三季度，美国 GDP 为 -0.4%，出现了萎缩。为了推动经济复苏，美联储分别于 11 月 6 日和 12 月 11 日再次降息 50 个基点和 25 个基点，最终年底的基准利率为 1.75%。

主要经济体流动性管理对中国经济的溢出效应

2001 年全年，美联储通过 11 次降息和 21% 以上的货币（MZM 口径）增长证明，经济很难再回到过去的繁荣水平。在抵押贷款再融资浪潮、零利率汽车贷款以及住房市场持续走强的支撑下，即使企业投资出现下滑，消费者支出依然强劲。然而，债务阴影已经开始笼罩在消费者头上，破产申请记录不断增多。截至 2002 年 9 月底，纳斯达克综合指数达到了 5 年来的最低点 1173 点，比 2000 年的最高点下降了 77%。2002 年第二季度国内生产总值增长乏力，为 1.1%。

互联网泡沫破裂、纳斯达克综合指数崩溃，以及"9·11"事件，不仅极大地影响了美国经济和货币政策走向，也引起了国家金融市场的混乱。为了防止恐慌进一步弥漫，避免经济陷入衰退，全球各大中央银行均采取了积极的货币宽松政策。欧洲中央银行在 2001 年进行了 4 次降息操作，基准利率从年初的 4.75% 降至 3.25%，再贷款利率从 6.5% 降至 3%。英格兰银行 7 次下调回购利率，从年初的 6% 降至 4%。日本银行在接近零利率的水平下也进行了 2 次降息，贴现率从 0.35% 降至 0.1%。加拿大中央银行进行了 6 次降息，基准利率从年初的 5.75% 下调至 3.75%（如表 3-1 所示）。全球主要经济体连续的流动性宽松政策对避免世界经济陷入更为严重的衰退起到了积极作用。

表 3-1 部分经济体 2001 年降息情况

	次数	1	2	3	4	5	6	7	8	9	10	11
美国	日期	1 月 3 日	1 月 31 日	3 月 20 日	4 月 18 日	5 月 15 日	6 月 27 日	8 月 21 日	9 月 17 日	10 月 2 日	11 月 6 日	12 月 11 日
	利率（%）	6	5.5	5	4.5	4	3.75	3.5	3	2.5	2	1.75
欧元区	日期	5 月	8 月	9 月	11 月							
	利率（%）	4.5	4.25	3.75	3.25							
英国	日期	2 月	4 月	5 月	8 月	9 月	10 月	11 月				
	利率（%）	5.75	5.5	5.25	5	4.75	4.5	4				
加拿大	日期	3 月	4 月	5 月	7 月	8 月	9 月					
	利率（%）	5.25	5	4.75	4.5	4.25	3.75					
日本	日期	3 月	9 月									
	利率（%）	0.25	0.1									

资料来源：Wind 数据库。

第二节　美国次贷危机与流动性管理

美国次贷危机（Subprime Mortgage Crisis）是一场发生在 2007 年至 2010 年之间的全国性金融危机，导致了 2007 年 12 月至 2009 年 6 月的美国经济衰退。在抵押贷款支持证券（MBSE）和债务抵押债券（CDO）的推动下，美国房地产价格泡沫逐渐累积，在 2006 年中期达到峰值后泡沫破裂。随着房价下跌，可调利率抵押贷款开始以更高的利率重新设定，抵押贷款拖欠率飙升。投资者对抵押贷款相关证券的需求蒸发，违约和止赎活动急剧增加，广泛持有次级抵押贷款和相关衍生品的全球金融机构损失惨重。随后，几家主要金融机构倒闭，有毒资产带来的损失在全球金融体系中蔓延，全球经济开始严重衰退。

次贷危机的爆发仅仅发生在互联网泡沫破裂后 7 年，与互联网泡沫破裂后大稳定（Great Moderation）时期的极度宽松流动性环境有很大的关联。本节先回顾次贷危机的发展历程，随后分析次贷危机爆发之前的流动性状况，最后介绍危机爆发之后主要经济体的流动性管理方案。

一、美国次贷危机与大衰退

美国次贷危机的爆发可归因于若干因素，包括房主无力偿还抵押贷款（主要是由于可调利率抵押贷款重置、借款人过度扩张、掠夺性贷款和投机）、繁荣时期的过度建造、风险抵押产品、抵押贷款发放能力增强、高个人和公司债务水平、分布并可能隐藏抵押贷款违约风险的金融产品、鼓励承担风险和增加债务的货币政策和住房政策、国际贸易失衡和不当的政府监管等。尽管引起次贷危机的不合理政策法规、影响住房行业及相关银行和投资活动的公共和私人行动等产生风险的时间点可以追溯到 20 世纪 50 年代以前，这里只对 2006 年以来的重要事件进行回顾。

2006 年，美国房地产泡沫开始表现出破裂迹象，房价开始温和下跌。由于之前预期房价持续上涨，购房人已经享受了极度宽松的贷款条件，一旦房价停止增长，借款人就无法再融资。2006 年 8 月，美国住房建设指数下跌 40% 以上。摩根大通（J. P. Morgan）、高盛（Goldman-Sachs）等金融巨头开始缩减公司次级抵押贷款的风险敞口。9 月，鲁里埃尔·罗比尼（Nouriel Roubini）向国际货币基金组织预警美国即将发生的房地产泡沫、抵押贷款支持证券危机、银行破产和经济衰退。

2007 年，美国房屋销售继续下滑。第一季度，著名的标准普尔/凯斯—希勒房价指数（S&P/Case-Shiller House Price Index）创下自 1991 年以来全国房价首次同比下降的纪录。2017 年 2 月至 3 月，次贷行业逐渐崩溃，止赎活动激增，包括 Accredited Home Lenders Holding 等在内的一批次贷机构宣布破产、重大损失或出售计划。3 月 6 日，伯南克指出，房利美（Fannie Mae）和房地美（Freddie Mac）等政府资助企业是"系统性风险"的来源，并建议合法化，以避免可能的危机。4 月 2 日，美国最大的次级抵押贷款机构新世纪金融（New Century Financial）申请破产。6 月 7 日，贝尔斯登（Bear Stearns & Co）的两只 CDO 对冲基金出现巨亏，并停止赎回。8 月 6 日，美国住房抵押贷款投资公司（AHMI）申请破产。8 月 14 日，Sentinel 管理集团暂停投资者赎回并出售 3.12 亿美元的资产，但仅在 3 天后即申请破产。8 月 16 日，美国最大的抵押贷款机构 Countrywide Financial Corporation 通过从一组银行获得 110 亿美元的紧急贷款，避免了破产。9 月 14 日，北岩银行（Northern Rock）因出现挤兑向英格兰银行求助。9 月 30 日，受抵押贷款和信贷危机不断加剧的影响，互联网银行业先锋网银破产。随后，美林证券（Merrill Lynch）、瑞士银行（UBS）等一批著名金融机构宣布了巨额亏损。

2008 年 1 月到 8 月之间，金融危机随着主要贷款人和投资者的崩溃而升级。3 月 14 日，道琼斯工业平均指数跌至 2006 年 10 月以来的最低水平。3 月 16 日，摩根大通以每股 2 美元的价格收购贝尔斯登，以避免其破产，美联储为其提供了高达 300 亿美元的损失补偿。7 月 11 日，独立国家抵押贷款公司的子公司 Indymac 银行破产，这是美国历史上第四大银行破产案和第二大受监管储蓄银行破产案。截至 7 月 17 日，大量借贷和投资抵押贷款支持证券的主要银行和金融机构共计报告损失约 4350 亿美元。

2008 年 9 月 14 日，美国联邦政府接管了房利美（Fannie Mae）和房地美（Freddie Mac），当时这两家公司拥有或担保了美国 12 万亿美元抵押贷款市场的一半。这一事件引起了恐慌，因为几乎所有的住房抵押贷款银行和华尔街银行都依赖它们来进行抵押贷款投资，全球投资者拥有由它们支持的 5.2 万亿美元债务证券。9 月 14 日，由于担心流动性危机和雷曼兄弟（Lehman Brothers）破产，美林证券被出售给美国银行（Bank of America）。此日，雷曼兄弟申请破产保护。9 月 16 日，穆迪和标准普尔下调了美国国际集团（AIG）的信用评级；美国历史上最悠久的货币市场基金——主要储备基金（Reserve Primary Fund）一周之内遭遇超过 1400 亿美元的赎回，对商业票据市场产生巨大冲击。此日，美国国际集团获得美联储 850 亿美元巨额贷款，以避免破产清算。9 月 18 日，美国财政部部长保尔森（Henry Paulson）和美联储主席伯南克与主要立法者会面，提议通过购买有毒资产来提供 7000 亿美元的紧急救助。伯南克告诉他们："如果我们不这样做，周一可能就没有经济。"在救援计划实施之前，华盛顿互助银行（Washington Mutual）、Wachovia 银行接连破产。

2009 年 10 月 1 日，美国参议院通过了 HR1424，这是 7000 亿美元救助法案的初始版本，其后联邦政府和美联储公布了更大规模的救助方案。至此，由美国次级贷款泡沫破裂引发的全球恐慌开始得到控制，但金融危机的影响早已蔓延到其他国家，金融危机造成的损失仍然不断扩大。这场危机对美国和欧洲经济产生了严重、持久的影响。美国经济进入深度衰退，2008 年和 2009 年失业近 900 万人，约占劳动力的 6%。就业人数直到 2014 年 5 月才恢复到 2007 年 12 月危机前的峰值。美国家庭净资产比 2007 年第二季度危机前的峰值下降了近 13 万亿美元（20%），到 2012 年第四季度恢复。美国住房价格平均下跌近 30%，美国股市下跌约 30%。据估计，此次危机造成的产出和收入损失"至少占 2007 年国内生产总值的 40%"。

二、美国次贷危机爆发前的流动性状况

2000 年美国互联网泡沫破灭后，为缓解资产价格泡沫破灭对实体经济造成的冲击，美联储在 2001 年 1 月至 2001 年 12 月期间 11 次下调联邦基金利率，从 2000 年 5 月的 6.5% 下调至 2001 年 12 月的 1.75%，创造了一个极度宽松的信贷环境，宏观经济出现企稳信号。

2002 年 4 月 26 日，美国商务部公布的初步统计结果显示，第一季度美国的经济增长速度以年率计算达到了 5.8%；虽然 7 月底美国商务部将此数据向下修正至 5%，仍然显示出美国经济的确在慢慢修复。但是，由能源巨人安然公司制造的会计丑闻事件愈演愈烈，严重影响了金融市场投资者的信心。2002 年第二季度，道琼斯工业综合指数下跌 11%，标准普尔 500 指数下跌 13%，而纳斯达克综合指数则大幅下跌了 21%。与 2002 年第一季度 5.0% 的增速形成鲜明对比的是，第二季度美国 GDP 实际增长率仅为 1.1%，但消费支出维持比较强劲的趋势，生产率的改善也提高了公司的盈利水平。

到 2002 年第四季度时，美伊战争一触即发，引发市场对美国经济二次衰退的担忧。华尔街分析师不断对美国企业巨擘发表悲观看法与获利预估，其中包括通用电气和汽车制造商福特公司等，投资者对企业获利状况倍感忧虑。10 月 9 日，标准普尔 500 指数下挫到 776 点，跌至逾 5 年最低收位；纳斯达克综合指数收报 1114 点，刷新 6 年收盘新低；道琼斯工业综合指数收报 7286 点，为自 1997 年 10 月以来的最低收盘水平。

在不断增加的美伊战争风险和资本市场持续低迷的背景下，美联储在 2002 年 11 月 6 日宣布降低联邦基金利率 0.5 个百分点。这将美国基准利率从 2001 年 12 月的 1.75% 进一步下调至 1.25%，成为过去 41 年以来的最低水平。而此前美国金融界普遍估计美联储只会降息 0.25 个百分点，超预期的大幅降息有助于推动资本市场率先复苏。降息后美联储指出，市场在很长一段时间里不应期待联邦储备再次降低利率，因为目前的情况是通货膨胀危险与经济进一步衰退危险处在一种微妙的平衡。

2003 年第一季度，美国经济增长只取得 1.4% 的年率速度，但第二季度的经济增速大幅提高至 3.3%。在这种情况下，美联储仍然强调通货紧缩是美国经济面临的主要威胁，因此继续实施扩张性货币政策。6 月 25 日，美联储将联邦基金利率下调 0.25 个百分点至 1%，降至过去 45 年来的最低水平，美国长期国债利率也跟随下降到 40 年来的最低水平。经济学家普遍感到经济增长力度在加强，许多经济师纷纷把经济增长预测从原来的 4% 左右提高到 5% 至 6%，最高的调高到 7%。但是实际数字却高达 8.2%。10 年期长期国债利率由 3.3% 上升至 4.3% 左右的水平，体现出市场对未来经济前景预期的显著改善。

2003 年，随着美国经济开始走强，美联储并没有上调基准利率。联邦基金利率一直维持在自 1958 年以来的最低水平 1%。低利率大大减轻了消费者和投资者的债务负但，提高了人们购买房产的能力，推动美国的房屋市场进入空前繁荣的一年，美国住房自有率波动中上升，房地产价格指数持续攀升。2003—2007 年间，美国次级抵押贷款增加了 292%，从 3320 亿美元增加到 1.3 万亿美元。

在此期间，布什政府高达 3300 亿美元的减税法案也对企业投资和消费者支出的增加发挥了重要作用。同时，美国的经常项目赤字和外债规模不断扩大，伴随着东亚国家和石油输出国的经常项目盈余不断扩大。东亚国家和石油输出国将自己的巨额外汇储备投资于发达国家金融市场，这压低了全球金融市场的长期利率，加剧了全球范围内的流动性过剩，并推动全球资产价格上涨。

超低利率一直持续到 2004 年 6 月（见图 3－2）。美国国内经济持续强劲复苏带来的需求增量拉动通胀和核心通胀抬头，使得美联储的货币政策发生转向。6 月 30 日，美联储上调联邦基金利率 25 个基点至 1.25%，正式开启新一轮加息周期。这轮加息持续到 2006 年 6 月 30 日，其中 2004 年加息 5 次，提升联邦基金利率 125 个基点，其主要目的是抑制通货膨胀、改善劳动市场；2005 年加息 8 次，提升联邦基金利率 200 个基点，其主要目的在于减轻美元贬值压力、阻止资本外流、抑制房地产过热；2006 年加息 4 次，提升联邦基金利率 100 个基点，其主要目的是抑制房地产和经济过热。

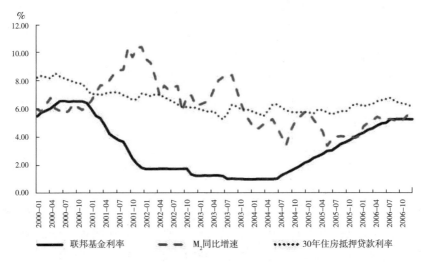

图 3－2　美国 2000—2006 年流动性情况
（资料来源：Wind 数据库）

从 2004 年 6 月至 2006 年 6 月的这轮加息周期累计加息 4.25 个百分点，最终联邦基金利率达到 5.25%。由于政府鼓励贷款买房，在 2004 年加息开始时，美国抵押贷款利率并没有随着联邦基金利率上升而持续上升，而是呈现上升后回复的趋势；直到 2005 年 9 月，加息进行到中后期，抵押贷款利率才不断攀升。因此，抵押贷款利率事实上维持了更长时间的超低利率，这为房地产泡沫的形成提供了条件。

三、美国次贷危机与大衰退中的流动性管理

自 2007 年 8 月危机显现以来，主要经济体的中央银行已开始采取各种

行动。2008 年 9 月，世界金融市场的严重不稳定提高了人们对危机的认识和关注。各国中央政府、监管机构以及中央银行开始采取更多、更全面的措施来应对危机。迄今为止，已承诺或花费数万亿美元用于贷款、资产购买、担保和直接支出。

时任美联储主席伯南克在 2008 年初表示："大体上，美联储的反应遵循两条轨道：努力支持市场流动性、功能性以及通过货币政策实现宏观经济目标。"现实中，美联储的流动性管理操作主要包括：（1）将联邦基金目标利率连续大幅下调。2007 年 9 月 18 日，美联储下调基准利率 0.5 个百分点，随后分别在 10 月 31 日、12 月 11 日各下调 25 个基点至 4.25%；进入 2008 年后，美联储降息幅度和频率进一步加大，从 2008 年 1 月 22 日到 12 月 16 日期间，三次下调 75 个基点、三次下调 50 个基点、一次下调 25 个基点。经过这些降息操作，联邦基金利率已降至 0 ~ 0.25% 区间。（2）美联储与其他中央银行一起，开展公开市场业务，以确保成员银行保持流动性。美联储向成员银行发放短期贷款，以政府债券作为抵押，贴现率降低至 0.5%。（3）2008 年 3 月、11 月、2009 年 3 月，美联储针对不同信贷质量的特定类型抵押品，创造了各种贷款工具，使美联储能够直接向银行和非银行机构贷款，其中包括定期拍卖工具（TAF）和定期资产支持证券贷款工具（TALF）。（4）2008 年 11 月，美联储宣布了一项 6000 亿美元的计划，用于购买 GSE 的 MBS，以帮助降低抵押贷款利率。（5）2009 年 3 月，联邦公开市场委员会决定进一步扩大美联储的资产负债表规模，购买高达 7500 亿美元的政府支持企业抵押贷款支持证券，使其购买这些证券的总额高达 1.25 万亿美元；增加购买机构债务 1000 亿美元，总额达到 2000 亿美元。此外，为了帮助改善私人信贷市场的状况，美联储在 2009 年购买了高达 3000 亿美元的长期国债。2013 年 2 月，《纽约时报》报道称，为了促进更多的借贷，美联储积累了近 3 万亿美元的国债和抵押贷款支持证券，且仍以每个月增加 85 亿美元的速度继续扩张。2009 年之后，美联储还持续进行了几轮非常规的货币政策操作，如表 3 - 2 所示。

表 3 - 2　次贷危机及大衰退时期美联储的非常规货币政策操作

政策	时间	目的	内容
QE - 1	2008.11—2010.04	维持金融体系的稳定，避免金融恐慌的蔓延	美联储耗资 1.75 万亿美元，购买 1.25 万亿美元抵押贷款支持证券、3000 亿美元美国国债、1750 亿美元机构证券

政策	时间	目的	内容
QE-2	2010.11—2011.06	压低长期市场利率，提振经济，降低失业率并避免通货紧缩	美联储用 6000 亿美元购买财政部发行的长期债券，分 8 个月进行，每个月 750 亿美元
扭转操作	2011.09—2012.12	不扩大资产负债表规模，但延长持有债券期限，进一步推低长期债券的收益率，促进经济更强劲复苏	美联储在 2012 年 6 月底前购买 4000 亿美元 6 年期至 30 年期国债，并出售同等规模的短期国债。2012 年 6 月 21 日美联储议息会议将操作延长至 2012 年底，规模为 2670 亿美元
QE-3	2012.09—2012.12	进一步支持经济复苏和提高就业率	美联储每个月购买 400 亿美元抵押贷款支持证券，并继续维持 2012 年 6 月以来实施的扭转操作，同时将联邦基金利率维持在 0~0.25% 的超低区间
	2012.12—2014.11	进一步支持经济复苏和提高就业率	美联储每个月购买 450 亿美元国债、400 亿美元抵押贷款支持证券，以替代扭转操作，同时将联邦基金利率维持在 0~0.25% 的超低区间

其他经济体在次贷危机期间也进行了积极的流动性管理。以欧元区国家为例，次贷危机蔓延到欧洲国家的时间大约在 2008 年年中，因此直至 2008 年 7 月 3 日，欧洲中央银行才结束上一轮加息周期，彼时再融资贷款利率、边际贷款利率、存款利率分别为 4.25%、5.25% 和 3.235%。10 月 8 日，受危机的影响，欧洲中央银行开始大幅下调基准利率，再融资利率和边际贷款利率分别下降 0.5 个和 1 个百分点。11 月 6 日，再融资贷款利率、边际贷款利率、存款利率均下调 0.5 个百分点。12 月 4 日，边际贷款利率和存款利率均下调 0.75 个百分点，而再融资利率一次性大幅下调了 125 个基点。2009 年上半年，欧洲中央银行又进行了 4 次降息操作，5 月 7 日后，再融资贷款利率、边际贷款利率、存款利率分别降至 1%、1.75% 和 0.25%。除了欧洲中央银行之外，各个国家分别实施了积极的经济刺激计划，如表 3-3 所示。

表 3 – 3   部分欧洲经济体次贷危机期间的经济刺激计划

国家	时间	经济刺激计划	规模及占 GDP 比重	
德国	2008.11	一期计划	320 亿欧元（1.3%）	820 亿欧元（3.3%）
	2009.01	二期计划	500 亿欧元（2%）	
法国	2008.12	刺激计划	260 亿欧元（1.3%）	
西班牙	2008.04	一期计划	200 亿欧元（1.8%）	900 亿欧元（8.1%）
	2008.08	二期计划	200 亿欧元（1.8%）	
	2008.11	三期计划	50 亿欧元（4.5%）	
意大利	2008.05	选举保证	90 亿欧元（0.6%）	
	2008.11	危机应对计划		
荷兰	2008.09	预算法案	25 亿欧元（0.4%）	85 亿欧元（1.4%）
	2008.11	刺激计划	60 亿欧元（1%）	
英国	2008.09	紧急措施	10 亿英镑	310 亿英镑（2.2%）
	2008.11	刺激计划	200 亿英镑	
	2009.01	额外计划	100 亿英镑	

中国在次贷危机期间也实施了较大幅度的流动性宽松操作，如存贷款基准利率大幅下调、法定存款准备金率大幅下调、基础货币大额投放、4 万亿元人民币基础设施建设计划等。由于本研究主要分析其他经济体的流动性管理对中国经济的溢出效应，所以这里不展开论述中国的流动性管理操作。

第三节   欧洲债务危机与流动性管理

欧洲债务危机（通常也称为欧元区危机或欧洲主权债务危机）是自2009 年底以来在欧盟发生的一场持续多年的债务危机。受 2008 年美国及国际金融危机的影响，一些欧元区成员国（希腊、葡萄牙、爱尔兰、西班牙和塞浦路斯）的公共债务严重堆高，与其他欧元区成员国（最重要的是德国）之间的债券收益率差距大幅扩大。许多经济学家担心，若没有其他欧元区国家、欧洲中央银行或其他第三方国际组织的协助，这些国家将无法偿还或再融资其政府债务，也无法救助债务银行，导致欧元区乃至整个欧洲深陷金融危机的泥潭。

欧洲债务危机的爆发紧邻美国次贷危机，因此这里不再赘述危机爆发前的流动性状况。本节主要回顾欧洲债务危机的形成与蔓延过程，并讨论欧洲债务危机中欧洲中央银行和欧元区国家的流动性管理操作。

一、欧洲债务危机的形成与蔓延

欧洲债务危机是由欧元区的结构性问题和复杂因素综合造成的，包括金融全球化、2002—2008 年期间鼓励高风险借贷做法的宽松信贷条件、2007—2008 年的金融危机、国际贸易失衡、房地产泡沫破灭、2008—2012 年的大衰退、与政府收入和支出相关的财政政策选择，以及各国在假设私人债务被掩埋的情况下，用来救助陷入困境的银行业和私人债券持有人的一些措施等。

欧洲债务危机是在 2009 年末大衰退之后爆发的，其特点是部分政府结构性赤字过高，债务水平加快上升。当作为大衰退的负面影响，相对脆弱的银行业遭受巨大的资本损失时，欧洲大多数国家不得不用一些支持性的资本重组贷款来救助其受影响最严重的几家银行，因为它们的生存与整个经济金融的稳定之间存在着很强的联系。截至 2009 年 1 月，已有 10 家中欧和东欧银行组成的集团要求提供救助。当时，欧盟委员会发布了一份预测，2009 年欧盟经济产出将下降 1.8%，这使得银行的前景更加糟糕。这些由公共资金支持的银行资本重组是大衰退后欧洲政府债务与国内生产总值比率急剧恶化的直接原因之一。

2010 年初，市场对于一些国家超高的债务负担感到担忧，贷款人因此要求对债务水平、赤字和经常账户赤字较高的国家提高利率。这使得欧元区中的 4 个国家难以为进一步的预算赤字融资，或通过再融资在偿还现有的政府债务，特别是像希腊和葡萄牙这种经济增长率较低，且外国债权人掌握较高比例债券的国家。由于投资者对政府债券未来债务可持续性的担忧，受危机不利影响的国家面临着政府债券利差的大幅上升。4 个欧元区国家不得不向国际货币基金组织、欧盟委员会以及欧洲中央银行发起求助。为了换取国际救助来应对危机，一些政府不得不采取紧缩措施，这反而导致了社会动荡和经济形势的进一步恶化，以及更为严重的信心危机。在整个过程中，欧洲大国中希腊、葡萄牙、西班牙、爱尔兰最为严重。

希腊的公共债务与国内生产总值比率从 2009 年底开始失去控制，达到 127%。2009 年 12 月，国际信用评级机构惠誉和标准普尔将希腊的长期主权信用评级由 A - 下调到 BBB +，穆迪将其从 A1 下调到 A2，评级展望为负面。2010 年初，希腊希望通过承诺减少财政赤字，继续发售国债，并不打算寻求 IMF 的援助。但到 4 月时情况严重恶化，三大信用评级机构继续下调希腊的信用评级，其中标准普尔甚至给出了垃圾评级。希腊不得不向欧盟和 IMF 申请援助。希腊援助机制从 5 月 2 日启动，截至 9 月 7 日，包括欧盟、IMF、欧洲中央银行以及德国的援助计划超过千亿欧元。但是进入 2011 年之后，希腊的主权信用评级被继续下调。欧元区继续加大救助规模，并延长过去的救助计划，但其间还出现了希腊可能退出欧元区的风波。希腊的产出严重萎缩，失业率居高不下，产生了严重的社会动荡问题，导致财政收入骤减，大量债务最终违约核销。"三驾马车"（欧盟、欧洲中央银行和 IMF）对希腊的救助一直持续到 2018 年 8 月。

爱尔兰的主权债务危机不是由政府过度支出导致的，而是因为政府为 6 家爱尔兰银行提供担保，后者在房地产泡沫破裂后损失了约 1000 亿欧元。2008 年经济崩溃后，爱尔兰失业率从 2006 年的 4% 上升到 2010 年的 14%，国家预算从 2007 年的盈余变成 2010 年占 GDP 32% 之多的预算赤字，成为欧元区历史上最高的一次。由于爱尔兰的信用评级在银行损失估计不断上升的情况下迅速下降，担保储户和债券持有人在 2009—2010 年期间选择了挤兑。随着爱尔兰政府债务收益率的迅速上升，爱尔兰政府将不得不寻求欧盟和国际货币基金组织的援助。2011 年 4 月，尽管爱尔兰政府已经采取了所有措施，穆迪还是将其银行债务降级为垃圾级。2011 年，在国际组织的持续救助下，爱尔兰在处理金融危机方面取得巨大进展，2012 年下半年起重新站稳脚跟。2012 年 7 月 26 日，爱尔兰首次回到国际金融市场，出售了超过 50 亿欧元的长期政府债券。由于经济前景的改善，10 年期政府债券的成本从 2011 年 7 月中旬创纪录的 12% 降至 2013 年的 4% 以下。2013 年 12 月，爱尔兰最终退出了欧盟和国际货币基金组织的救助计划，成为第一个走出债务危机的国家。

葡萄牙与其他欧洲国家不同，在 2000 年的前几年里经济增长并不显著，在 2002—2003 年间出现增长停滞，并在 2008—2009 年间明显衰退。2010 年，穆迪下调了葡萄牙的主权信用评级，导致葡萄牙政府债券压力增大。2011 年上半年，葡萄牙要求 780 亿欧元的国际货币基金组织—欧盟援助方案，以稳定其公共财政。2012 年 1 月 30 日，在评级机构将政府信用评级下调至"垃圾级"之后，葡萄牙 10 年期政府债券利率达到 17.3% 的峰值。"三驾马车"（欧盟、欧洲中央银行和 IMF）2012 年 9 月预测，葡萄牙 2014

年的公共债务将达到国内生产总值124%左右的峰值，经济衰退预计将持续到2013年。在国际组织的援助方案支持和国内改革的共同努力下，葡萄牙于2013年5月7日成功发行了10年期债券系列，重新获得了完整的贷款渠道。2014年5月18日，葡萄牙退出欧盟救助机制，无须额外的支持。

在危机爆发前，西班牙的债务水平一直相对较低。2010年，西班牙的公共债务相对于国内生产总值仅为60%，比德国、法国或美国少20多个百分点，比意大利、爱尔兰或希腊少60多个百分点。但实际上，政府债务问题被房地产泡沫带来的税收增长掩盖了，当经济衰退和银行救助发生后，政府赤字和债务水平急剧提高，并导致其信用评级大幅下调。2012年6月，西班牙10年期债券利率达到7%的水平，并且面临进入国际债券市场的困难。欧洲中央银行在6月9日为西班牙提供了1000亿欧元的金融支持篮子计划，并在9月宣布了"无限期债券购买计划"，大大减轻了西班牙的压力。尽管西班牙2013年的失业率高达27%，经济产出萎缩了1.4%，但国内改革和劳动力成本竞争力的提高使其保住了出口市场份额。2014年1月23日，随着外国投资者对西班牙的信心恢复，西班牙正式退出了欧盟/国际货币基金组织的救助机制。

二、欧洲债务危机中的流动性管理

欧洲债务危机中，除了欧洲中央银行大幅降低基准利率之外，包括欧洲中央银行、欧盟、国际货币基金组织在内的国际组织提供了大量的流动性支持。

在2009年5月7日欧洲中央银行将再融资贷款利率、边际贷款利率和存款利率分别降至1%、1.75%和0.25%之后，这一低利率水平维持了近2年时间。2011年4月7日和7月7日，欧洲中央银行将3个基准利率上调至1.5%、2.25%和0.75%。但是，随着欧洲债务危机的进一步蔓延和经济复苏前景的不明朗化，从11月13日起，欧洲中央银行再次开启降息周期。欧洲中央银行分别于2011年11月3日、2011年12月8日、2012年7月5日、2013年5月2日、2013年11月7日下调基准利率。到2013年底时，存款基准利率降至0，再融资利率降至0.25%，边际贷款利率降至0.75%。在2014年至2017年间，欧洲中央银行继续7次降息操作，存款基准利率降至-0.4%，再融资利率降至0，边际贷款利率降至0.25%。

除了常规货币政策利率调整之外，欧洲中央银行从2015年1月起启动量化宽松操作（QE）。QE 计划从 2015 年 3 月开始实施，每月购买成员国国债和金融机构债券 600 亿欧元。2015 年 12 月，QE 购债范围扩大至地区、地方政府债券。2016 年 3 月，QE 购债规模从 600 亿欧元/月扩大至 800 亿欧元/月，并将信用评级为投资级的非银行企业债券纳入 QE 对象。2016 年 12 月，欧洲中央银行将 QE 计划延长至 2017 年 12 月底，购债规模从 2017 年 4 月起缩减至 600 亿欧元/月。2017 年 10 月，欧洲中央银行再次将 QE 计划延长至 2018 年 9 月底；购债规模从 2018 年 1 月起减至 300 亿欧元/月。

针对债务危机国家的救助计划是欧元区流动性注入的重要组成部分，这些救助计划的资金来源包括欧洲稳定机制（ESM）、欧洲金融稳定机制（EFSM）、欧洲金融稳定基金（EFSF）、欧盟国际收支计划（BOP）、世界银行（WB）、欧洲复兴开发银行（EBRD），以及希腊贷款援助计划（GLF）和其他双边（Bila）援助计划。从 2008 年 11 月至 2018 年 8 月，上述援助计划提供了超过 5000 亿欧元的支持（见表 3－4）。

表 3－4　欧洲债务危机期间国际组织对主要欧元区国家的援助计划

单位：10 亿欧元

援助对象	援助期	IMF	WB	EBRD	Bila	BOP	GLF	EFSM	EFSF	ESM	合计
塞浦路斯 1 期	2011.12— 2012.12	—			2.5						2.5
塞浦路斯 2 期	2013.05— 2016.03	1								9	10
希腊 1＋2 期	2010.05— 2015.06	32.1/48.1	—		—		52.9	—	130.9/ 144.6		215.9/ 245.6
希腊 3 期	2015.08— 2018.08									86	86
匈牙利	2008.11— 2010.10	9.1/12.5	1			5.5/6.5					15.6/ 20.0
爱尔兰	2010.11— 2012.12	22.5	—		4.8			22.5	18.4	—	68.2
立陶宛	2008.12— 2011.12	1.1/1.7	0.4	0.1	0/2.2	2.9/3.1		—			4.5/ 7.5
葡萄牙	2011.05— 2014.06	26.5/27.4	—		—			24.3/ 25.6	26	—	76.8/ 79.0

续表

援助对象	援助期	IMF	WB	EBRD	Bila	BOP	GLF	EFSM	EFSF	ESM	合计
罗马尼亚 1 期	2009.05— 2011.06	12.6/13.06	1	1	—	5	—	—	—	—	19.6/ 20.6
罗马尼亚 2 期	2011.03— 2013.06	0/3.6	1.15	—	—	0/1.4	—	—	—	—	1.15/ 6.15
罗马尼亚 3 期	2013.10— 2015.09	0/2.0	2.5	—	—	0/2.0	—	—	—	—	2.5/ 6.5
西班牙	2012.07— 2013.12	—	—	—	—	—	—	—	—	41.3/ 100	41.3/ 100
合计	2008— 2018	104.9	6.05	1.1	7.3	13.4	52.9	46.8	175.3	136.3	544.05

注：表中"/"之后的数字表示计划援助金额，之前的数字表示实际使用援助金额。

第四节　本章小结

弄清楚主要经济体的流动性管理操作，对于理解经济金融发展脉络具有重要意义，也是研究主要经济体流动性管理对中国经济溢出效应的基础性工作。本章以三次重大金融危机（互联网泡沫危机、美国次贷危机、欧洲债务危机）为时间轴线，回顾并总结了 20 世纪 90 年代以来主要经济体的流动性管理操作和对应的流动性变化。

通过对金融危机前后主要经济体流动性管理操作的回顾，可以发现以下规律：第一，流动性变化是塑造经济金融走向的重要因素。危机爆发之前，主要经济体的流动性均十分宽松，为经济快速扩张提供了良好的环境，同时也为资产价格泡沫的形成和膨胀创造了条件。而随后的流动性紧缩政策则起到了刺破资产价格泡沫的作用，造成金融动荡和经济衰退。第二，金融危机期间，主要经济体中央银行的流动性管理，常规与非常规的货币政策干预，在防止金融恐慌扩散，恢复市场信心方面发挥了重要影响，在降低经济成本、提振实际需求方面也起到了关键作用。第三，金融危机具有传染性，而主要经济体的流动性管理也存在协同性。

就本书探讨的问题而言，从本章对主要经济体流动性管理的历史考察可以发现，在过去 20 年里，主要经济体的流动性管理多次转向，手段包括了常规和非常规的货币政策工具，且流动性管理规模十分庞大，这使得研究主要经济体流动性管理对中国经济的溢出效果既有重大意义，也存在很大的研究难度。在下面的篇章中，将选择恰当的研究工具，尝试探讨主要经济体的流动性管理对中国宏观经济、产业活动以及金融市场的影响。

第四章　主要经济体流动性管理对中国宏观经济的溢出效应

在研究多个经济体行为的溢出效应时，动态随机一般均衡（DSGE）分析方法很难将不同经济体的宏观模型纳入一个统一的框架中，而传统的时间序列计量方法又难以深入到不同经济体宏观经济变量间的理论联系和内生结构性约束之中。基于此，本章基于 IMF 的"全球预测模型"项目（Global Projection Model Project）提出的 GPM 框架，构建了一个包含美国、欧元区、日本、中国四大经济体的 GPM－4 模型，综合使用校准和贝叶斯估计方法得到模型参数，随后利用数值模拟的方法揭示了主要经济体的流动性管理对我国关键宏观经济变量的影响。

本章的结构安排如下：首先，简要介绍了 GPM 框架的基础、区别于 DSGE 分析方法和传统时间序列计量方法的特征和优势，以及目前的发展和应用现状；其次，构建了一个包含美国、欧元区、日本、中国四大经济体的 GPM－4 模型，在此基础上，利用上述经济体的宏观经济数据，对模型参数进行校准和贝叶斯估计；再次，利用仿真手段进行随机冲击响应分析，分析美国、欧元区和日本的流动性管理对我国关键宏观经济变量的影响；最后是本章小结。

第一节　GPM 分析框架概述、特征与发展现状

一、GPM 分析框架概述与全球化应用

GPM 是 IMF 经济学家近年开发的一种重要的宏观经济预测模型。在此之前，IMF 主要发展了两种宏观经济模型用于宏观经济政策分析和预测，即动态随机一般均衡模型（Dynamic Stochastic General Equilibrium，DSGE）和小型季度数据预测模型（Quarterly Projection Model，QPM）。这些模型的多国"变体"能够为研究人员提供一国冲击对其他国家经济变量的溢出效应

的一些见解。其中，DSGE 模型强调模型的微观经济理论基础，在分析结构变化的影响以及诸如持续性财政赤字或经常账户赤字等因素的长期经济影响方面非常有用；而小型 QPM 通常使用很少的行为方程来描述一个经济体的宏观经济，关注经济中的主要宏观经济变量（如产出、流动、政策利率、长期利率、失业率，以及汇率等）的互动关系。由于小型 QPM 结构简单，既便于建模者使用，也易于决策者理解，已经被用于各国中央银行和 IMF 的预测和政策分析。然而，这些模型的参数通常是根据所研究国家和类似国家经济结构的国家专家的理解和认知进行校准的，因此其合理性是存疑的。

为了解决小型 QPM 存在的一些问题，IMF 实施了一个新的"全球预测模型"研究项目，希望为国际货币基金组织的世界经济展望（World Economic Outlook，WEO）预测工作提供有用的见解，并提高 WEO 项目的多边一致性。这一项目产生了被称为 GPM 的一系列多国经济分析和预测框架。

GPM 框架从奠基到成熟的过程基本可以用六篇代表性研究成果来概述。Carabenciov 等最早构建了一个针对美国经济的小型季度数据预测模型，是基于贝叶斯估计的 GPM 框架的第一个封闭经济版本。这一研究为美国宏观经济模型纳入了金融变量，揭示了金融变量的变化对美国产出和通货膨胀的影响。随后，Laxton 等将上述封闭经济模型拓展为一个开放经济模型，形成了一个关于美国、日本和欧元区的小型季度预测模型，并展示了如何利用这一模型了解过去的经济发展和预测多国环境下的未来发展。同年，Juillard 等进一步将金融与实体经济的联系和国际油价纳入上述分析框架，研究了暂时性和永久性冲击对三个经济体的石油价格水平以及宏观经济增长率的影响。随后，Canales – Kriljenko 等构建了一个包含拉丁美洲的全球预测模型，将巴西、智利、哥伦比亚、墨西哥和秘鲁五个通胀目标制国家的经济模型纳入前述不含石油的三经济体全球预测模型框架中。同年，Andrle 等将印度尼西亚经济模型添加到不含石油的三经济体全球预测模型框架中。最后，Carabenciov 等在前述工作的基础上，构建了一个包含美国、欧元区、日本、发展中亚洲经济体、拉美五国以及其他经济体的大型季度预测模型（称为 GPM6）。由于 GPM6 覆盖了全球约 85% 的经济产出活动，并且更加全面地考察了实体经济与金融的国际联系、金融溢出效应、短中长期利率变化以及发展中国家实际汇率的长期升值趋势等特征，代表 GPM 分析框架已经完全成熟。当然，随着 GPM 框架中刻画机制逐渐细致、行为方程数量大幅增加，以及纳入经济体数量的不断增多，其建模、分析和运用难度也随之大幅提高。

GPM 分析框架从 2008 年开发，被国外学者和多国中央银行的研究机构广泛应用。除了上述介绍的 Carabenciov 等人创作的六篇重要文献之外，其他一些研究尝试在 GPM 的框架下进行拓展，或者用于短、中期的经济预测。

Clinton 等利用一个包含美国、欧元区和日本的 GPM 分析框架研究如何应对 2008 年美国次贷危机之后的全球通缩威胁。通过对模型的数值模拟，他们指出：通胀路径目标制的货币政策（即会对过去、现在和未来预期通胀做出响应的货币政策）和更加积极的财政政策，将有助于减轻全球经济陷入通缩的风险。

Blagrave 等在包含六个主要经济体的 GPM 模型的基础上，增加了一个刻画中国经济的独立单元。他们认为，鉴于中国经济的巨大体量、对国际商品服务贸易的需求，以及中国宏观政策的国际影响，有必要单独刻画中国的经济模型。他们指出，在加入了中国经济的模型单元之后，GPM 的解释能力得到进一步提高。

Lajmi 和 Khadhraoui 基于 GPM 框架构建了一个新凯恩斯主义理论模型，用于突尼斯的中期经济预测。其贝叶斯估计结果表明，该模型能够很好地刻画突尼斯的经济发展现实；仿真结果预测，产出缺口的冲击对宏观经济的影响较弱且慢，而供给冲击的影响却十分深远。

Jager 等构建了一个半结构化的一般均衡模型，用于南非经济的中期预测和宏观政策分析。他们的模型刻画了一个新凯恩斯主义的小型开放经济体，并且和 GPM 框架一样纳入了利率期限结构、无抛补利率平价，以及由国际贸易往来关系刻画的世界经济模块。其中，世界经济模块的模型设置、变量定义以及数据均来自 GPM 模型及其预测值。

二、GPM 分析框架的特征与优势

由于 GPM 分析框架是由 QPM 发展而来的，同样也是利用行为方程来描述一个经济体的宏观经济，关注经济中的主要宏观经济变量的互动关系，因此具备了后者的一些主要特征。这里主要通过两个层面的比较分析来阐述 GPM 分析框架的特征和优势：一是与 QPM 比较；二是与其他宏观经济分析方法（主要是 DSGE 和 VAR 等时间序列计量模型）比较。

与传统的 QPM 相比，GPM 模型的特征在于：第一，所有的 GPM 模型均采用贝叶斯方法估计重要参数。贝叶斯方法允许搜索者将他们的先验值输入到模型中，然后与数据进行对抗，以确定他们的先验值与数据是否一致，并提高参数估计值的合理性。尽管近年来一些经济体制发生了变化（一些国家将通货膨胀预期锚定到某些正式或非正式目标上），给参数估计带来了一些干扰；但是，随着时间的推移，贝叶斯方法的估计精度将越来越高。第二，随着 GPM 的发展，金融与实体经济间的联系得到越来越多的重视，并且能够在模型内进行较好的处理。过去的 QPM 和早期的 GPM 分析中，通常使用单一的金融变量来描述金融变化对实际产出的影响，而后期的 GPM 模型能够把金融变量的影响拓展到多个经济体，大大提高了模型的解释力和样本外预测水平。第三，GPM 发展过程中很大的一个改进就是不断增加纳入模型的国家数量，从而提高模型的解释力，这一特征得益于 GPM 的模型设定形式和编程模式能够使研究者以相对简单的方式将其他国家添加到模型中。因此，GPM 的可拓展性是其相对于过去研究方法的重大改进。

与其他宏观经济分析方法（主要是 DSGE 和时间序列计量模型）比较，GPM 模型的特征在于：第一，从建模方法来看，GPM 的行为方程系统是目前刻画多经济体宏观联系的更好方法。虽然理论上使用一系列 DSGE 模型作为全球模型的各个部分的输入是最佳手段，但目前宏观经济模型的发展还远远达不到这个阶段。尽管如此，GPM 的建模和求解吸收了 DSGE 模型的优点：一方面，其行为方程的设定仍然是基于经济理论；另一方面，模型参数的校准和贝叶斯估计中先验值的设定也是基于具有微观基础的 DSGE 模型的见解。第二，从参数估计和预测能力来看，一方面，GPM 综合使用理论校准和贝叶斯估计方法，避免了许多完全估计的宏观经济模型由于难以处理同时性双向因果关系而得不到符合现实的模拟的问题；另一方面，通过将经济理论作为模型的基础，该方法应能够在预测方面优于 VAR 或 Global VAR 等模型，并使研究人员能够进行 VARs 模型无法解决的政策模拟。

第二节　GPM-4 模型设置

本节主要借鉴 Laxton、Carabenciov 以及 Blagrave 等，构建一个包含美国、欧元区、日本以及中国四大经济体的 GPM 分析框架。由于中国属于新兴经济体，其行为方程与美国、欧元区和日本（以下简称 G3 经济体）多有不同，因此，这里先设定 G3 经济体的行为方程，然后讨论中国与 G3 经济体的不同之处，并为中国单独建立行为方程，进而得到由四大经济体组成的完整的 GPM - 4 模型。

本节构建的 GPM - 4 模型与一般的开放经济宏观模型类似，刻画了产出、失业、通货膨胀、利率、汇率等因素的共同决定过程。GPM - 4 模型本质上是一个缺口模型，因此，变量与其均衡值之间的缺口在经济系统的运行过程中起到重要作用。

一、稳态水平的随机过程的设定

利用贝叶斯方法估计结构宏观经济模型的一个重要优势在于：可以灵活处理和估计随机过程，尤其是允许待估模型中随机冲击的数量多于观测变量，这有助于避免在长期预测中出现较大的和系统性的预测偏差。因此，在使用贝叶斯估计方法时，可根据模型需要设置足够的随机过程。这里的"稳态水平的随机过程"指的是针对关键宏观经济变量稳态（均衡）值的随机过程，包括：潜在产出水平、非加速通胀失业率、均衡实际利率以及均衡实际汇率。

1. 潜在产出水平

潜在产出水平和潜在产出的增长率满足以下随机过程：

$$\overline{Y}_{i,t} = \overline{Y}_{i,t-1} + g_{i,t}^{\overline{Y}}/4 + \varepsilon_{i,t}^{\overline{Y}} \tag{4-1}$$

$$g_{i,t}^{\overline{Y}} = \tau_i g_{i,t}^{\overline{Y}ss} + (1 + \tau_i) g_{i,t-1}^{\overline{Y}} + \varepsilon_{i,t}^{g^{\overline{Y}}} \tag{4-2}$$

式中，$\overline{Y}_{i,t}$ 表示经济体 i 在 t 期的潜在产出水平，其中 $i\epsilon\{US, EU, JA, CN\}$，表示美国、欧元区、日本、中国四个经济体中的一个；$g_{i,t}^{\overline{Y}}$ 表示经济体 i 在 t 期的潜在产出年化增长率；$g_{i,t}^{\overline{Y}ss}$ 表示潜在产出的稳态增长率；$\varepsilon_{i,t}^{\overline{Y}}$ 和 $\varepsilon_{i,t}^{g^{\overline{Y}}}$ 分别表示针对潜在产出水平和潜在产出增长率的随机冲击；τ_i 为一阶自回归参数。

式（4-1）中，潜在产出水平 $\overline{Y}_{i,t}$ 等于上一期的潜在产出水平 $\overline{Y}_{i,t-1}$，加上潜在产出的季度增速 $g_{i,t}^{\overline{Y}}/4$，再加上随机冲击 $\varepsilon_{i,t}^{\overline{Y}}$ 的影响。式（4-2）中，潜在产出增速 $g_{i,t}^{\overline{Y}}$ 服从一阶自回归过程 $\tau_i g_{i,t}^{\overline{Y}ss} + (1 + \tau_i) g_{i,t-1}^{\overline{Y}}$，并受到随机冲击 $\varepsilon_{i,t}^{g^{\overline{Y}}}$。在冲击发生之后，潜在产出增速会逐渐回到其稳态值 $g_{i,t}^{\overline{Y}ss}$，但对潜在产出水平产生了持久影响。因此，上述两式表明：针对潜在产出水平的随机冲击产生的影响是一次性的，而针对潜在产出增长率的冲击可以在长期内持续影响潜在产出水平。

2. 非加速通货膨胀失业率

非加速通货膨胀失业率（Non-accelerating Inflation Rate of Unemployment, NAIRU）是指预期通货膨胀率和实际通货膨胀率相一致的失业率水平，即自然失业率假设下的稳态失业率水平。与上述潜在产出水平的形式一致，将 NAIRU 的随机过程设定为：

$$\overline{U}_{i,t} = \overline{U}_{i,t-1} + g_{i,t}^{\overline{U}} + \varepsilon_{i,t}^{\overline{U}} \tag{4-3}$$

$$g_{i,t}^{\overline{U}} = (1 - \alpha_i)g_{i,t-1}^{\overline{U}} + \varepsilon_{i,t}^{g_{\overline{U}}} \tag{4-4}$$

式中，$\overline{U}_{i,t}$ 表示 NAIRU，等于上期水平加上增长项 $g_{i,t}^{\overline{U}}$，再加上随机扰动项 $\varepsilon_{i,t}^{\overline{U}}$；NAIRU 的增长率 $g_{i,t}^{\overline{U}}$ 是其自身滞后项和随机扰动项 $\varepsilon_{i,t}^{g_{\overline{U}}}$ 的函数。

同样，上述两式表明，NAIRU 受到针对水平值的一次性冲击和针对增长率的持久性冲击。

3. 均衡实际利率

均衡实际利率满足如下随机过程：

$$\overline{RR}_{i,t} = \rho_i \overline{RR}_{i,SS} + (1 - \rho_i) \overline{RR}_{i,t-1} + \varepsilon_{i,t}^{\overline{RR}} \tag{4-5}$$

式中，实际利率的均衡值 $\overline{RR}_{i,t}$ 是其滞后项和稳态值 $\overline{RR}_{i,SS}$ 的一阶自回归函数，回归速度由参数 ρ_i 决定。同时，在受到随机扰动项 $\varepsilon_{i,t}^{\overline{RR}}$ 的冲击时，可能会暂时偏离稳态水平。

4. 均衡实际汇率

定义某一经济体相对于美元的实际汇率（对数值）如下：

$$Z_{i,t} = 100 \times (S_{i,t} + \log P_{US,t} - \log P_{i,t}) \tag{4-6}$$

式中，某一货币相对于美元的实际汇率 $Z_{i,t}$ 为：该货币相对于美元的名义汇率的自然对数 $S_{i,t}$，加上美国物价水平 P_{US} 的自然对数，减去该经济体物价水平 $P_{i,t}$ 的自然对数，然后乘以 100。因此，$Z_{i,t}$ 增加表示该经济体货币相对于美元的实际贬值幅度。实际汇率的变化可以表示为

$$\Delta Z_{i,t} = 100\Delta S_{i,t} + (\pi_{i,t} - \pi_{US,t})/4 \tag{4-7}$$

式中，$\Delta S_{i,t}$ 为两货币名义汇率自然对数之差；$(\pi_{i,t} - \pi_{US,t})/4$ 表示经济体 i 与美国的季度通货膨胀率（百分比）之差。

实际汇率的均衡值可表示为

$$\overline{Z}_{i,t} = \overline{Z}_{i,t-1} + \varepsilon_{i,t}^{\overline{Z}} \tag{4-8}$$

上式表明，实际汇率的均衡值是其滞后项和随机扰动项 $\varepsilon_{i,t}^{\overline{Z}}$ 的和，这意味着均衡值是相对稳定的，这对 G3 经济体而言问题不大。但对中国或其他新兴经济体并不一定适用，因为新兴经济体近年来存在普遍的货币升值迹

象。因此，在后文中刻画人民币汇率时会有一定的调整。

二、G3 经济体的行为方程的设定

针对 G3 经济体，其行为方程主要包括：产出缺口行为方程、通货膨胀率行为方程、货币政策利率行为方程、中期利率行为方程、无抛补利率平价行为方程、失业率行为方程。具体设定如下：

（一）产出缺口行为方程

$$
\begin{aligned}
y_{i,t} = & \left\{ \beta_{i,1} y_{i,t-1} + \beta_{i,2} y_{i,t+1} - \beta_{i,3} mrr_{i,t-1} \right\} \\
& + \left\{ \beta_{i,4} \sum_j \omega_{i,j,4} (z_{i,j,t-1} + z_{i,j,t-2} + z_{i,j,t-3} + z_{i,j,t-4}) / 4 \right. \\
& \left. + \beta_{i,5} \sum_{j \neq 1} \omega_{i,j,5} y_{j,t-1} + \sum_j \omega_{i,j,5} v_j \right\} - \left\{ \eta_{i,t} \right\} + \varepsilon_{i,t}^y
\end{aligned}
$$

$$(4-9)$$

式中，所有小写字母均表示变量相对于其稳态值的偏离水平（如 $y = Y - \bar{Y}$）。

式（4-9）表示，经济体 i 的产出缺口主要由三个部分决定：本土影响、外部影响，以及金融与实体联系，式中分别用 $\{\}$ 归集。具体来看：

第一，本土影响。经济体 i 在 t 期的产出缺口受其滞后缺口 $y_{i,t-1}$、领先缺口 $y_{i,t+1}$，以及滞后一期中期实际利率缺口 $mrr_{i,t-1}$ 的影响。这一设定是新凯恩斯主义框架下对封闭经济体产出缺口的标准设定形式。引入产出缺口滞后项刻画了经济系统的惯性，即随机冲击可能产生持久影响。引入产出缺口领先项是为了刻画经济系统中的复杂动态和前瞻性预期等影响。引入中期利率缺口滞后项是为了刻画货币政策操作与实际利率之间的传导机制，以及其对产出缺口的影响。

第二，外部影响。式（4-9）中第二个 $\{\}$ 内刻画了开放型经济体产出缺口受外部因素影响的机制，主要通过实际汇率变化和外部实际需求变化来体现。

实际汇率变化主要刻画了汇率变动对一国产出缺口的影响，在式（4-9）中表示为：经济体 i 与所有经济体 j 的双边实际汇率错位程度 $z_{i,j}$（滞后一期至滞后四期）对经济体 i 的产出缺口的影响的加权和，其中权重为 $\omega_{i,j,4}$。需要注意的是，由于对实际汇率的定义均是相对于美元的货币价值，因此

有 $z_{i,t,j} = z_{i,t} - z_{j,t}$。①

外部实际需求变化对产出缺口的影响主要用其他国家实际产出缺口滞后项 $y_{i,t-1}$ 的加权平均和来度量，其中权重为 $\omega_{i,j,5}$。这些其他国家产出缺口滞后项的加权和实际测度了国际贸易联系对一国产出缺口的影响。除此之外，式（4-9）还纳入了除产出缺口之外，来自外部经济体的其他直接溢出效应 v_j。

第三，金融与实体联系（Financial-real Linkage）。式（4-9）中第三个 {} 内反映了金融与实体经济之间除市场利率和汇率之外的其他联系对产出缺口的影响，其中 $\eta_{i,t}$ 刻画了银行信贷紧缩（Bank Lending Tightening, BLT）的变量。需要注意的是，BLT 与利率或汇率的影响机制不同，更多地反映了银行贷款中非价格条款和条件对总需求的影响。在 DSGE 等经典的结构宏观经济模型中，金融与实体联系的表现形式比较多样化，如金融加速器机制、系统重要性银行的资本充足水平与贷款意愿、金融市场的流动性困境等。这里我们主要借鉴 Carabenciov 等，以 BLT 这样一种相对单一的方式来测度金融与实体的联系。针对 G3 经济体中的不同国家，BLT 的定义方式有所不同：

对于美国，变量 BLT_{US} 是美联储季度高级信贷机构意见调查中银行机构对四个关于贷款条件问题的回答的加权和。具体而言，对于每一个问题，贷款紧缩值等于回答"大幅收紧"和"稍微收紧"的银行占比减去回答"稍微宽松"和"大幅宽松"的银行占比；由四个问题得到的贷款紧缩值各自乘以 25% 的权重，加总得到的 BLT_{US} 反映了样本期内的平均紧缩程度。对于欧元区，变量 BLT_{EU} 是银行业金融机构对欧洲中央银行例行问题"在过去三个月里，贵行用于批准企业贷款或信贷额度的信贷标准有何变化？"的答案的加总。具体定义为：回答"大幅收紧"和"稍微收紧"的银行占比减去回答"稍微宽松"和"大幅宽松"的银行占比。对于日本，变量 BLT_{JA} 是基于贷款企业对金融机构贷款态度感知的例行调查结果，具体定义为：回答"严格"的企业占比减去回答"通融"的企业占比。

关于 BLT 的行为方程定义如下：

$$BLT_{i,t} = \overline{BLT}_{i,t-1} - \kappa_i y_{i,t+4} + \varepsilon_{i,t}^{BLT} \tag{4-10}$$

---

① 具体到 G3 中各个经济体的设定时，美国和欧元区、日本两个经济体有细微差别。以欧元区为例，$z_{EU,JA} = z_{EU} - z_{JA}$，而美国可直接表示为 $z_{EU,JA} = -z_{JA}$。设定形式仅影响参数的估计值，并不影响经济关系或模型结论。

$$\overline{BLT}_{i,t} = \overline{BLT}_{i,t-1} + \varepsilon_{i,t}^{\overline{BLT}} \tag{4-11}$$

式（4-10）中，银行信贷紧缩变量 $BLT_{i,t}$ 受其滞后一期的稳态值 $\overline{BLT}_{i,t-1}$ 的影响，后者服从一个随机游走过程［式（4-11）］。由式（4-10）还可以看出，$BLT_{i,t}$ 与领先4期的实际产出缺口负相关，这反映了：当金融机构预期未来产出缺口为正，即经济景气时，会倾向于放松信贷标准。此外，$\varepsilon_{i,t}^{BLT}$ 和 $\varepsilon_{i,t}^{\overline{BLT}}$ 分别表示针对 $BLT_{i,t}$ 和稳态值 $\overline{BLT}_{i,t-1}$ 的随机冲击。

有了关于 BLT 的定义之后，式（4-9）中的 $\eta_{i,t}$ 的准确定义为 $\varepsilon_{i,t}^{BLT}$ 滞后项的多项式函数，即排除了其他影响因素之后，未预期到的信贷宽松或紧缩对产出缺口的影响：

$$\eta_{i,t} = \theta_i \left(\begin{array}{c} 0.04\varepsilon_{i,t-1}^{BLT} + 0.08\varepsilon_{i,t-2}^{BLT} + 0.12\varepsilon_{i,t-3}^{BLT} + 0.16\varepsilon_{i,t-4}^{BLT} + 0.20\varepsilon_{i,t-5}^{BLT} \\ + 0.16\varepsilon_{i,t-6}^{BLT} + 0.12\varepsilon_{i,t-7}^{BLT} + 0.08\varepsilon_{i,t-8}^{BLT} + 0.04\varepsilon_{i,t-9}^{BLT} \end{array} \right)$$
$$\tag{4-12}$$

式中各系数的安排旨在刻画银行信贷收紧对企业或家庭支出影响的驼峰形态。

最后，除了上述三个影响因素之外，实际产出缺口还受到随机扰动项 $\varepsilon_{i,t}^{y}$ 的冲击。

（二）通货膨胀率行为方程

通货膨胀率行为方程定义如下：

$$\pi_{i,t} = \lambda_{i,1}\pi 4_{i,t+4} + (1 - \lambda_{i,1})\pi 4_{i,t-1} + \lambda_{i,2} y_{i,t-1}$$
$$+ \lambda_{i,3} \sum_j \omega_{i,j,3}(z_{i,j,t} - z_{i,j,t-4})/4 - \varepsilon_{i,t}^{\pi} \tag{4-13}$$

式中，$\pi_{i,t}$ 为季度环比通货膨胀率的年化值（例如，物价指数环比于上一季度上涨1%，则年化处理后的 $\pi_{i,t} = 4$），反映当季的通胀程度；$\pi 4_{i,t}$ 表示季度同比通货膨胀率（即本季度物价指数相对于4个季度之前物价指数的百分比涨幅），反映了过去一年的通胀程度。

引入通胀滞后项反映了通货膨胀率的平滑特征，以及部分经济主体或定价者的适应性预期对当期通胀的影响。引入通胀领先项反映了另外一部分经济主体或定价者的理性预期对当期通胀的影响。领先项的领先阶数大于滞后项的滞后阶数，是为了刻画经济系统中的复杂动态和前瞻性影响。参数 $\lambda_{i,1}$ 度量了领先项和滞后项的相对权重。

式（4-13）还引入了实际产出缺口的一阶滞后 $y_{i,t-1}$。当前一期产出缺口为负，即经济紧缩时，当期的物价水平可能下滑；反之，当前一期产出缺口为正,即经济扩张时,当期的物价水平可能上升。此外,当期的通货膨胀率还受过去一年里双边实际汇率错位程度变化的季度平均值 ($z_{i,j,t}$ - $z_{i,j,t-4}$)/4 的影响,以参数 $\omega_{i,j,3}$ 为权重对不同货币进行加权。最后,扰动项 $\varepsilon_{i,t}^{\pi}$ 表示对通货膨胀的随机冲击。

(三) 货币政策利率行为方程

货币政策利率行为方程描述如下:

$$I_{i,t} = (1 - \gamma_{i,1})\left[\overline{RR}_{i,t} + \pi4_{i,t+3} + \gamma_{i,2}(\pi4_{i,t+3} - \pi_i^{tar}) + \gamma_{i,4}y_{i,t}\right]$$
$$+ \gamma_{i,1}I_{i,t-1} + \varepsilon_{i,t}^I \qquad (4-14)$$
$$\pi_i^{tar} = \pi_{i,SS}^{tar} \qquad (4-15)$$

式 (4-14) 本质上是一个基于通胀预期的货币政策利率规则。当期货币政策利率 $I_{i,t}$ (或短期名义利率) 取决于上期货币政策利率 $I_{i,t-1}$,以及本期中央银行对产出缺口 $y_{i,t}$ 和通胀缺口 $\pi4_{i,t+3} - \pi_i^{tar}$ 的响应。准确地讲,式 (4-14) 表示中央银行希望将当期名义利率确定在实际均衡利率与预期通货膨胀率 (从上一期开始的 4 个季度之后) 之和的水平之上,并针对当期的实际产出缺口 $y_{i,t}$ 和预期通货膨胀率 $\pi4_{i,t+3}$ 与目标通胀率 π_i^{tar} 的缺口进行微调。式 (4-14) 同样引入了随机扰动项 $\varepsilon_{i,t}^I$,这意味着:中央银行可以偏离货币政策利率目标进行流动性管理。这对于本章分析主要经济体流动性管理对中国宏观经济的影响十分重要。

(四) 中期利率行为方程

在制定中期利率行为方程之前,首先刻画短期实际利率及其均衡如下:

$$RR_{i,t} = I_{i,t} - \pi_{i,t+1} \qquad (4-16)$$

短期实际利率 $RR_{i,t}$ 等于短期名义利率 $I_{i,t}$ 与预期通货膨胀率 $\pi_{i,t+1}$ 的差。短期实际利率的均衡值 $\overline{RR}_{i,t}$ 的行为方程如式 (4-5) 所示,是其自身稳态值 $\overline{RR}_{i,SS}$ 和一阶滞后 $\overline{RR}_{i,t-1}$ 的加权平均和,且受到随机冲击 $\varepsilon_{i,t}^{\overline{RR}}$ 的影响。在此基础上,定义 4 个季度平均短期实际利率如下:

$$RR4_{i,t} = (RR_{i,t} + RR_{i,t+1} + RR_{i,t+2} + RR_{i,t+3})/4 \qquad (4-17)$$
$$\overline{RR4}_{i,t} = (\overline{RR}_{i,t} + \overline{RR}_{i,t+1} + \overline{RR}_{i,t+2} + \overline{RR}_{i,t+3})/4 \qquad (4-18)$$

式 (4-17) 表明:4 个季度平均短期实际利率是其本季度短期实际利率和未来 3 个季度预期短期实际利率的平均值。对应地,平均短期实际利率的均衡值如式 (4-18) 所示。

中期实际利率行为方程表述如下：

$$MRR_{i,t} = \xi_{i,1}RR_{i,t} + \xi_{i,4}RR4_{i,t} + \xi_{i,12}\left[(RR4_{i,t} + RR4_{i,t+4} + RR4_{i,t+8})/3\right]$$
$$+ \xi_{i,20}\left[(RR4_{i,t} + RR4_{i,t+4} + RR4_{i,t+8} + RR4_{i,t+12} + RR4_{i,t+16})/5\right]$$

$$(4-19)$$

式（4-19）表示：中期实际利率 $MRR_{i,t}$ 是本季度短期实际利率 $RR_{i,t}$、未来一年平均短期实际利率 $RR4_{i,t}$、未来三年平均短期实际利率（$RR4_{i,t}$ + $RR4_{i,t+4}$ + $RR4_{i,t+8}$）/3、未来五年平均短期实际利率（$RR4_{i,t}$ + $RR4_{i,t+4}$ + $RR4_{i,t+8}$ + $RR4_{i,t+12}$ + $RR4_{i,t+16}$）/5 的加权平均和。这一设定是基于长期利率的预期理论得到的，但考虑到市场的短视特征，近期利率的权重参数要大于远期的参数。对应地，中期实际利率的均衡值和缺口可表述如下：

$$\overline{MRR}_{i,t} = \xi_{i,1}\overline{RR}_{i,t} + \xi_{i,2}\overline{RR4}_{i,t} + \xi_{i,12}\left[(\overline{RR4}_{i,t} + \overline{RR4}_{i,t+4} + \overline{RR4}_{i,t+8})/3\right]$$
$$+ \xi_{i,20}\left[(\overline{RR4}_{i,t} + \overline{RR4}_{i,t+4} + \overline{RR4}_{i,t+8} + \overline{RR4}_{i,t+12} + \overline{RR4}_{i,t+16})/5\right]$$

$$(4-20)$$

$$mrr_{i,t} = MRR_{i,t} - \overline{MRR}_{i,t} \qquad (4-21)$$

式中，中期实际利率缺口 $mrr_{i,t}$ 是中期实际利率 $MRR_{i,t}$ 与其均衡值 $\overline{MRR}_{i,t}$ 的差值。

如式（4-9）所示，中期实际利率缺口进入了实际产出缺口的行为方程，是影响总需求的重要变量。

（五）无抛补利率平价行为方程

无抛补利率平价（Uncovered Interest Rate Parity，UIP）定律的含义是：两国均衡实际利率的差异反映了均衡情况下的风险升水。无抛补利率平价行为方程表述如下：

$$RR_{i,t} - RR_{US,t} = 4(Z_{i,t+1}^{e} - Z_{i,t}) + (\overline{RR}_{i,t} - \overline{RR}_{US,t}) + \varepsilon_{i,t}^{RR-RR_{US}}$$

$$(4-22)$$

式（4-22）表示：经济体 i 与美国的短期实际利率之差，等于均衡水平下两者短期实际利率之差，加上该经济体货币相对于美元的实际汇率（对数值）$Z_{i,t}$ 与未来一期实际汇率的预期（对数值）$Z_{i,t+1}^{e}$ 之差（乘以 4 是为了将汇率的季度差异转化为年化差异，以匹配利率数据）。式（4-22）表明，若一经济体的实际利率高于美国的实际利率，则可能存在两种情形：一是预期该经济体的货币未来将相对于美元贬值；二是由于该经济体相对于美国而言存在更大风险，故而该经济体的均衡实际利率相比美国的均衡实际利率存在风险升水。式（4-22）中同样包含了随机冲击项 $\varepsilon_{i,t}^{RR-RR_{US}}$。

实际汇率预期的产生机制由如下方程刻画：

$$Z_{i,t+1}^{e} = \phi_i Z_{i,t+1} + (1 - \phi_i) Z_{i,t-1} \tag{4-23}$$

式（4-23）表示：预期实际汇率等于滞后一期的实际汇率和领先一期的实际汇率（由模型解出）的加权和。需要注意的是，由于 UIP 方程均是以相对于美国和美元的形式来表述，因此 G3 经济体中只需要两个 UIP 行为方程。

（六）失业率行为方程

失业率行为方程表述如下：

$$u_{i,t} = \alpha_{i,1} u_{i,t-1} + \alpha_{i,2} y_{i,t} + \varepsilon_{i,t}^{u} \tag{4-24}$$

式中，$u_{i,t}$ 表示失业率缺口。

容易看出，式（4-24）是奥肯定律的动态版本，失业率缺口由其一阶滞后值、实际产出缺口，以及随机冲击 $\varepsilon_{i,t}^{u}$ 决定。

三、中国经济的行为方程的设定

借鉴 Carabenciov 等对新兴经济体行为方程的设定形式，制定中国关键宏观经济变量的行为方程。这里仅列出与 G3 经济体行为方程不同的变量，包括实际产出缺口、无抛补利率平价以及失业率。

（一）实际产出缺口行为方程

中国的实际产出缺口行为方程表述如下：

$$
\begin{aligned}
y_{CN,t} = & \left\{ \beta_{CN,1} y_{CN,t-1} + \beta_{CN,2} y_{CN,t+1} - \beta_{CN,3} mrr_{CN,t-1} \right\} \\
& + \left\{ \beta_{CN,4} \sum_j \omega_{CN,j,4} (z_{CN,j,t-1} + z_{CN,j,t-2} + z_{CN,j,t-3} + z_{CN,j,t-4}) / 4 \right. \\
& + \beta_{CN,5} \sum_{j \neq CN} \omega_{CN,j,5} y_{j,t-1} + \left. \sum_j \omega_{CN,j,5} v_j \right\} - \left\{ \theta_{CN} \sum_j \omega_{CN,j,5} \eta_{j,t} \right\} \\
& + \varepsilon_{CN,t}^{y}
\end{aligned}
\tag{4-25}
$$

比较式（4-25）和式（4-9）可以发现，中国的实际产出缺口行为方程与 G3 经济体总体上是一致的，唯一的差别在于变量 η，即 BLT 的影响方式不同。对于 G3 经济体，其实际产出缺口主要受其自身的 BLT 影响；而对中国而言，其实际产出缺口主要受到 G3 国家的 BLT 影响，影响力度由溢出效应权重参数 $\omega_{CN,j,5}$ 度量。这样设定的原因主要是出于数据可得性方面的考虑：BLT 测度是银行贷款中非价格条款和条件对总需求的影响，通过各经济体中央银行对银行业金融机构或企业的例行调查报告计算得到；而中国缺少类似的例行调查数据，因此无法构建类似的 BLT 指标。不过，这种设定方式在理论上具备一定的合理性：G3 经济体的信贷紧缩会对中国等新兴经济体的银行信贷行为产生直接影响，或者通过影响中国等新兴经济体的信贷条件而间接地影响信贷行为和总需求。

（二）无抛补利率平价行为方程

中国的无抛补利率平价行为方程如下所示：

$$RR_{CN,t} - RR_{US,t} = 4(Z^e_{CN,t+1} - Z_{CN,t}) + (\overline{RR}_{CN,t} - \overline{RR}_{US,t}) + DOT(\overline{Z}_{CN,t}) + \varepsilon^{RR-RR_{US}}_{CN,t} \qquad (4-26)$$

与 G3 经济体不同，中国的无抛补利率平价行为方程增加了一项 $DOT(\overline{Z}_{CN,t})$，用来衡量均衡实际汇率相对于美元的长期年化升值幅度。式 （4 - 26）中，下一期人民币对美元的预期实际汇率为

$$Z^e_{CN,t+1} = \phi_{CN}Z_{CN,t+1} + (1 - \phi_i)(Z_{CN,t-1} + 2\Delta\overline{Z}_{CN,t}) \qquad (4-27)$$

在式（4 - 23）中，G3 经济体下一期实际汇率的预期值等于一阶滞后的实际汇率和由模型解出的领先一期的实际汇率的加权平均值。而由式 （4 - 27）可以看出，对中国而言，一阶滞后的实际汇率还需要用人民币的长期升值趋势进行修正（$2\Delta\overline{Z}_{CN,t}$，由于是从 $t-1$ 期修正至 $t+1$ 期，故要乘以 2）。对修正项的定义如下：

$$\overline{Z}_{CN,t} = \overline{Z}_{CN,t-1} + DOT(\overline{Z}_{CN,t})/4 + \varepsilon^{\overline{Z}}_{CN,t} \qquad (4-28)$$

$$DOT(\overline{Z}_{CN,t}) = \chi_{CN}DOT(\overline{Z}_{CN,SS}) + (1 - \chi_{CN})DOT(\overline{Z}_{CN,t-1}) + \varepsilon^{DOT(\overline{Z})}_{CN,t}$$
$$(4-29)$$

式（4 - 28）中，人民币对美元的均衡实际汇率 $\overline{Z}_{CN,t}$ 除了受上期值 $\overline{Z}_{CN,t-1}$ 和随机冲击项 $\varepsilon^{\overline{Z}}_{CN,t}$ 的影响外，还受长期升值因素 $DOT(\overline{Z}_{CN,t})/4$ 的影响，这不同于式（4 - 23）中 G3 经济体的随机游走过程。人民币相对于美元的长期年化升值幅度 $DOT(\overline{Z}_{CN,t})$ 服从一阶自回归过程，是其一阶滞后值和稳态值 $DOT(\overline{Z}_{CN,SS})$ 的加权平均值，同时也受到随机扰动项 $\varepsilon^{DOT(\overline{Z})}_{CN,t}$ 的冲击。

（三）失业率行为方程

这里没有纳入中国失业率的行为方程，主要原因是中国官方公布失业率的统计口径与 G3 经济体的失业率口径存在很大差异。

在一般的市场经济国家，失业率的统计就是按照失业人口除以失业加

上就业这样的一个指标来统计的，它表明在社会当中可以利用的劳动力资源有多少处在失业的状态。但是，中国官方的失业率数据为"中国城镇登记失业率"，主要存在两个问题：一是失业人口的户籍身份必须是城镇居民，二是失业人口必须在劳动就业部门登记为失业才会被纳入统计范围。

由于这个原因，中国的失业率数据也不适用于式（4－24）所刻画的奥肯定律。不过，好在式（4－24）在本章的 GPM 框架中并没有起到关键作用，主要是用于观察实际产出缺口和失业率之间的联系。因此，中国失业率行为方程的缺失不会影响模型的分析结果。

第三节　GPM－4 模型的参数校准与贝叶斯估计

一、参数估计方法的选择

选择合适的参数估计方法对于获得模型参数的可信值具有重大影响。由于宏观时间序列一般具有样本量较小的数据特征，使用传统的时间序列估计方法通常会得到比较奇怪的估计结果，不符合经济学常识和经济实践。而且，由于结构宏观模型中经常存在变量间的同期双向因果关系，在小样本情形下一般的估计方法很难处理这一内生性问题。[①] 参数校准虽然能够避免上述问题，但是校准值的选择依赖于研究者的主观判断，能否与经济数据高度一致也存在疑问。所幸的是，贝叶斯估计方法在宏观经济模型的参数校准和传统估计两个方法之间提供了一个中间选项。

贝叶斯估计方法基于贝叶斯定理来系统地解决统计推断问题（Kotz 和 Wu）。贝叶斯推断的基本方法是用贝叶斯定理将未知参数的先验信息与数据信息结合起来，推导出后验信息，再据此推断未知参数。因此，贝叶斯估计方法对研究者的先验认知和样本期间的数据都给予了一定的重视，并利用先验认知和实际数据的对抗关系来获得更可靠的参数取值。通过改变先验分布的紧密性（如标准差），研究者可以在先验认知和真实数据之间分配权重：非常紧密的先验分布意味着给先验值分配更高的权重，而非常扩散的先验分布则给予了真实数据更高的权重。

[①] 例如，传统的时间序列计量方法很难区分究竟是通货膨胀率上升导致中央银行提高基准利率，还是中央银行的加息措施导致通货膨胀率上行，其结果完全取决于计量模型的设定和解读方式。

由于前述模型在实际估计中涉及的参数和中间参数多达 180 个，同时可用样本数据规模较小，无法使用传统的时间序列计量方法进行参数估计；而若全部通过校准的方法来确定参数取值，则可能与真实数据参数较大偏差。因此，针对本章所需估计的 GPM – 4 模型的特征，这里选择综合使用参数校准和贝叶斯估计方法来确定参数取值。简单来讲，部分参数利用模型变量间的稳态关系和数据直接校准；另一些参数利用贝叶斯方法进行估计，其先验分布依据文献资料中的相关估计结果来设定。

二、样本与数据

本章选用的样本为 2001—2018 年间美国、欧元区、日本和中国四大经济体的季度宏观经济数据。这一样本期间覆盖了互联网泡沫危机、美国次贷危机、欧洲债务危机等多次金融动荡和相应的流动性管理。2001 年是互联网泡沫危机接近尾声的阶段，美联储通过流动性管理的"扫尾"策略，很大程度上阻止了危机的进一步扩散。Blinder 和 Reis 指出，互联网泡沫危机是当时有史以来最大的资产泡沫破裂，蒸发了大约 8 万亿美元的财富；但随后发生的经济衰退规模却很小，没有任何一家大型银行倒闭，也没有任何一家大型经纪商或投资银行倒闭。2007—2008 年间，美国房地产次级贷款及其衍生的次级债券泡沫破裂诱发了大规模金融危机，并造成全球范围内的经济衰退，其影响幅度和范围远大于互联网泡沫危机。包括中国在内的全球主要经济体均进行长期、有力的流动性注入和其他政策刺激。在 2008—2013 年间，受国际金融危机和经济衰退的影响，冰岛、希腊、葡萄牙、意大利、爱尔兰、西班牙等欧盟国家发生了主权债务危机，并影响到德国、法国等欧元区主要国家。欧洲中央银行和各国政府通过金融稳定工具、债务减计、直接流动性注入等手段，提供了上万亿欧元的流动性支持。因此，本章选取的这一样本可以满足研究需求。

由于 GPM – 4 模型详细刻画了变量间的内生互动关系，且贝叶斯方法允许外生冲击的数量远大于观测变量，因此这里估计模型参数时用到的观测变量仅包括 5 个：实际国内生产总值、失业率、居民消费价格指数、货币政策基准利率，以及汇率，其中失业率仅使用 G3 经济体的数据。具体的数据处理方法如下：（1）首先利用居民消费价格指数（CPI）的季度同比数据，计算以 2010 年为基期的 CPI 定基指数。（2）用当期 CPI 定基指数的自然对数减去上年同期 CPI 定基指数的自然对数，得到的差值乘以 100，即得到季度通货膨胀率的年化值,作为模型中变量 $\pi4_{US}$、$\pi4_{EU}$、$\pi4_{JA}$ 及 $\pi4_{CN}$ 的观测数据。(3)利用 CPI 定基指数,平减各经济体的 GDP 当期值得到以 2010 年为基期的不变价实际 GDP,取自然对数后乘以 100,作为模型中变量 Y_{US}、Y_{EU}、Y_{JA} 及 Y_{CN} 的观测数据。(4)各经济体货币政策基准利率(I_{US}、I_{EU}、I_{JA}、I_{CN})分别使用美国联邦基金目标利率、日本政策目标利率、欧元区基准利率(主要是再融资利率),以及中国一年期定期存款利率。(5)G3 经济体的失业率数据(U_{US}、U_{EU}、U_{JA})分别用该经济体就业调查或劳动力调查中有关失业率数据表示,由于中国官方失业率为"城镇登记失业率",统计口径上与 G3 经济体存在较大不一致,这里不使用。(6)取各经济体货币相对于美元汇率的日频数据,计算其季度平均值,取自然对数后得到模型中名义汇率(S_{EU}、S_{JA}、S_{CN})的观测数据。

参数估计中的观测变量主要由上述数据构成,但参数校准过程中还是用了各经济体进出口贸易等其他数据,在此不再赘述。

数据的主要来源包括:美联储、美国经济分析局、美国劳工部、日本银行、日本内阁府、日本总务省统计局、欧洲中央银行、欧盟统计局、中国人民银行、中国国家统计局;部分数据来自国际货币基金组织(IMF)。

三、参数校准与先验分布设定

(一)部分参数校准

式(4-9)和式(4-25)中的 $\omega_{i,j,4}$ 度量了双边实际汇率错位程度对某一经济体实际产出缺口的影响,其影响途径主要是双边国际贸易往来。因此,通过收集样本期内四个经济体之间的进出口贸易往来数据,并标准化成百分比,可以校准 $\omega_{i,j,4}$ 如表 4-1 所示。

表 4-1 $\omega_{i,j,4}$ 校准值

$\omega_{i,j,4}$	$\omega_{i,US,4}$	$\omega_{i,EU,4}$	$\omega_{i,JA,4}$	$\omega_{i,CN,4}$
$\omega_{US,j,4}$	—	0.333	0.164	0.503
$\omega_{EU,j,4}$	0.405	—	0.111	0.484
$\omega_{JA,j,4}$	0.258	0.143	—	0.600
$\omega_{CN,j,4}$	0.374	0.290	0.336	—

注:表中 $\omega_{i,j,4}$ 表示经济体 i 与经济体 j 的进出口贸易额占经济体 i 进出口贸易总额的比重。

式(4-9)和式(4-25)中 $\omega_{i,j,5}$ 度量了其他经济体的实际产出缺口对某一经济体产出缺口的溢出效应，反映了经济体 i 受到的产出冲击对经济体 j 总需求的影响。借鉴 $Carabenciov$ 等，影响 $\omega_{i,j,5}$ 的机制可表述为

$$\omega_{i,j,5} = (\Delta Y/\Delta VA)_j \times (\Delta VA/\Delta VX)_j \times imp_{i,j} \times mrat_i \times rsize_{i,j}$$

$$(4-30)$$

式中，$(\Delta Y/\Delta VA)_j$ 表示经济体 j 的实际产出变化相对于产品增加值变化的比例；$(\Delta VA/\Delta VX)_j$ 表示经济体 j 单位进口额中的再出口比例；$imp_{i,j}$ 表示经济体 i 从经济体 j 的进口贸易额占经济体 i 进口贸易总额的比重；$mrat_i$ 表示经济体 i 的进口贸易额占其 GDP 的比重；$rsize_{i,j}$ 表示以 GDP 衡量的经济体 i 规模与经济体 j 规模的相对大小。

上述中间变量的校准值如表 4-2 所示。

表 4-2　$\omega_{i,j,5}$ 中间变量校准值

Panel A.				
	US	EU	JA	CN
$(\Delta Y/\Delta VA)_j$	1.5	1.4	1.4	1.3
$(\Delta VA/\Delta VX)_j$	0.88	0.89	0.89	0.79
$mrat_i$	0.15	0.11	0.13	0.17
Panel B.				
	$imp_{i,US}$	$imp_{i,EU}$	$imp_{i,JA}$	$imp_{i,CN}$
$imp_{US,j}$	—	0.2791	0.1512	0.5697
$imp_{EU,j}$	0.2677	—	0.1201	0.6122
$imp_{JA,j}$	0.1892	0.1346	—	0.6762
$imp_{CN,j}$	0.2834	0.2926	0.4239	—
Panel C.				
	$rsize_{i,US}$	$rsize_{i,EU}$	$rsize_{i,JA}$	$rsize_{i,CN}$
$rsize_{US,j}$	—	0.958	3.132	2.523
$rsize_{EU,j}$	1.044	—	3.271	2.634
$rsize_{JA,j}$	0.319	0.306	—	0.805
$rsize_{CN,j}$	0.397	0.380	1.242	—

进一步，由式（4-30）可校准参数 $\omega_{i,j,5}$，如表 4-3 所示。

表 4 – 3 $\omega_{i,j,5}$ 校准值

	$\omega_{i,US,5}$	$\omega_{i,EU,5}$	$\omega_{i,JA,5}$	$\omega_{i,CN,5}$
$\omega_{US,j,5}$	—	0.0366	0.0767	0.2509
$\omega_{EU,j,5}$	0.0553	—	0.0636	0.2815
$\omega_{JA,j,5}$	0.0120	0.0056		0.0950
$\omega_{CN,j,5}$	0.0223	0.0152	0.0853	—

式（4 – 13）中 $\omega_{i,j,3}$ 度量了双边实际汇率错位程度对某一经济体通货膨胀率的溢出效应，刻画了输入型通胀或通缩对经济体一般物价水平的影响，因此可用该经济体标准化的进口往来数据进行校准，如表 4 – 4 所示。

表 4 – 4 $\omega_{i,j,3}$ 校准值

	$\omega_{i,US,3}$	$\omega_{i,EU,3}$	$\omega_{i,JA,3}$	$\omega_{i,CN,3}$
$\omega_{US,j,3}$	—	0.2791	0.1512	0.5697
$\omega_{EU,j,3}$	0.2677	—	0.1201	0.6122
$\omega_{JA,j,3}$	0.1892	0.1346		0.6762
$\omega_{CN,j,3}$	0.2834	0.2926	0.4239	—

注：表中 $\omega_{i,j,3}$ 表示经济体 i 从经济体 j 的进口贸易额占经济体 i 进口贸易总额的比重，与表 4 – 2 中的 $imp_{i,j}$ 数据一致。

式（4 – 19）基于长期利率的预期理论给定了由短期实际利率及其预期合成中长期利率的规则，其中参数 $\xi_{i,1}$、$\xi_{i,4}$、$\xi_{i,12}$ 及 $\xi_{i,20}$ 分别刻画了本季度短期实际利率、预期未来一年平均短期实际利率、预期未来三年平均短期实际利率以及预期未来五年平均短期实际利率对当期中长期实际利率的影响。考虑预期效应和市场的短时特征，赋予近期预期利率的影响参数（$\xi_{i,4}$ 和 $\xi_{i,12}$）更大权重。各参数校准情况如表 4 – 5 所示。

表 4 – 5 $\xi_{i,1}$、$\xi_{i,4}$、$\xi_{i,12}$ 及 $\xi_{i,20}$ 校准值

	US	EU	JA	CN
$\xi_{i,1}$	0.10	0.10	0.10	0.10
$\xi_{i,4}$	0.35	0.35	0.35	0.35
$\xi_{i,12}$	0.35	0.35	0.35	0.35
$\xi_{i,20}$	0.20	0.20	0.20	0.20

另外，一些模型不易识别的参数，也按照 Carabenciov 等的参数估计结

果进行校准，具体包括：$\theta_{EU}=0.3$，$\theta_{JA}=0.3$，$\theta_{US}=1.0708$，$\theta_{CN}=0.3$，$\kappa_{EU}=20.0773$，$\kappa_{JA}=20.0773$，$\kappa_{US}=20.0773$。

（二）部分待估参数先验分布设定

剩余参数利用贝叶斯方法进行估计。贝叶斯估计的先验分布根据 Laxton 等中的三经济体 GPM 参数估计结果、Carabenciov 等中的六个经济体 GPM 参数估计结果，以及 Blagrave 等中的七个经济体 GPM 参数估计结果设定。具体而言，美国、日本和欧元区相关的参数的先验均值按照文献设定，先验标准差相对较小，即对前人的研究成果分配较高的权重；中国相关参数的先验均值取值接近 G3 经济体，但设置相对较大的先验标准差，即对实际数据分配更高权重。待估结构参数的先验分布设定情况如表 4-6 所示。

表 4-6 结构参数先验分布设定

参数	分布函数	CN		EU		JA		US	
		均值	标准差	均值	标准差	均值	标准差	均值	标准差
$\alpha_{i,1}$	beta	—	—	0.717	0.1	0.7589	0.1	0.8235	0.1
$\alpha_{i,2}$	gamma	—	—	0.1401	0.05	0.0599	0.02	0.1823	0.05
$\alpha_{i,3}$	beta	—	—	0.101	0.02	0.2214	0.05	0.3649	0.1
$\beta_{i,1}$	beta	0.5	0.1	0.7563	0.15	0.7792	0.15	0.5688	0.1
$\beta_{i,2}$	beta	0.2	0.05	0.0437	0.02	0.0208	0.01	0.2312	0.05
$\beta_{i,3}$	beta	0.2	0.05	0.2009	0.05	0.1478	0.03	0.1866	0.03
$\beta^e_{i,4}$	beta	0.3	0.05	0.273	0.05	0.1642	0.02	0.1179	0.02
χ_{CN}	normal	0.05	0.01	—	—	—	—	—	—
$\gamma_{i,1}$	gamma	0.6	0.2	0.6859	0.2	0.7497	0.2	0.7107	0.2
$\gamma_{i,2}$	gamma	1.2	0.5	1.3061	0.5	1.0579	0.5	0.9104	0.5
$\gamma_{i,4}$	gamma	0.18	0.05	0.2012	0.05	0.1693	0.05	0.2052	0.05
$\lambda_{i,1}$	beta	0.7	0.1	0.7	0.1	0.75	0.1	0.75	0.1
$\lambda_{i,2}$	beta	0.2	0.05	0.2223	0.05	0.1836	0.05	0.1801	0.05
$\lambda_{i,3}$	beta	0.08	0.02	0.2462	0.05	0.1516	0.05	0.0996	0.02
ϕ_i	beta	0.8	0.1	0.8342	0.1	0.8562	0.1	—	—
ρ_i	beta	0.2	0.05	0.467	0.03	0.03	0.01	0.29	0.05
τ_i	beta	0.2	0.05	0.4673	0.05	0.03	0.01	0.2901	0.05

注：参数 $\beta^e_{i,4}$ 是估计 $\beta_{i,4}$ 的中间参数，两者的关系为：$\beta_{i,4}=(1-\beta_{i,1})\beta^e_{i,4}$。

除上述参数外，模型中还引入了大量随机扰动项。随机扰动项的均值为0，因此，只需要对其标准差和部分参数的协方差进行估计。估计方法仍然是贝叶斯方法，其先验分布的假设依据与其他参数相同。随机扰动项相关参数先验分布设定如表4-7所示。

表4-7　随机扰动项相关参数先验分布设定

Panel A. 随机扰动项的标准差先验分布									
		CN		EU		JA		US	
扰动项	分布函数	均值	标准差	均值	标准差	均值	标准差	均值	标准差
$\varepsilon_i^{DOT(\bar{Z})}$	inv_gamma	0.1	Inf	—	—	—	—	—	—
$\varepsilon_i^{\pi^{tar}}$	inv_gamma	0.1	Inf	—	—	—	—	—	—
ε_i^{BLT}	inv_gamma	—	—	0.1	Inf	0.1	Inf	0.1	Inf
$\varepsilon_i^{\overline{BLT}}$	inv_gamma	—	—	0.1	Inf	0.1	Inf	0.1	Inf
$\varepsilon_i^{g\bar{Y}}$	inv_gamma	0.1	Inf	0.1	Inf	0.1	Inf	0.1	Inf
ε_i^{y}	inv_gamma	0.1	Inf	0.1	Inf	0.1	Inf	0.1	Inf
$\varepsilon_i^{\bar{Y}}$	inv_gamma	0.1	Inf	0.1	Inf	0.1	Inf	0.1	Inf
$\varepsilon_i^{\bar{Z}}$	inv_gamma	0.1	Inf	0.1	Inf	0.1	Inf	—	—
ε_i^{π}	inv_gamma	0.1	Inf	0.1	Inf	0.1	Inf	0.1	Inf
$\varepsilon_i^{\overline{RR}}$	inv_gamma	0.1	Inf	0.1	Inf	0.1	Inf	0.1	Inf
$\varepsilon_i^{RR-RR_{US}}$	inv_gamma	0.1	Inf	0.1	Inf	0.1	Inf	—	—
ε_i^{I}	inv_gamma	0.1	Inf	0.1	Inf	0.1	Inf	0.1	Inf
$\varepsilon_i^{\bar{U}}$	inv_gamma	—	—	0.1	Inf	0.1	Inf	0.1	Inf
$\varepsilon_i^{g\bar{U}}$	inv_gamma	—	—	0.1	Inf	0.1	Inf	0.1	Inf
ε_i^{u}	inv_gamma	—	—	0.1	Inf	0.1	Inf	0.1	Inf
Panel B. 随机扰动项的协方差先验分布									
扰动项		分布函数		均值			标准差		
$\varepsilon_{US}^{g\bar{Y}}$	ε_{US}^{BLT}	beta		0.8759			0.1		
$\varepsilon_{US}^{\bar{Y}}$	ε_{US}^{π}	beta		0.0915			0.02		
$\varepsilon_{JA}^{\bar{Y}}$	ε_{JA}^{π}	beta		0.0917			0.02		
$\varepsilon_{EU}^{\bar{Y}}$	ε_{EU}^{π}	beta		0.0961			0.02		
$\varepsilon_{CN}^{\bar{Y}}$	ε_{CN}^{π}	beta		0.1			0.02		
$\varepsilon_{JA}^{g\bar{Y}}$	ε_{JA}^{y}	beta		0.2156			0.05		
$\varepsilon_{EU}^{g\bar{Y}}$	ε_{EU}^{y}	beta		0.2476			0.05		
$\varepsilon_{CN}^{g\bar{Y}}$	ε_{CN}^{y}	beta		0.25			0.05		

四、贝叶斯估计结果

根据式（4-1）至式（4-29），利用上述参数校准结果、结构参数与随机扰动项相关参数的先验分布假设，即可对待估参数进行贝叶斯估计。贝叶斯估计过程中，通过一个基于蒙特卡洛过程的优化程序计算参数的后验众数。卡尔曼滤波的选择方面，使用多元扩散卡尔曼滤波（Multivariate Diffuse Kalman Filter）对模型进行过滤。

结构参数的贝叶斯估计结果如表 4-8 所示。

参数 $\alpha_{EU,1}$、$\alpha_{JA,1}$、$\alpha_{US,1}$，以及 $\alpha_{EU,3}$、$\alpha_{JA,3}$、$\alpha_{US,3}$ 的估计值表明，G3 国家的失业率缺口和非加速通胀失业率（NAIRU）增速表现出比较显著的平滑特征，$\alpha_{EU,2}$、$\alpha_{JA,2}$、$\alpha_{US,2}$ 的参数符号符合奥肯定律特征，欧元区和日本的产出缺口对失业率缺口影响更大。

参数 $\beta_{CN,1}$、$\beta_{EU,1}$、$\beta_{JA,1}$、$\beta_{US,1}$，以及 $\beta_{CN,2}$、$\beta_{EU,2}$、$\beta_{JA,2}$、$\beta_{US,2}$ 的估计结果显示，中国实际产出缺口的惯性明显弱于 G3 经济体，而受预期实际产出缺口的影响更大，这可能是新兴经济体的普遍特征，即产出受宏观政策预期的影响较大。从参数 $\beta_{CN,3}$、$\beta_{EU,3}$、$\beta_{JA,3}$、$\beta_{US,3}$ 的估计结果来看，中国与 G3 经济体的实际产出缺口对中期利率缺口的响应幅度比较接近。参数 $\beta_{CN,4}^{e}$、$\beta_{EU,4}^{e}$、$\beta_{JA,4}^{e}$、$\beta_{US,4}^{e}$ 的估计结果表明，实际汇率错位程度对中国实际产出缺口的影响力度更大，这反映出中国经济的外部依赖相对更加严重，并且外部经济体对中国的溢出效应更加显著。

参数 χ_{CN} 的估计值较小，表明人民币汇率相对于美元均衡汇率的升值过程并没有太大的惯性，换言之，没有表现出明显的加速升值现象；均衡下的升值幅度接近于稳态水平。

参数 $\gamma_{CN,1}$、$\gamma_{EU,1}$、$\gamma_{JA,1}$、$\gamma_{US,1}$ 的估计结果表明，4 个经济体的货币政策利率（短期市场利率）受滞后值的影响较大，表现出显著的平滑特征。$\gamma_{CN,2}$、$\gamma_{EU,2}$、$\gamma_{JA,2}$、$\gamma_{US,2}$ 的估计结果显示，中央银行的货币政策利率对通货膨胀率缺口的响应力度均较大，但美国的参数小于其他几个经济体，这可能与样本期内美国长期的低利率政策有关。从 $\gamma_{CN,4}$、$\gamma_{EU,4}$、$\gamma_{JA,4}$、$\gamma_{US,4}$ 的估计结果来看，中国实际产出缺口对货币政策利率的影响程度小于 G3 经济体。

参数 $\lambda_{CN,1}$、$\lambda_{EU,1}$、$\lambda_{JA,1}$、$\lambda_{US,1}$ 的估计值较为接近且数值较大，意味着 4 个经济体的通货膨胀率变化均充分反映了市场的前瞻性预期，而较少受过去通胀水平的影响。$\lambda_{CN,2}$、$\lambda_{EU,2}$、$\lambda_{JA,2}$、$\lambda_{US,2}$的估计结果表明，中国和日本的通货膨胀率受滞后一期实际产出缺口的影响，小于美国和欧元区。$\lambda_{CN,3}$、$\lambda_{EU,3}$、$\lambda_{JA,3}$、$\lambda_{US,3}$的估计结果表明，中国的通货膨胀率受实际汇率的影响较小。

表4-8 结构参数贝叶斯估计结果

参数	先验分布函数	先验均值	先验标准差	后验众数	后验标准差
$\alpha_{EU,1}$	beta	0.717	0.1	0.6765	0.0007
$\alpha_{JA,1}$	beta	0.759	0.1	0.7087	0.0022
$\alpha_{US,1}$	beta	0.824	0.1	0.8437	0.0012
$\alpha_{EU,2}$	gamma	0.14	0.05	0.0983	0.0009
$\alpha_{JA,2}$	gamma	0.06	0.02	0.1833	0.0026
$\alpha_{US,2}$	gamma	0.182	0.05	0.1269	0.0019
$\alpha_{EU,3}$	beta	0.101	0.02	0.1709	0.0023
$\alpha_{JA,3}$	beta	0.221	0.05	0.2444	0.0012
$\alpha_{US,3}$	beta	0.365	0.1	0.313	0.0014
$\beta_{CN,1}$	beta	0.5	0.1	0.0555	0.008
$\beta_{EU,1}$	beta	0.756	0.15	0.6085	0.0033
$\beta_{JA,1}$	beta	0.779	0.15	0.5299	0.004
$\beta_{US,1}$	beta	0.569	0.1	0.7296	0.0038
$\beta_{CN,2}$	beta	0.2	0.05	0.4568	0.0042
$\beta_{EU,2}$	beta	0.044	0.02	0.0755	0.001
$\beta_{JA,2}$	beta	0.021	0.01	0.0545	0.0022
$\beta_{US,2}$	beta	0.231	0.05	0.2706	0.0023
$\beta_{CN,3}$	beta	0.2	0.05	0.2359	0.0005
$\beta_{EU,3}$	beta	0.201	0.05	0.2371	0.001
$\beta_{JA,3}$	beta	0.148	0.03	0.2492	0.0022
$\beta_{US,3}$	beta	0.187	0.03	0.2039	0.0007
$\beta_{CN,4}^{e}$	beta	0.3	0.05	0.4373	0.0024
$\beta_{EU,4}^{e}$	beta	0.273	0.05	0.2808	0.0004
$\beta_{JA,4}^{e}$	beta	0.164	0.02	0.198	0.0017
$\beta_{US,4}^{e}$	beta	0.118	0.02	0.1019	0.001
χ_{CN}	norm	0.05	0.01	0.0004	0.0011
$\gamma_{CN,1}$	gamma	0.6	0.2	0.8	0.0044

参数	先验分布函数	先验均值	先验标准差	后验众数	后验标准差
$\gamma_{EU,1}$	gamma	0.686	0.2	0.7729	0.0021
$\gamma_{JA,1}$	gamma	0.75	0.2	0.7601	0.001
$\gamma_{US,1}$	gamma	0.711	0.2	0.6333	0.0013
$\gamma_{CN,2}$	gamma	1.2	0.5	1.0953	0.0026
$\gamma_{EU,2}$	gamma	1.306	0.5	1.2624	0.0019
$\gamma_{JA,2}$	gamma	1.058	0.5	1.0955	0.0015
$\gamma_{US,2}$	gamma	0.91	0.5	0.935	0.001
$\gamma_{CN,4}$	gamma	0.18	0.05	0.0286	0.0038
$\gamma_{EU,4}$	gamma	0.201	0.05	0.2416	0.0014
$\gamma_{JA,4}$	gamma	0.169	0.05	0.1747	0.0008
$\gamma_{US,4}$	gamma	0.205	0.05	0.2595	0.0011
$\lambda_{CN,1}$	beta	0.7	0.1	0.7448	0.0021
$\lambda_{EU,1}$	beta	0.7	0.1	0.765	0.0014
$\lambda_{JA,1}$	beta	0.75	0.1	0.7847	0.0014
$\lambda_{US,1}$	beta	0.75	0.1	0.7161	0.0009
$\lambda_{CN,2}$	beta	0.2	0.05	0.0459	0.0035
$\lambda_{EU,2}$	beta	0.222	0.05	0.2568	0.0013
$\lambda_{JA,2}$	beta	0.184	0.05	0.0778	0.002
$\lambda_{US,2}$	beta	0.18	0.05	0.1987	0.0013
$\lambda_{CN,3}$	beta	0.08	0.02	0.0796	0.0014
$\lambda_{EU,3}$	beta	0.246	0.04	0.2219	0.0014
$\lambda_{JA,3}$	beta	0.152	0.04	0.2229	0.0014
$\lambda_{US,3}$	beta	0.1	0.04	0.1406	0.001
ϕ_{CN}	beta	0.8	0.1	0.6749	0.0026
ϕ_{EU}	beta	0.834	0.1	0.861	0.0018
ϕ_{JA}	beta	0.856	0.1	0.7771	0.0009
ρ_{CN}	beta	0.2	0.05	0.1527	0.0009
ρ_{EU}	beta	0.467	0.05	0.3854	0.0018
ρ_{JA}	beta	0.03	0.01	0.0086	0.0013
ρ_{US}	beta	0.29	0.05	0.1633	0.0012
τ_{CN}	beta	0.03	0.01	0.001	0

参数	先验分布函数	先验均值	先验标准差	后验众数	后验标准差
τ_{EU}	beta	0.029	0.01	0.0008	0.0008
τ_{JA}	beta	0.037	0.01	0.0237	0.0034
τ_{US}	beta	0.027	0.01	0.0006	0.0003

从参数 ϕ_{CN}、ϕ_{EU}、ϕ_{JA} 的估计结果来看，预期汇率的表现与 Dornbusch 的超调模型（Over Shooting Model）存在一定差异。预期汇率的预期机制并不是完全的理性预期，同时还受到过去一期汇率的影响，表现出平滑特征。

ρ_{CN}、ρ_{EU}、ρ_{JA}、ρ_{US} 的估计结果显示，实际货币政策利率（短期实际利率）的均衡值的变化表现出较强的惯性，尤其日本的均衡实际货币政策利率受上期值的影响极大（$1 - \rho_{JA} = 0.9914$）。

类似地，参数 τ_{CN}、τ_{EU}、τ_{JA}、τ_{US} 刻画了均衡实际产出增长率的平滑特征，其参数估计值均接近于 0，意味着当期的均衡实际产出增长率与上一期均衡实际产出增长率基本一致。

表 4 -9 列示了随机扰动项相关参数的贝叶斯估计结果。估计过程中，本章设定了无穷大的先验标准差，很大程度上给实际数据分配了高权重。从得到的估计结果来看，随机扰动项标准差的后验众数普遍大于先验均值 0.1，意味着由四大经济体构成的经济系统中，外部冲击也存在很大的影响力。

表 4 -9　随机扰动项相关参数贝叶斯估计结果

参数	先验分布函数	先验均值	先验标准差	后验众数	后验标准差
$\varepsilon_{CN}^{DOT(\bar{Z})}$	inv_gamma	0.1	Inf	0.0276	0.0011
$\varepsilon_{CN}^{\pi^{tar}}$	inv_gamma	0.1	Inf	0.3961	0.0056
$\varepsilon_{CN}^{g^{\bar{Y}}}$	inv_gamma	0.1	Inf	0.2718	0.0031
$\varepsilon_{CN}^{\bar{Y}}$	inv_gamma	0.1	Inf	1.0654	0.0174
$\varepsilon_{CN}^{\bar{Z}}$	inv_gamma	0.1	Inf	0.2386	0.003
ε_{CN}^{π}	inv_gamma	0.1	Inf	0.6947	0.0108
$\varepsilon_{CN}^{\overline{RR}}$	inv_gamma	0.1	Inf	0.1842	0.0024
$\varepsilon_{CN}^{RR-RR_{US}}$	inv_gamma	0.1	Inf	0.3805	0.0049
ε_{CN}^{I}	inv_gamma	0.1	Inf	0.3284	0.0032
ε_{CN}^{y}	inv_gamma	0.1	Inf	0.7072	0.0103

续表

参数	先验分布函数	先验均值	先验标准差	后验众数	后验标准差
$\varepsilon_{EU}^{\overline{BLT}}$	inv_gamma	0.1	Inf	0.178	0.0008
$\varepsilon_{EU}^{g\overline{Y}}$	inv_gamma	0.1	Inf	0.0649	0.001
ε_{EU}^{BLT}	inv_gamma	0.1	Inf	0.0243	0.0022
$\varepsilon_{EU}^{\overline{Y}}$	inv_gamma	0.1	Inf	0.6136	0.0093
$\varepsilon_{EU}^{\overline{Z}}$	inv_gamma	0.1	Inf	0.2017	0.0024
ε_{EU}^{π}	inv_gamma	0.1	Inf	0.2815	0.0033
$\varepsilon_{EU}^{\overline{RR}}$	inv_gamma	0.1	Inf	0.1492	0.0011
$\varepsilon_{EU}^{RR-RR_{US}}$	inv_gamma	0.1	Inf	0.2024	0.0016
ε_{EU}^{I}	inv_gamma	0.1	Inf	0.3101	0.0039
$\varepsilon_{EU}^{\overline{U}}$	inv_gamma	0.1	Inf	0.1633	0.0022
$\varepsilon_{EU}^{g^U}$	inv_gamma	0.1	Inf	0.0524	0.0012
ε_{EU}^{u}	inv_gamma	0.1	Inf	0.0511	0.0009
ε_{EU}^{y}	inv_gamma	0.1	Inf	0.1691	0.0029
$\varepsilon_{JA}^{\overline{BLT}}$	inv_gamma	0.1	Inf	0.0857	0.0007
$\varepsilon_{JA}^{g\overline{Y}}$	inv_gamma	0.1	Inf	0.125	0.0009
ε_{JA}^{BLT}	inv_gamma	0.1	Inf	0.1664	0.0023
$\varepsilon_{JA}^{\overline{Y}}$	inv_gamma	0.1	Inf	0.8773	0.0138
$\varepsilon_{JA}^{\overline{Z}}$	inv_gamma	0.1	Inf	0.1409	0.0012
ε_{JA}^{π}	inv_gamma	0.1	Inf	0.562	0.0078
$\varepsilon_{JA}^{\overline{RR}}$	inv_gamma	0.1	Inf	0.1286	0.0018
$\varepsilon_{JA}^{RR-RR_{US}}$	inv_gamma	0.1	Inf	0.2207	0.0023
ε_{JA}^{I}	inv_gamma	0.1	Inf	0.2524	0.0034
$\varepsilon_{JA}^{\overline{U}}$	inv_gamma	0.1	Inf	0.1145	0.0025
$\varepsilon_{JA}^{g^U}$	inv_gamma	0.1	Inf	0.0278	0.0018
ε_{JA}^{u}	inv_gamma	0.1	Inf	0.0377	0.0012
ε_{JA}^{y}	inv_gamma	0.1	Inf	0.1916	0.002
$\varepsilon_{US}^{\overline{BLT}}$	inv_gamma	0.1	Inf	0.1618	0.0008
$\varepsilon_{US}^{g\overline{Y}}$	inv_gamma	0.1	Inf	0.0998	0.0009
ε_{US}^{BLT}	inv_gamma	0.1	Inf	0.2494	0.0028
$\varepsilon_{US}^{\overline{Y}}$	inv_gamma	0.1	Inf	0.1572	0.0013
ε_{US}^{π}	inv_gamma	0.1	Inf	0.6854	0.0101

参数	先验分布函数	先验均值	先验标准差	后验众数	后验标准差
$\varepsilon_{US}^{\overline{RR}}$	inv_gamma	0.1	Inf	0.2692	0.0029
ε_{US}^{I}	inv_gamma	0.1	Inf	0.363	0.0055
$\varepsilon_{US}^{\overline{U}}$	inv_gamma	0.1	Inf	0.157	0.0017
$\varepsilon_{US}^{g^{U}}$	inv_gamma	0.1	Inf	0.1021	0.0007
ε_{US}^{u}	inv_gamma	0.1	Inf	0.0875	0.0019
$\varepsilon_{US}^{\gamma}$	inv_gamma	0.1	Inf	0.121	0.0009
$corr\left(\varepsilon_{US}^{\overline{Y}}, \varepsilon_{US}^{BLT}\right)$	$beta$	0.876	0.1	0.9261	0.0011
$corr\left(\varepsilon_{US}^{\overline{Y}}, \varepsilon_{US}^{\pi}\right)$	$beta$	0.091	0.02	0.0878	0.0012
$corr\left(\varepsilon_{JA}^{\overline{Y}}, \varepsilon_{JA}^{\pi}\right)$	$beta$	0.092	0.02	0.0708	0.0008
$corr\left(\varepsilon_{EU}^{\overline{Y}}, \varepsilon_{EU}^{\pi}\right)$	$beta$	0.096	0.02	0.1306	0.0011
$corr\left(\varepsilon_{CN}^{\overline{Y}}, \varepsilon_{CN}^{\pi}\right)$	$beta$	0.1	0.02	0.1411	0.0012
$corr\left(\varepsilon_{JA}^{\overline{Y}}, \varepsilon_{JA}^{\gamma}\right)$	$beta$	0.216	0.05	0.2913	0.0015
$corr\left(\varepsilon_{EU}^{\overline{Y}}, \varepsilon_{EU}^{\gamma}\right)$	$beta$	0.248	0.05	0.3329	0.0021
$corr\left(\varepsilon_{CN}^{\overline{Y}}, \varepsilon_{CN}^{\gamma}\right)$	$beta$	0.25	0.05	0.2013	0.0011

对 DSGE 或其他结构宏观经济模型而言，评估模型拟合优度的方法通常是比较由观测变量数据计算得到的实际二阶矩和由模型得到的理论二阶矩：当前者与后者符号一致，并且落在后者置信区间内时，该模型有较好的可信度。但是，对本章的 GPM – 4 模型而言，上述方法并不适用，其主要原因是内生变量中存在单位根。从贝叶斯估计时选择的多元扩散卡尔曼滤波方法可以看出，本章的 GMP – 4 模型是一个非平稳模型，变量并不完全是以缺口值的形式进入模型，因此，诸如 $Y_{i,t}$、$\overline{Y}_{i,t}$、$S_{i,t}$、$Z_{i,t}$、$\overline{Z}_{i,t}$、$BLT_{i,t}$、$\overline{BLT}_{i,t}$ 在内的多个变量均表现出单位根过程。这导致理论二阶矩成为无法计算的无穷大值。

这里，通过简单比较观测变量的真实值（Historical Data）和由模型得到的拟合值（Smoothed Data）来判断模型的拟合优度，尽管这一方法并不足够严密。从图 4 – 1 和图 4 – 2 可以看到，模型中的 5 个观测变量（四个经济体的实际 GDP 的自然对数；G3 经济体的失业率；四个经济体的年化通货膨胀率；欧元、日元及人民币相对于美元名义汇率的自然对数；四个经济体的货币政策基准利率）的实际值和拟合值走势重叠情况良好。这意味着贝叶斯估计过程中已经高度拟合了观测变量的模型理论值与实际值的一阶矩，因此，模型与参数估计结果基本是可信的。

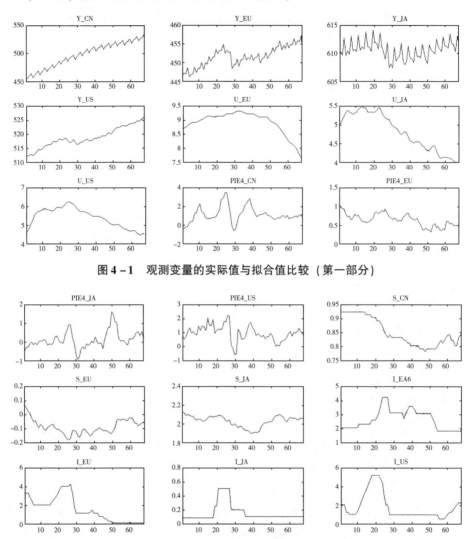

图 4 - 1　观测变量的实际值与拟合值比较（第一部分）

图 4 - 2　观测变量的实际值与拟合值比较（第二部分）

　　尽管单位根的存在使得模型理论二阶矩和实际二阶矩的比较无法实现，但并不影响模型的求解与仿真，因此，还可以通过数值模拟的方式分析模型内生变量的脉冲响应特征，来间接判断模型的合理性，具体内容见第四节。

第四节　主要经济体流动性管理对中国宏观
经济变量影响的模拟

一、主要经济体流动性管理及中国关键宏观经济变量界定

基于贝叶斯估计后的 GPM－4 模型，通过数值模拟可以考察主要经济体流动性管理对中国宏观经济变量的影响。这里的主要经济体指的是模型中除中国以外的 G3 经济体，即美国、欧元区和日本。

流动性管理通过三组随机扰动项来刻画，分别是：$\varepsilon_{US,t}^{I}$、$\varepsilon_{EU,t}^{I}$、$\varepsilon_{JA,t}^{I}$分别刻画美国、欧元区和日本的货币政策基准利率变化；$\varepsilon_{US,t}^{\overline{RR}}$、$\varepsilon_{EU,t}^{\overline{RR}}$、$\varepsilon_{JA,t}^{\overline{RR}}$，分别刻画美国、欧元区和日本的其他货币市场冲击，如直接的流动性注入、公开市场操作，以及量化宽松操作等；$\varepsilon_{US,t}^{BLT}$、$\varepsilon_{EU,t}^{BLT}$、$\varepsilon_{JA,t}^{BLT}$分别刻画美国、欧元区和日本的信贷条件（收紧或者宽松）变化，反映了窗口指导等由信贷条件体现的其他流动性管理操作。

考察的中国关键宏观经济变量包括实际产出增长率（Output Growth Rate）、实际产出缺口（Output Gap）、通货膨胀率（Inflation Rate）、货币政策名义基准利率（Policy Rate）、短期市场实际利率（Short-term Real Rate）、中期市场实际利率（Medium-term Real Rate）、人民币对美元实际汇率错位程度（Real Exchange Rate Gap）、人民币实际有效汇率（Real Effective Exchange Rate）、国际经济活动（Foreign Activity）。变量的具体定义如下：

$$Output\ Growth\ Rate_t = Y_t - Y_{t-4} \qquad (4-31)$$

$$Output\ Gap_t = Y_t - \overline{Y}_t \qquad (4-32)$$

$$Inflation\ Rate_t = (\pi_t + \pi_{t-1} + \pi_{t-2} + \pi_{t-3})/4 \qquad (4-33)$$

$$Policy\ Rate_t = I_t \qquad (4-34)$$

$$Short\text{-}term\ Real\ Rate_t = RR_t \qquad (4-35)$$

$$Medium\text{-}term\ Real\ Rate_t = MRR_t \qquad (4-36)$$

$$Real\ Exchange\ Rate\ Gap_t = Z_t - \overline{Z}_t \qquad (4-37)$$

$$Real\ Effective\ Exchange\ Rate_t = \omega_{CN,US,4}Z_t + \omega_{CN,EU,4}(Z_t - Z_{EU,t})$$
$$+ \omega_{CN,JA,4}(Z_t - Z_{JA,t}) \qquad (4-38)$$

$$Foreign\ Activity_t = \omega_{CN,US,5}Y_{US,t} + \omega_{CN,EU,5}Y_{EU,t} + \omega_{CN,JA,5}Y_{JA,t} \quad (4-39)$$

以上各式中，等号右边变量的定义与前文一致，具体为：Y_t 表示实际

GDP 的自然对数，$\bar{Y}_t$ 表示实际 GDP 均衡值的自然对数；π_t 为式（4 - 13）定义的季度通货膨胀率的年化值；I_t 为式（4 - 14）定义的货币政策基准利率；RR_t 为式（4 - 16）定义的短期实际利率；MRR_t 为式（4 - 19）定义的中期实际利率；Z_t 表示人民币对美元实际汇率的自然对数，$\bar{Z}_t$ 表示人民币对美元实际汇率均衡值的自然对数；$\omega_{CN,US,4}$、$\omega_{CN,EU,4}$、$\omega_{CN,JA,4}$ 是前文中定义的参数 $\omega_{i,j,4}$，表示的是以进出口份额衡量的经济体 i 和经济体 j 间的贸易关系，$Z_{EU,t}$ 和 $Z_{JA,t}$ 分别表示欧元对美元实际汇率的自然对数和日元对美元实际汇率的自然对数，因此，*Real Effective Exchange Rate* 是以对外贸易额加权的人民币对美元实际汇率；$\omega_{CN,US,5}$、$\omega_{CN,EU,5}$、$\omega_{CN,JA,5}$ 是式（4 - 29）定义的参数 $\omega_{i,j,5}$，表示的是经济体 i 和经济体 j 间的溢出效应，因此，*Foreign Activity* 度量的是中国实际产出缺口中的国际经济活动因素。

二、数值模拟分析

按照上述定义，即可基于模型对外部经济体流动性管理的影响进行仿真。这里，分别对上述三个经济体、三类随机扰动项施加一个标准差大小的冲击，经过数值模拟得到中国关键宏观经济变量的脉冲响应状况，如图4 - 3 至图 4 - 11 所示。需要注意的是，图中刻画的均是变量相对于其均衡值的偏离情况。

（一）主要经济体货币政策基准利率变化对中国的影响

当某经济体提高货币政策基准利率时，典型的反应是该经济体的实际产出和一般物价水平受到负面影响，同时该经济体货币币值出现升水，这对其他经济体的影响可能是负面的，也可能是正面的。其中，出现负面影响的主要原因是其他经济体基准利率的跟随上升可能会抑制经济活力；而出现正面影响的主要原因是汇率机制产生的效果超过了其他渠道。

图 4 - 3 描绘了美国货币政策基准利率提高一个单位（$\varepsilon^I_{US,t}$ 的一个标准差大小）时中国关键宏观经济变量的响应，周期长度为 40 个季度。

短期内（大约为冲击发生后的 1~8 个季度），美国基准利率的提高抑制了美国国内的实际产出和通胀，对中国的直接影响表现为：中国 GDP 内含的国际经济活动的影响向下偏离均衡（右下子图），输入型通胀压力减弱导致中国国内通货膨胀向下偏离均衡值（右上子图）。美国基准利率的提升导致美元币值升高，单位美元可兑换人民币数量增加（人民币对美元实际汇率错位程度和实际有效汇率上升，见第三排第 1 个、第 2 个子图），有效促进中国的出口贸易，因此，短期内实际产出增长率和实际产出缺口均向上偏离均衡水平；但很快美国国内需求减弱对中国的影响逐渐体现，使得中国的实际产出增长和产出缺口转而向下恶化（左上子图和第一行第 2 个子图）。在结售汇制度下，出口贸易的暂时增加使得国内基础货币供应量增加，短期名义利率有所降低（第二行第 1 个子图）；但是由于短期通货膨胀率下行，短期实际利率略有提升（第二行第 2 个子图）；由于中期实际利率隐含了后续的利率变化、产出及通胀预期，向下偏离均衡（第二行第 3 个子图）。

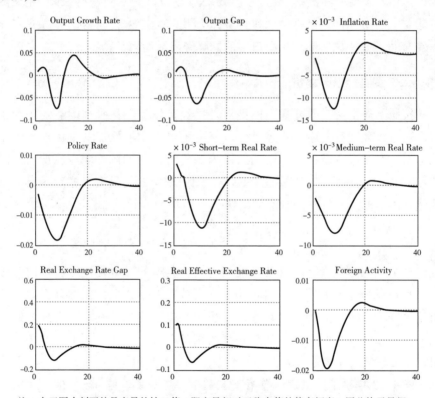

注：由于图中刻画的是变量的缺口值，即变量相对于稳态值的偏离幅度，因此均无量纲。

图 4 - 3　中国关键宏观经济变量对美国基准利率冲击的响应

中期内（大约为冲击发生后的 9～20 个季度），美国国内逐渐消化了加息的影响，经济向均衡水平回归，中国 GDP 内含的国际经济活动的影响逐渐向上回归到均衡水平附近（右下子图）；同样，人民币对美元实际汇率错位程度和贸易份额加权的实际有效汇率也逐渐向新的均衡值回归（左下子图和第三排第 2 个子图）。中国的经济活力逐渐恢复，表现为实际产出增长率、实际产出缺口、通货膨胀率以及名义利率的回升（第一排 3 个子图和第二排第 1 个子图）。短期实际利率和中期实际利率也逐渐回归新的均衡水平，但由于通货膨胀率的平滑作用，两者的绝对振幅（10^{-3} 数量级）小于名义利率（第二排第 2 个、第 3 个子图）。

　　长期内（大约为冲击发生后的 20 个季度以后），美国提高货币政策基准利率对中国宏观经济的影响基本完全消化，中国主要的宏观经济变量均逐步回到均衡路径上。

　　图 4 – 4 描绘了欧元区货币政策基准利率提高一个单位（$\varepsilon^{I}_{EU,t}$ 的一个标准差大小）时中国关键宏观经济变量的响应。

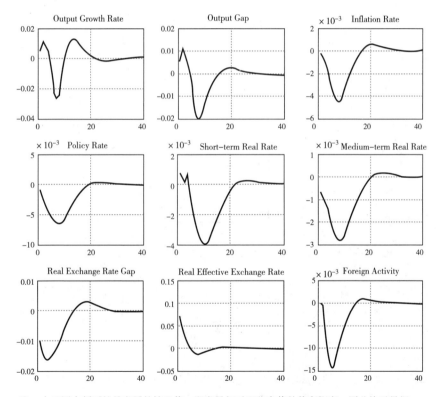

注：由于图中刻画的是变量的缺口值，即变量相对于稳态值的偏离幅度，因此均无量纲。

图 4 – 4　中国关键宏观经济变量对欧元区基准利率冲击的响应

　　总体上，无论是从短期、中期还是长期影响来看，欧洲中央银行提高货币政策基准利率对中国经济的影响，与前文中分析的美联储加息对中国经济的影响比较类似：主要的经济变量均经历了在向下偏离均衡水平之后又向上回归均衡的过程。需要注意的不同之处主要有两点：一是欧元区的基准利率调整对中国主要宏观经济变量的影响普遍小于美国基准利率调整对中国的影响。二是欧元区提高基准利率之后，其他货币相对于欧元均发生贬值；但是，从左下子图来看，短期内人民币对美元的汇率向下偏离了均衡值（单位美元可兑换的人民币数量少于均衡水平）。这意味着相对于均衡水平而言，人民币的贬值幅度要小于美元的贬值幅度，即人民币的币值相对于美元出现了升水。

图4 – 5描绘了日本货币政策基准利率提高一个单位（$\varepsilon_{EU,t}^{I}$的一个标准差大小）时中国关键宏观经济变量的响应。

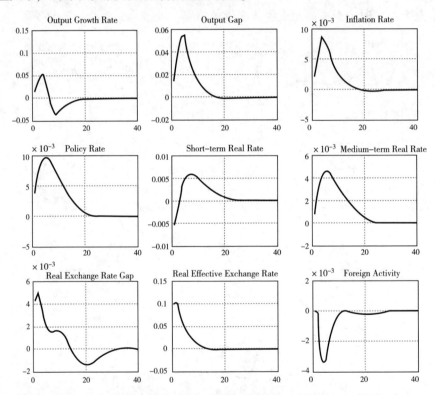

注：由于图中刻画的是变量的缺口值，即变量相对于稳态值的偏离幅度，因此均无量纲。

图4 – 5　中国关键宏观经济变量对日本基准利率冲击的响应

总体上，日本提高货币政策基准利率对中国宏观经济影响的程度小于美国提高货币政策基准利率对中国的影响，但短期影响方向存在较大的不一致。日本调高基准利率传递了日本经济繁荣的信号，对于同属东亚经济圈的中国而言，邻国主动加息抑制经济反而刺激了中国经济短期内进一步扩张，表现为实际产出增长率、实际产出缺口以及通货膨胀率短期内向上偏离均衡（第一排 3 个子图）。产出扩张和通胀上行引发了加息预期，短期名义利率、短期实际利率（冲击初期，受通货膨胀率上行影响，短期实际利率暂时出现偏低的现象）以及中期实际利率均向上运动（第二排 3 个子图）。由于通货膨胀率上行，人民币实际汇率错位程度和实际有效汇率均发生贬值（第三排第 1 个、第 3 个子图）。

冲击发生后 20 个季度之后，日本加息对中国的影响基本被完全吸收，主要宏观经济变量回到均衡增长路径。值得注意的是，与人民币实际有效汇率（第三排第 2 个子图）相比，人民币实际汇率错位程度（第三排第 1 个子图）的回归过程更加漫长。考虑到实际有效汇率是以贸易份额加权的实际汇率，这可能表明日本加息引起了中国、美国、日本、欧元区之间的贸易结构的细微变化。

（二）主要经济体货币市场冲击对中国的影响

货币市场冲击是以 $\varepsilon_{i,t}^{RR}$ 进行刻画的，表现为公开市场操作、直接的流动性注入或回收、量化宽松或退出等操作，驱使均衡短期实际利率偏离稳态值水平。正向的 $\varepsilon_{i,t}^{RR}$ 冲击表示的是流动性紧缩，即均衡短期实际利率高于稳态值。由于均衡短期实际利率的稳态值代表了资金的平均实际收益水平，反映了经济的整体活力，因此，流动性紧缩尽管会给经济带来压力，但也表明了经济的繁荣状态。某一经济体货币市场冲击对其他国家的溢出效应也有正反两种影响效果，具体取决于直接溢出渠道和汇率机制渠道孰强孰弱。

图 4 - 6 描绘了美国经济受到一单位货币市场冲击（均衡短期实际利率向上偏离 $\varepsilon_{US,t}^{RR}$ 的一个标准差大小）时中国关键宏观经济变量的响应。

短期内（大约为冲击发生后的 1 ~ 8 个季度），美国受到货币市场紧缩冲击，均衡短期实际利率提升；由无抛补利率平价定律可知，美国与中国的均衡短期实际利率之差将由汇率变化填补上，因此人民币短期内有升值预期；但是美元币值因国内利率上升有明确的升值需求，人民币快速向贬值方向移动，人民币对美元实际汇率错位程度和实际有效汇率很快攀升至均衡水平之上（第三排第 1 个、第 2 个子图）。受此影响，出口活动得到进一步刺激，中国经济呈现出短期扩张态势，表现为实际产出增速、实际产出缺口以及国内通货膨胀率向上偏离均衡（第一排 3 个子图）。受国内经济扩张，以及美国市场利率提升的影响，国内也存在利率上涨预期，表现为短期名义利率向上偏离均衡（第二排第1个子图），进而带动短期实际利率和中期实际利率上行（第二排第2个、第3个子图）。

中期内（大约为冲击发生后的9～20个季度），国内利率提升导致的紧缩效应开始发挥作用，人民币币值逐渐从贬值状态恢复到均衡水平，人民币对美元实际汇率和实际有效率均向下回归均衡水平（第三排第1个、第2个子图）。货币紧缩效应也体现在产出和通胀方面，实际产出增长率、实际产出缺口以及通货膨胀率快速下行，并很快到达均衡水平以下（第一排3个子图）。实体经济的紧缩带来悲观预期，相应的国内短期名义利率、短期实际利率以及中期实际利率由高点回落，下行至均衡水平以下（第二排3个子图）。

长期内（大约为冲击发生后的20个季度以后），各宏观经济指标逐渐回归到均衡水平，由美国货币市场紧缩造成的一轮小幅经济周期波动结束。

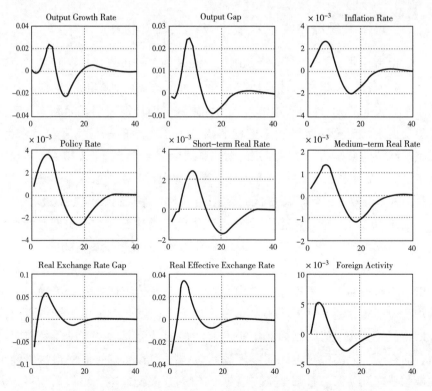

注：由于图中刻画的是变量的缺口值，即变量相对于稳态值的偏离幅度，因此均无量纲。

图4-6　中国关键宏观经济变量对美国货币市场冲击的响应

图4-7描绘了欧元区经济受到一单位货币市场冲击（均衡短期实际利

率向上偏离 $\varepsilon_{EU,t}^{\overline{RR}}$ 的一个标准差大小）时中国关键宏观经济变量的响应。

总体上，与美国货币市场冲击效果相比，欧元区货币市场冲击对中国主要宏观经济变量的影响除了幅度稍小之外，影响方向和模式上并无太大差异。唯一的不同之处在于：左下子图刻画的人民币对美元汇率在短期内向上偏离均衡值，换言之，人民币相对于美元有短期升值迹象。这可能是中美两国经济的市场化和开放程度差异导致的，即美国国内利率对欧元区均衡利率提高反应速度更快，导致中国和美国短期利率之间出现差额，进而由无抛补利率平价机制反映到汇率上。

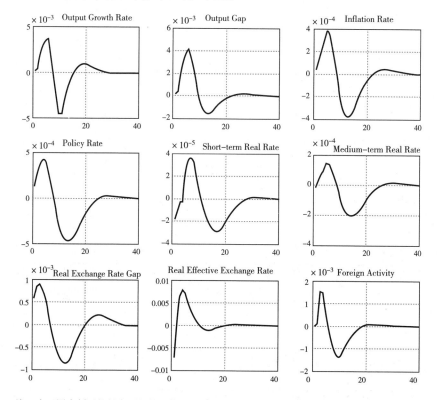

注：由于图中刻画的是变量的缺口值，即变量相对于稳态值的偏离幅度，因此均无量纲。

图 4 - 7　中国关键宏观经济变量对欧元区货币市场冲击的响应

此外，综合比较图 4 - 3 和图 4 - 6、图 4 - 4 和图 4 - 7 可以发现，美欧经济体的基准利率冲击和货币市场冲击对中国主要宏观经济的影响有两点比较突出的差异：一是货币市场的冲击更容易引起宏观经济变量的超调（Overshooting），即宏观经济变量并不是直接从偏离均衡的位置回归均衡，而是会明显穿过均衡位置之后再回归均衡，换言之，经济变量表现出"反应过度"的特征。二是相比基准利率调整而言，货币市场冲击造成的影响更加持久，宏观经济变量需要更长时间才能返回到均衡路径上。上述特征的一个可能解释是，货币市场冲击需要通过利率渠道影响实体经济，其反应链条更长，且影响机制更为复杂。此外，模型中刻画的货币市场冲击直接影响了短期利率的均衡水平，比基准名义利率冲击的影响更为持久。从这层意义上来看，美国以及欧元区的 QE 操作以及 QE 退出对中国的影响，可能比单纯的基准利率调整更大。

图 4－8 描绘了日本经济受到一单位货币市场冲击（均衡短期实际利率向上偏离 $\varepsilon_{JA,t}^{\overline{RR}}$ 的一个标准差大小）时中国关键宏观经济变量的响应。

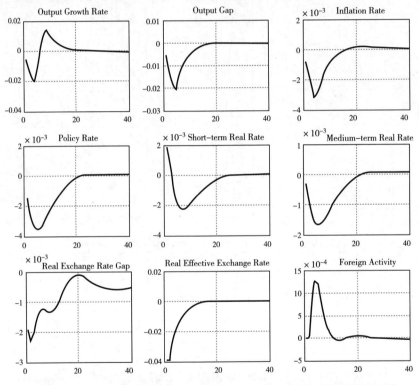

注：由于图中刻画的是变量的缺口值，即变量相对于稳态值的偏离幅度，因此均无量纲。

图 4－8　中国关键宏观经济变量对日本货币市场冲击的响应

日本货币市场紧缩冲击对中国的影响方向和模式明显不同于图 4－6 和图 4－7 所描绘的情况。从中国实体经济指标的响应情况来看，总体上与日本国内经济指标的走势比较类似（囿于篇幅所限和行文安排的考虑，这里不做具体汇报）：货币市场紧缩抑制了经济活力，短期内表现为实际产出增长率、实际产出缺口以及通货膨胀率向下偏离均衡（第一排 3 个子图）。这意味着，由于中日两国的贸易往来明显少于中美、中欧，日本货币市场紧缩对中国经济影响的主导机制是直接溢出效应，而不是汇率机制。受国内经济景气度下降的影响，中国的短期名义利率、短期实际利率以及中期实际利率均出现下行（第二排 3 个子图）。

人民币汇率的脉冲响应函数比较令人费解。数据显示，受日本货币市场紧缩影响，人民币实际汇率错位程度和实际有效汇率均低于均衡水平，即人民币出现了小幅升值迹象。由于模型中没有更细化的机制描述，这里的一个猜测是：日本国内利率提升和短期日元升值隐含了未来日元贬值预期（由无抛补利率平价定律推测），由此产生了其他经济体以人民币代替日元作为国际储备的需求。

（三）主要经济体信贷条件冲击对中国的影响

主要经济体信贷条件冲击是由 $\varepsilon_{i,t}^{BLT}$ 刻画的，在 GPM‑4 模型中表示银行贷款中非价格条款和条件对总需求的影响，因此这里可以用来反映窗口指导等由信贷条件体现的其他流动性管理操作。由式（4‑25）可以看出，理论上其他经济体信贷条件对中国的影响渠道主要有三种：一是 G3 经济体的信贷条件变化直接影响该经济体的总需求和实际产出，进而通过中国的出口贸易影响中国的总需求；二是 G3 经济体的信贷条件变化直接影响该经济体的利率水平和货币币值，通过汇率机制渠道影响中国的总需求；三是 G3 经济体的信贷条件变化会对中国的银行信贷行为产生直接影响，或者通过影响中国的信贷条件而间接地影响信贷行为和总需求。

图 4‑9 描绘了美国经济受到一单位信贷条件冲击（信贷条件向下偏离 $\varepsilon_{US,t}^{BLT}$ 的一个标准差大小）时中国关键宏观经济变量的响应。

短期内（大约为冲击发生后的 1~8 个季度），美国信贷条件向下偏离 $\varepsilon_{US,t}^{BLT}$ 的一个标准差意味着美国信贷条件放松，对美国国内经济形成了刺激作用，对中国经济形成了正向的溢出效果，中国 GDP 缺口中内含的国际经济活动部分显著上行（右下子图）。美国经济的扩张带来了美元升值动力，人民币对美元实际汇率错位程度和实际有效汇率均出现了贬值（第三排第 1 个、第 2 个子图），这进一步促进了中国的出口贸易，提振了对国内产品的总需求。在这些效果的共同作用下，中国的实际产出增长率、实际产出缺口以及通货膨胀率均向上偏离均衡（第一排 3 个子图），经济进入景气周期。由此，短期名义利率、短期实际利率以及中期实际利率均开始上行（第二排 3 个子图）。

中期内（大约为冲击发生后的 9 ~ 20 个季度），中国的各经济变量在完成短期脉冲响应之后都逐渐回归均衡状态，除了实际产出增长率之外，其他变量的超调效应并不显著。

在冲击发生后 20 个季度之后，美国信贷条件放松对中国主要宏观经济变量的影响基本已经完全吸收。

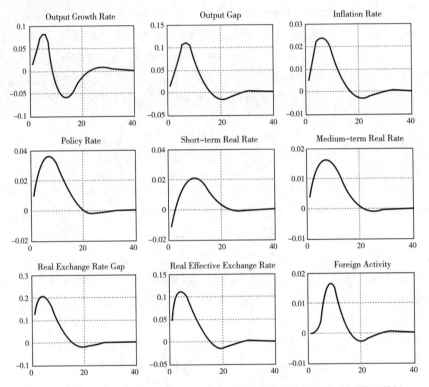

注：由于图中刻画的是变量的缺口值，即变量相对于稳态值的偏离幅度，因此均无量纲。

图 4 - 9　中国关键宏观经济变量对美国信贷条件冲击的响应

图 4 - 10 和图 4 - 11 分别描绘了欧元区经济和日本经济受到一单位信贷条件冲击（信贷条件分别向下偏离 $\varepsilon_{EU,t}^{BLT}$、$\varepsilon_{JA,t}^{BLT}$ 的一个标准差大小）时中国关键宏观经济变量的响应。欧元区和日本放松信贷条件对中国经济的影响模式与美国放松信贷条件的影响非常相似，在此不再赘述。唯一需要注意的是，欧元区和日本信贷条件放松对中国的影响力度要小得多。出现这一现象的主要原因是，欧元区和日本的总需求变化对中国经济的直接溢出效应要小于美国，且欧元区和日本信贷条件放松后通过人民币对美元汇率变化的间接影响要弱于美国放松信贷条件对人民币对美元汇率的直接影响，因此体现到总需求的影响上也要小一些。

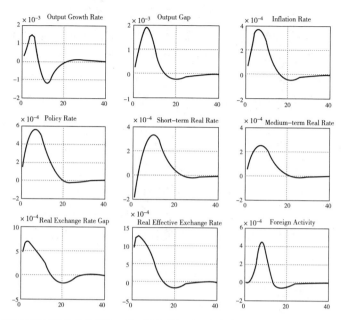

注：由于图中刻画的是变量的缺口值，即变量相对于稳态值的偏离幅度，因此均无量纲。

图 4 - 10　中国关键宏观经济变量对欧元区信贷条件冲击的响应

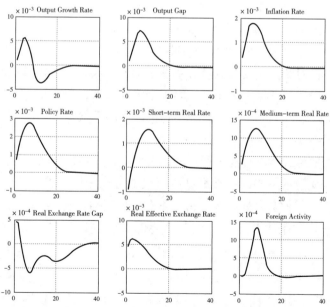

注：由于图中刻画的是变量的缺口值，即变量相对于稳态值的偏离幅度，因此均无量纲。

图 4 - 11　中国关键宏观经济变量对日本信贷条件冲击的响应

综上所述，美国、欧元区和日本三个主要经济体的流动性管理对中国主要宏观经济变量都产生了一定影响。三个经济体基准利率调整、货币市场操作以及信贷条件变化对中国主要宏观经济变量的影响力度、方式、主导渠道存在一定差异。简单比较可以得到以下一般性结论：第一，通过三个经济体之间的比较可以发现，美国的流动性管理操作对中国的影响最大，欧元区次之，日本最小。第二，通过三种流动性管理方式之间的比较可以发现，货币市场操作的影响最为持久，更容易导致中国宏观经济变量的过度反应，基准利率调整次之，信贷条件变化最小。第三，通过短期、中期、长期效应的比较可以发现，冲击产生的短期影响比较复杂，中期影响主要是回归均衡的过程，长期影响并不显著；同时，短期内直接溢出机制和汇率机制的影响中一般汇率机制的效果最先体现，但直接溢出机制的效果仍然起到主导作用。

三、方差分解分析

囿于篇幅所限，上述数值模拟过程中只汇报了 $\varepsilon_{i,t}^{I}$、$\varepsilon_{i,t}^{\overline{RR}}$、$\varepsilon_{i,t}^{BLT}$ 三类流动型冲击对中国主要宏观经济变量的影响，但是模型中涉及的主要经济体流动性冲击还包括诸如针对均衡信贷条件的冲击 $\varepsilon_{i,t}^{\overline{BLT}}$、针对利差的冲击 $\varepsilon_{i,t}^{RR-RR_{US}}$ 等其他形式的随机冲击。除此之外，模型还纳入对总需求、通货膨胀率、汇率、失业率等其他变量的冲击。这里，可通过方差分解，进一步解析各类冲击对中国主要宏观经济变量波动的贡献度，主要考察 G3 经济体流动性冲击发生后的第 1 个季度、第 4 个季度、第 8 个季度、第 12 个季度、第 16 个季度以及第 20 个季度时各类随机冲击的贡献度。

由于 GPM – 4 模型中纳入了多达 51 个随机冲击项，在进行方差分解之后，分别按照冲击类型和冲击所在的经济体对冲击项进行归集，然后汇报。

表 4 – 10 列示了按冲击类型进行归集的方差分解结果。总体上，将 51 个随机冲击项分为两大类：国内冲击和 G3 经济体冲击。其中，国内冲击分为：（1）国内通胀冲击，具体包括 $\varepsilon_{CN,t}^{\pi}$ 和 $\varepsilon_{CN,t}^{\pi_{tar}}$；（2）国内总需求冲击，具体包括 $\varepsilon_{CN,t}^{g}$、$\varepsilon_{CN,t}^{\overline{Y}}$、$\varepsilon_{CN,t}^{y}$ 等；（3）国内流动性冲击，具体包括 $\varepsilon_{CN,t}^{\overline{RR}}$、$\varepsilon_{CN,t}^{I}$、$\varepsilon_{CN,t}^{RR-RR_{US}}$；（4）国内汇率冲击，具体包括 $\varepsilon_{CN,t}^{DOT(\overline{Z})}$、$\varepsilon_{CN,t}^{\overline{Z}}$。G3 经济体冲击包括：（1）G3 经济体信贷条件冲击，包括 $\varepsilon_{i,t}^{BLT}$ 和 $\varepsilon_{i,t}^{\overline{BLT}}$；（2）G3 经济体基准利率冲击 $\varepsilon_{i,t}^{I}$；（3）G3 经济体货币冲击，包括 $\varepsilon_{i,t}^{\overline{RR}}$ 和 $\varepsilon_{i,t}^{RR-RR_{US}}$；（4）G3 经济体总需求冲击，包括 $\varepsilon_{i,t}^{g}$、$\varepsilon_{i,t}^{\overline{Y}}$、$\varepsilon_{i,t}^{y}$ 等；（5）G3 经济体失业率冲击，包括 $\varepsilon_{i,t}^{\overline{U}}$、$\varepsilon_{i,t}^{u}$ 等；

（6）G3 经济体通货膨胀冲击 $\varepsilon_{i,t}^{\pi}$；（7）G3 经济体汇率冲击 $\varepsilon_{i,t}^{\bar{Z}}$。需要注意的是，由于表 4 - 10 中 G3 经济体的信贷条件冲击和货币冲击的内涵比上一小节"数值模拟分析"部分丰富，因此结论方面可能存在一定的差异。

从表 4 - 10 中我们可以看出，国内总需求冲击对中国实际产出增长率波动、实际产出缺口波动的贡献度最大；国内通胀冲击对中国通货膨胀率、基准利率、短期实际利率、中期实际利率、实际汇率以及实际有效汇率的贡献度最大；G3 经济体总需求冲击对中国国际经济活动贡献度最大。因此，对中国而言，国内冲击解释了绝大部分宏观经济的波动。

考察 G3 经济体流动性冲击对中国主要宏观经济变量的贡献可以发现：第一，无论是信贷条件、基准利率还是货币市场方面的冲击，其对中国宏观经济变量波动的贡献度随时间的推移在逐渐累积。第二，G3 经济体流动性冲击对中国实际产出增长率、通货膨胀率、短期实际利率波动的贡献较小，对人民币对美元实际汇率、国际经济活动的影响最大。第三，不同类型的流动性冲击对不同宏观经济变量波动的贡献度存在较大差异。例如，对实际产出增长率波动、实际产出缺口波动、通货膨胀率波动、基准利率以及短期和中期实际利率波动而言，G3 经济体的信贷条件冲击贡献度最大；对实际有效汇率波动、国际经济活动波动而言，G3 经济体的基准利率冲击贡献度最大。这些差异体现了不同流动性冲击的作用机制、传导渠道以及影响范围的不同。

表 4 - 10　主要宏观经济变量条件方差分解（按冲击类型分）

	国内冲击				G3 经济体冲击				
	通胀	总需求	流动性	汇率	信贷条件	基准利率	货币	需求	通胀
Panel A. Output Growth Rate									
$t = 1$	2.182	95.761	0.681	0.005	0.005	0.009	0.014	1.341	0.003
$t = 4$	17.497	70.583	5.767	0.027	0.077	0.064	0.123	5.835	0.027
$t = 8$	18.695	67.871	6.421	0.036	0.180	0.158	0.148	6.446	0.044
$t = 12$	22.984	60.451	8.056	0.037	0.187	0.194	0.171	7.842	0.078
$t = 16$	23.102	59.267	7.978	0.035	0.254	0.229	0.177	8.877	0.081
$t = 20$	22.735	59.723	7.843	0.034	0.270	0.237	0.175	8.892	0.090
Panel B. Output Gap									
$t = 1$	3.429	93.339	1.070	0.007	0.008	0.014	0.021	2.107	0.004
$t = 4$	31.383	47.238	10.343	0.048	0.138	0.115	0.221	10.466	0.048

Panel B. Output Gap									
$t=8$	41.664	27.598	13.215	0.034	0.484	0.195	0.299	16.441	0.069
$t=12$	41.732	25.941	13.018	0.032	0.662	0.295	0.311	17.892	0.115
$t=16$	41.664	25.862	13.018	0.032	0.677	0.302	0.315	17.991	0.137
$t=20$	41.574	25.822	13.002	0.032	0.681	0.306	0.317	18.127	0.138
Panel C. Inflation Rate									
$t=1$	95.746	2.064	0.991	0.002	0.048	0.014	0.030	1.098	0.007
$t=4$	90.591	2.920	2.741	0.003	0.149	0.041	0.077	3.457	0.020
$t=8$	91.281	1.920	2.536	0.002	0.191	0.059	0.070	3.912	0.028
$t=12$	93.400	1.307	1.900	0.001	0.169	0.058	0.054	3.079	0.033
$t=16$	94.773	1.024	1.513	0.001	0.135	0.046	0.043	2.435	0.029
$t=20$	95.624	0.854	1.263	0.001	0.113	0.039	0.036	2.045	0.025
Panel D. Policy Rate									
$t=1$	49.878	1.020	47.962	0.001	0.044	0.012	0.022	1.054	0.006
$t=4$	37.596	5.641	45.924	0.005	0.451	0.126	0.182	10.016	0.060
$t=8$	57.821	4.762	23.071	0.003	0.691	0.219	0.217	13.106	0.110
$t=12$	71.733	3.097	14.102	0.002	0.590	0.198	0.169	9.989	0.120
$t=16$	79.179	2.248	10.274	0.001	0.457	0.154	0.132	7.450	0.105
$t=20$	83.474	1.781	8.152	0.001	0.363	0.122	0.107	5.914	0.086
Panel E. Short – term Real Rate									
$t=1$	78.285	0.786	20.371	0.000	0.021	0.006	0.012	0.515	0.003
$t=4$	79.794	0.476	19.374	0.001	0.013	0.004	0.008	0.328	0.002
$t=8$	77.365	1.050	19.788	0.001	0.070	0.020	0.032	1.665	0.009
$t=12$	75.032	1.350	20.080	0.001	0.166	0.055	0.055	3.235	0.026
$t=16$	74.340	1.397	20.148	0.001	0.211	0.072	0.065	3.724	0.043
$t=20$	74.252	1.398	20.173	0.001	0.217	0.074	0.068	3.768	0.048
Panel F. Medium – term Real Rate									
$t=1$	80.441	0.021	19.409	0.000	0.008	0.003	0.002	0.115	0.002
$t=4$	77.407	0.882	19.845	0.001	0.088	0.025	0.034	1.703	0.014
$t=8$	70.755	1.982	21.121	0.002	0.307	0.094	0.102	5.585	0.052
$t=12$	67.704	2.273	21.548	0.002	0.464	0.151	0.140	7.621	0.096
$t=16$	67.105	2.293	21.676	0.002	0.506	0.167	0.154	7.978	0.119

Panel F. Medium – term Real Rate								
$t=20$	67.038	2.291	21.716	0.002	0.509	0.167	0.159	7.995	0.124
Panel G. Real Exchange Rate Gap								
$t=1$	55.468	0.559	24.460	0.563	0.670	1.824	0.179	15.885	0.392
$t=4$	51.224	0.650	20.164	0.134	1.119	0.620	0.063	25.766	0.260
$t=8$	46.749	0.706	17.524	0.100	1.635	0.766	0.113	32.179	0.228
$t=12$	45.869	0.700	17.179	0.098	1.799	0.855	0.115	33.074	0.312
$t=16$	45.735	0.723	17.152	0.097	1.799	0.855	0.119	33.191	0.330
$t=20$	45.619	0.737	17.110	0.097	1.805	0.860	0.121	33.322	0.330
Panel H. Real Effective Exchange Rate								
$t=1$	63.962	0.186	28.270	0.782	0.108	1.260	1.024	4.002	0.230
$t=4$	61.855	0.273	24.453	1.509	0.326	0.640	0.644	9.876	0.228
$t=8$	58.824	0.321	22.116	2.928	0.543	0.624	0.607	13.504	0.215
$t=12$	57.267	0.319	21.463	4.626	0.603	0.655	0.600	13.757	0.243
$t=16$	56.003	0.327	21.013	6.421	0.592	0.642	0.590	13.548	0.247
$t=20$	54.708	0.330	20.534	8.291	0.584	0.630	0.577	13.345	0.241
Panel I. Foreign Activity								
$t=1$	1.214	96.736	0.549	0.094	0.074	0.306	0.196	0.782	0.021
$t=4$	0.017	10.849	0.029	0.001	0.008	1.515	0.129	87.244	0.208
$t=8$	0.299	11.800	0.253	0.002	0.592	3.041	0.189	82.966	0.858
$t=12$	0.546	11.151	0.388	0.002	1.295	3.199	0.203	81.913	1.302
$t=16$	0.720	11.035	0.456	0.002	1.322	3.168	0.231	81.691	1.374
$t=20$	0.776	10.984	0.472	0.002	1.337	3.165	0.243	81.658	1.364

注：由于 G3 经济体的失业率冲击和汇率冲击的方差贡献度较小，囿于篇幅此处没有汇报。

表 4 – 11 列示了按冲击所在经济体进行归集的方差分解结果。国内部分包括了 11 项冲击，美国部分包括了 12 项冲击，欧元区和日本部分分别包括了 14 项冲击。按照 GPM – 4 模型的设定形式和相关变量的定义，不同经济体冲击数量和种类的差异主要在于：国内冲击中包含了独有的长期人民币升值冲击 $\varepsilon_{CN,t}^{DOT(\bar{Z})}$，但缺少信贷条件冲击和失业率冲击；美国相对于欧元区和日本缺少了针对汇率的冲击 $\varepsilon_{i,t}^{\bar{Z}}$ 和针对短期利差的冲击 $\varepsilon_{i,t}^{RR-RR_{US}}$。

根据表 4 – 11 的方差分解结果，可以得到以下结论：第一，国内冲击解释了中国主要宏观经济变量波动中的绝大部分，尤其是实际产出增长率、通货膨胀率、短期和中期实际利率 90% 以上的波动，都可以被国内冲击所解释。第二，美国、欧元区以及日本冲击对中国国内宏观经济波动的贡献度随着时间的推移而逐渐增大，体现了在一定时间内国际影响累积到逐步回到均衡的过程。第三，在 G3 经济体中，美国冲击对中国宏观经济波动的影响最大，欧元区次之，日本最小。

表 4 – 11 主要宏观经济变量条件方差分解（按经济体分）

	国内冲击	美国冲击	欧元区冲击	日本冲击
Panel A. Output Growth Rate				
$t = 1$	98.628	0.678	0.643	0.051
$t = 4$	93.874	4.230	1.616	0.280
$t = 8$	93.023	5.270	1.420	0.287
$t = 12$	91.528	6.525	1.621	0.325
$t = 16$	90.382	7.646	1.645	0.327
$t = 20$	90.335	7.724	1.618	0.323
Panel B. Output Gap				
$t = 1$	97.845	1.065	1.010	0.080
$t = 4$	89.012	7.587	2.899	0.502
$t = 8$	82.512	14.010	2.857	0.622
$t = 12$	80.724	15.845	2.794	0.636
$t = 16$	80.576	15.990	2.794	0.639
$t = 20$	80.431	16.127	2.804	0.638
Panel C. Inflation Rate				
$t = 1$	98.803	0.982	0.156	0.060
$t = 4$	96.255	3.078	0.504	0.162
$t = 8$	95.738	3.608	0.503	0.150
$t = 12$	96.608	2.913	0.365	0.114
$t = 16$	97.310	2.312	0.287	0.091
$t = 20$	97.742	1.942	0.241	0.076
Panel D. Policy Rate				
$t = 1$	98.861	0.931	0.160	0.048
$t = 4$	89.166	9.040	1.399	0.394
$t = 8$	85.658	12.299	1.576	0.467
$t = 12$	88.934	9.612	1.095	0.358

Panel D. Policy Rate				
$t=16$	91.702	7.225	0.798	0.276
$t=20$	93.408	5.738	0.633	0.221
Panel E. Short-term Real Rate				
$t=1$	99.443	0.451	0.081	0.025
$t=4$	99.645	0.284	0.053	0.017
$t=8$	98.204	1.487	0.240	0.068
$t=12$	96.464	3.023	0.397	0.117
$t=16$	95.886	3.552	0.426	0.136
$t=20$	95.824	3.608	0.427	0.141
Panel F. Medium-term Real Rate				
$t=1$	99.871	0.115	0.011	0.004
$t=4$	98.136	1.574	0.218	0.072
$t=8$	93.859	5.269	0.655	0.217
$t=12$	91.528	7.361	0.817	0.295
$t=16$	91.075	7.777	0.829	0.319
$t=20$	91.046	7.801	0.829	0.323
Panel G. Real Exchange Rate Gap				
$t=1$	81.050	18.260	0.671	0.019
$t=4$	72.172	26.776	1.028	0.024
$t=8$	65.079	33.663	1.232	0.026
$t=12$	63.845	34.894	1.234	0.026
$t=16$	63.707	35.021	1.245	0.027
$t=20$	63.564	35.152	1.257	0.027
Panel H. Real Effective Exchange Rate				
$t=1$	93.200	4.006	1.270	1.524
$t=4$	88.090	9.356	1.440	1.114
$t=8$	84.190	13.003	1.708	1.099
$t=12$	83.675	13.404	1.775	1.146
$t=16$	83.764	13.207	1.841	1.187
$t=20$	83.862	13.013	1.903	1.222

Panel I. Foreign Activity			
$t=1$	98.593	0.733	0.440	0.235
$t=4$	10.897	47.606	39.162	2.335
$t=8$	12.354	56.429	29.556	1.660
$t=12$	12.088	59.291	27.087	1.534
$t=16$	12.214	59.374	26.896	1.515
$t=20$	12.234	59.535	26.728	1.504

四、结果讨论

从上述仿真和方差分解结果来看，主要经济体流动性管理操作对中国的实际产出、通货膨胀、利率、汇率以及国际经济活动都产生了一定影响，但影响幅度并不是主导国内宏观经济波动的主要原因。这与 Ruffer 和 Stracca 以及 Holman 和 Neumann 的结论比较类似，而与 Baks 和 Kramer 的结论相反。Ruffer 和 Stracca 基于 SVAR 模型对美国和欧元区的实证研究表明，主要经济体流动性对单一国家具有一定影响，但是影响不大。Holman 和 Neumann 也指出，一个国家的货币扩张不会引起贸易伙伴国的货币紧缩。相反，Baks 和 Kramer 基于主成分分析和相关性分析得出的结论认为，主要经济体的流动性对各国的增长率均具有较高的解释程度。本章的研究表明，对于中国而言，内部冲击主导了中国主要宏观经济变量的波动，尤其是总需求和通货膨胀率的冲击解释了绝大部分宏观经济变量的波动；其他经济体的冲击对国内主要宏观经济变量波动的贡献不足 15%，且大多数情况下低于 10%。张会清和王剑认为，全球流动性对中国金融经济波动冲击较小的原因可能是中国有效的利率与汇率政策隔离了一定的外部流动性冲击。但是，本章基于 GPM-4 模型的数值模拟显示，主要经济体流动性管理对中国的溢出渠道中，利率和汇率机制仍然发挥了一定作用。因此，除了他们指出的政策隔离之外，从国内需求冲击对宏观经济变量波动的高贡献度来看，近年来内需支撑的逐渐强化也是中国经济表现出较强韧性的重要原因。

对比 G3 经济体流动性管理对中国主要宏观经济变量的影响可以看出，美国的流动性管理对中国宏观经济的影响最大，欧元区次之，日本最小。这一结论基本上与经济直觉和数据相符。由于 GPM-4 模型中刻画了国际经济溢出机制主要是以国际贸易往来为核心的汇率机制、以利率平价为核心的利率机制，以及直接影响实际产出缺口的外部需求和信贷条件，因此，不难理解为何美国的流动性管理对中国宏观经济的影响最大。中美两国作为目前世界上最大的两个单一经济体，不仅在进出口贸易方面具有最为紧密的联系，在国际资本往来方面也具有深入的接触；而且，美元在国际结算体系中的核心地位，以及美国国债在中国外汇储备中的巨大占比，都决定了美国的流动性管理对中国经济的影响最大。因此，在当下中美贸易摩擦的特殊时点，不仅要从贸易的角度来考量贸易摩擦可能对两国带来的负面影响，而且要充分估计美国应对贸易摩擦的其他流动性管理操作可能产生的溢出效应。

此外，从上述实证研究结果可以看到，主要经济体信贷条件的宽松和收紧对中国宏观经济变量存在较大影响。现有关于流动性溢出效应的大多数实证研究关注的对象是利率、汇率、货币供应量等指标，而对一些刻画金融与实体经济联系的非价格因素变量重视程度不够。相反，在以 DSGE 为代表的一些结构宏观经济模型中，已经有不少研究者刻画了类似的非价格机制的金融与实体经济联系，如经典的金融加速器机制。因此，宏观实证研究或预测研究应积极汲取理论研究中的精华，提高数据分析的解释力和可靠性。在这个方面，Carabenciov 等首次引入的信贷条件变量是一个很好的尝试。借鉴他们的方法，本章的 GPM－4 模型通过引入 G3 经济体的信贷条件这一非价格因素，发现其对中国宏观经济波动的解释力度并不明显亚于基准利率或货币冲击，这对国内研究者应该有一定启示。

第五节　本章小结

研究全球主要经济体流动性管理对单一经济体宏观经济的溢出效应是目前比较热门的议题，但是，以 DSGE 为代表的结构宏观经济模型和以 VAR 为代表的传统时间序列计量方法较难处理大规模、高维度模型（Large-scale Model）。因此，本章借鉴 IMF "全球预测模型" 项目提出的 GPM 框架，构建了一个包含美国、欧元区、日本、中国四大经济体的 GPM－4 模型，尝试研究主要经济体流动性管理对中国主要宏观经济变量的影响。

结论方面，本章研究发现：第一，主要经济体的流动性管理对中国主要宏观经济变量产生了一定影响，但不是主导因素。第二，不同类型的流动性冲击对中国宏观经济的影响机制不同，产生的效果也存在较大差异。

从冲击带来的脉冲响应来看，G3 经济体货币冲击的效果最为持久，也最容易导致中国宏观经济变量出现超调；从方差分解结果来看，信贷条件和基准利率冲击对中国宏观经济变量波动的贡献度更大。第三，G3 经济体中，美国的流动性管理对中国宏观经济波动的影响最大，欧元区次之，日本最小。第四，主要经济体流动性冲击对中国宏观经济变量的影响主要体现在短期（8 个季度之内），其后主要宏观经济变量逐渐回归至稳态路径，20 个季度之后影响基本被完全吸收。

　　本章的边际贡献和创新在于：第一，尝试拓展 GPM 分析框架，并将其应用于研究中国宏观经济问题；从目前的可查文献来看，本章也是首个构建 GPM 模型分析主要经济体流动性管理对中国宏观经济溢出效应的研究。第二，研究结果揭示了流动性管理中信贷条件等非价格因素对中国宏观经济变量的影响，这与现有研究集中讨论利率、汇率及货币供应量等传统变量大为不同。本章的不足之处在于：对中国宏观经济变量行为方程的刻画仍然略显粗糙。目前，中国的经济状态仍然存在一些非市场化的行为特征，这给模型化带来了一定的困难。如何刻画这些行为特征、进一步提高模型的解释能力，将是未来研究的方向。

第五章　主要经济体流动性管理对中国产业活动的溢出效应

　　上一章利用 GPM 分析框架探讨了主要经济体流动性管理对我国关键宏观经济变量的影响。不难看出，即使仅关注少数几个宏观经济变量，GPM 模型的规模就已经十分庞大。当我们把研究视角深入到中观层次，即讨论主要经济体流动性管理对我国主要产业活动的影响时，GPM 分析框架则已经完全不能胜任，其建模难度、求解及参数估计均超出可以承受的范围。因此，这里必须回归到传统的时间序列计量方法。

　　由于本书希望考察主要经济体流动性管理对我国产业活动波动的影响，更多地关注我国产业活动对主要经济体流动性管理的动态响应过程，因此，较为合适的研究方法大多同属于 VAR 一族。在这些方法中，简化式 VAR（即经典向量自回归模型，不考虑变量间的结构性约束）和 SVAR（即结构向量自回归模型，对变量间关系施加结构性约束、长期约束或符号约束）应用最为广泛，但并不适合本章所要解决的问题，主要矛盾在于：第一，VAR 或 SVAR 对自由度的损耗极大，只适用于处理低维度数据，而本章所要研究的产业问题涉及的变量数量庞大；第二，VAR 或 SVAR 对数据的平稳性和可靠性要求较高，而中国产业层面存在比较严重的数据缺失等问题。出于这些考虑，本章主要选用 VAR 模型族中的因子增强向量自回归模型（FAVAR），从高维的产业层面数据信息中集中提取包含丰富数据信息的少量共同因子，建立回归模型，研究主要经济体流动性管理对中国主要产业活动的影响。

　　本章的结构安排如下：首先，简要介绍 FAVAR 模型的基本思想、优势，以及本章研究样本的选择；随后针对所选择的样本选取适当的指标，并提取因子；在此基础上，利用 FAVAR 模型进行参数估计，计算脉冲响应函数，分析主要经济体流动性管理对中国主要产业活动的影响，并进行稳健性检验；随后，为了进一步研究主要经济体流动性管理究竟对具体哪些行业变量发挥了作用，利用格兰杰因果检验的方法考察主要经济体流动性管理对中国产业活动影响的传导路径；最后是本章小结。

第一节　模型概述与样本选择

一、FAVAR 模型概述

从文献综述中可以看出，在研究主要经济体流动性的问题上，已有的文献主要是通过 VAR 或者 SVAR 模型进行研究分析。VAR 模型是低维模型建模，存在处理经济变量过少的主要缺陷。Bernanke 等认为，通常情况下，货币政策制定者往往需要全方面考虑多个经济指标的动态变化，但 VAR 模型能够处理的变量十分有限，一般只能处理少数几个变量，难以全面考察经济运行中各个变量的变动。虽然有些学者利用建立多个 VAR 模型以尽可能减轻 VAR 模型不能研究过多变量这一缺陷带来的影响，但是即使这样，通常也只能考察 10 个左右经济变量的动态变化。

由于 VAR 模型存在上述主要缺陷，Bernanke 等在利用 VAR 模型分析货币政策效应时，引入大量的时间序列数据构造共同因子，建立了 FAVAR 模型。相比传统的 VAR 模型，FAVAR 模型的主要特点在于：第一，该模型可以尽可能多地纳入经济变量，不必担心"维度灾难"和自由度损失，能够最大限度地利用数据中所反映的信息量；第二，该模型并不是让所有数据同时直接进入回归过程，而是通过建立一个高维度的数据信息集，并从中提取包含丰富数据信息的少量共同因子，并针对这些因子建立模型进行回归。

FAVAR 模型的基本假设是：研究者所关注的一系列经济指标 X_t 是由少数几个共同因子 F_t 和扰动项 ε_t 所决定的。

$$X_t = \Lambda F_t + \varepsilon_t \qquad (5-1)$$

向量 F_t 的维度要远小于向量 X_t，且扰动项 ε_t 可以存在弱相关。Λ 为因子载荷矩阵，度量了公共因子对变量的相对重要性。

当需要考察一系列经济指标 X_t 与某一观测变量 Y_t 的动态影响关系时，式 (5-1) 则可扩展为

$$X_t = \Lambda^F F_t + \Lambda^Y Y_t + \varepsilon_t = (\Lambda^F \Lambda^Y) \binom{F_t}{Y_t} + \varepsilon_t \qquad (5-2)$$

式中，X_t 为 $N \times 1$ 维经济变量，F_t 为 $K \times 1$ 维不可观测因子，Λ^F 表示 $N \times K$ 维因子载荷矩阵，Λ^Y 表示 $N \times 1$ 维系数矩阵，ε_t 表示白噪声。

进一步，经济指标 X_t 与某一观测变量 Y_t 的关系可表述为

$$B(L)\begin{pmatrix} F_t \\ Y_t \end{pmatrix} = \begin{pmatrix} \varepsilon_t^F \\ \varepsilon_t^Y \end{pmatrix} \tag{5-3}$$

式中，$B(L)$ 为由滞后算子组成的矩阵。

容易看出，式（5-3）即为标准的 VAR 模型形式。

由模型的上述形式可以看出，FAVAR 模型本质上就是在经典 VAR 模型的基础上增加了一个因子提炼过程，然后向经典 VAR 模型中加入一些通过动态因子模型得到的新的因子变量。FAVAR 模型与动态因子模型主要有两点不同：第一，在 FAVAR 模型中有一个或几个变量被认为是可观测的，但是在动态因子模型中不存在这样的假设。第二，在 FAVAR 模型中，更关注 FAVAR 模型的识别，即 FAVAR 模型的脉冲响应与方差响应结果。

常用的估计动态因子模型的方法是主成分分析法以及基于状态空间模型的主成分估计方法。因此，FAVAR 模型的常用估计方法可以概述为：首先，利用主成分分析方法，提取 X_t 的共同因子 F_t，从得到的共同因子中分离出 Y_t；然后针对 F_t 和 Y_t 构建传统 VAR 模型，识别滞后算子矩阵 $B(L)$，并进行进一步分析。除此之外，Ang 和 Piazzesi 使用的另外一种方法相对来说更加简洁，并且经济含义更加合理，即直接对由大量经济指标所构成的 X_t 进行动态因子分解，得到第一主成分，然后与可观测变量 Y_t 共同构建 VAR 模型进行估计，这样变量的经济含义更加容易解释。

在完成参数估计之后，对 FAVAR 模型进行脉冲响应分析，用于经济预测，或进行方差分解，用于变量间的动态结构关系研究。此外，还可以基于 FAVAR 模型进行格兰杰因果关系检验。这些均与经典 VAR 模型比较类似，在此不再赘述。

二、FAVAR 模型的适用性分析

由上述模型概述可以看出，FAVAR 模型继承了经典 VAR 模型的优点，例如，不以严格的经济理论为依据，而是让数据关系说明一切；解释变量中不包括任何当期变量，只要样本足够大，就不存在因参数过多而产生模型不可识别的问题；无须事先区分变量的外生性和内生性；等等。而且，相比经典 VAR 模型，FAVAR 模型还能够实现高维数据的降维，从而使研究者可运用多变量、大规模数据研究政策变量对系统的冲击问题，有效解决现有模型无法克服的变量过少、信息有限问题，进而全面捕捉现实中的经

济信息，更加真实地反映变量之间相互影响的动态关系。

那么，FAVAR 模型的特点和优点是否适用于本章所要研究的问题呢？与研究宏观经济问题不同，研究产业层面的经济问题时由于视角更加细致，所涉及的变量更加具体、数量繁多，且数据质量不一。这意味着，使用某一个或少数几个指标来研究产业问题可能会存在一些困难。例如，要系统研究主要经济体流动性管理对工业生产情况的影响，则度量工业生产情况的指标可能包括：工业增加值、工业总产值等产出指标，固定资产投资价格指数、生产者价格指数等价格指标，采购经理指数等景气指标，以及库存、用电、从业人员、原材料投入等。显然，无法将这些指标全部引入 VAR 模型中。可以实现的是：通过估计动态因子模型，从上述大量指标数据中提取少数共同因子，将其第一主成分定义为工业生产情况，实现降维的目的；随后将新生成的因子与主要经济体流动性一起加入 VAR 模型中，以此来考察主要经济体流动性对行业经济波动的影响。

因此，FAVAR 模型总体上适用于本章所要研究的问题。

三、样本选择

出于样本代表性和数据可得性方面的考虑，本章主要选取了工业、农业、房地产业、消费品零售业几个重要产业，以及进出口贸易与外商直接投资两类典型的产业活动作为研究对象。由于一些早期的经济数据质量不高且存在统计口径调整等问题，难以很好地反映现实状况，加上部分数据是近年来才开始统计的，故本章选用的样本期间为 2005 年 1 月至 2016 年 12 月，采样频率为月度数据。所有原始数据均来自 Wind 数据库和中国经济信息中心数据库（CEIC）。

第二节　指标选取与因子处理

一、主要经济体流动性指标

将选取的样本国货币供应量加总，即可得到主要经济体流动性指标。已有文献对主要经济体流动性指标的加总，主要有两种方法。第一种以 IMF 的方法为代表，将各国的货币供应量按照实际汇率或购买力平价，转换成用美元表示的货币总量，再通过各国 GDP 所占的比重进行加权平均。此种方法采用了绝对值加总的方法。采用这种方法的好处是可以得到衡量主要经济体流动性的构成情况以及绝对值，缺点是由于各国统计货币供给总量的口径不同可能会对最终结果造成影响。第二种是 Beyer 等采用的货币总量增速加总的方法，具体方法是将计算的样本国货币供应量的增速通过其占全球经济总量的权重进行加权。此种方法的优点是能够有效地规避各国货币供应量统计口径不一致的问题，缺点是不能得到衡量主要经济体流动性的绝对值，也就不能观察主要经济体流动性的具体构成情况。

影响主要经济体流动性指标的另外一个因素是汇率的选择。不论是各国经济规模的比较，还是计价货币的转换原则，都有赖于汇率标准。目前，关于计算主要经济体流动性采用的相关汇率准则文献研究主要集中在两个方面：第一种是以 Sousa 和 Zaghini 为代表的使用购买力平价（PPP）准则；第二种是以 Giese 和 Tuxen 为代表的使用实际市场汇率准则。实际市场汇率准则不涉及相关基准汇率选择问题，但是现实中较为频繁的市场实际汇率波动可能不能全面衡量主要经济体流动性，造成与实际情况的偏离。购买力平价（PPP）准则能够很好地反映实际中各国间经济总量和货币供应量的对比，但是难以确定符合购买力平价（PPP）规则的基准汇率。

本章中，主要以美国、欧元区、日本、英国、巴西、印度以及加拿大的货币供应量为基础计算主要经济体的流动性指标。上述 7 个经济体是目前全球排名前八的经济体（除中国之外），因此，其货币供应量是主要经济体流动性总和的决定性因素。不同经济体的货币供应量统计口径有所差异，这里均以广义货币供应量为准，因为其综合反映了基础货币供应和影响货币乘数的信贷条件、基准利率等诸多因素。不同经济体广义货币供应量的具体指标分别为：美国，M_2；欧元区，M_3；日本，M_2；英国，M_4；巴西，M_2；印度，M_2；加拿大，M_{2+}。

经过对比发现，不同计算方法下主要经济体流动性变化的差异主要来源于汇率准则的选取问题。计算结果显示，购买力平价（PPP）准则衡量的主要经济体流动性指标不符合现实情况和经济直觉：在 2001—2003 年全球主要国家的降息政策实施期间以及 2009 年左右遍及全球主要国家的量化宽松时期，运用购买力平价（PPP）准则计算的主要经济体流动性不论是从绝对值加总还是从增速加总来看，都呈现出收缩的情况。因此，采用实际市场汇率准则衡量主要经济体流动性指标。

通过增速加总法和绝对值加总法衡量的主要经济体流动性指标变动方

式非常相似。因此，本章使用的数据是：采用实际市场汇率准则和绝对值加总法得到的主要经济体流动性指标。具体方法是将各经济体的货币供给量按照 GDP 权重进行加权，并且按照月度平均市场汇率将欧元区、日本、英国、巴西、印度和加拿大的货币供给量数据转换为美元单位后，加总得到主要经济体流动性的绝对值指标（如图 5-1 所示）。

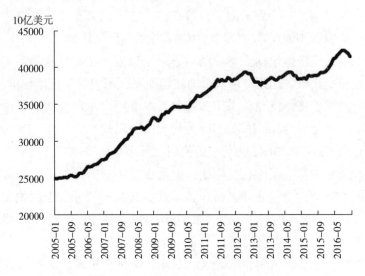

图 5-1　2005—2016 年主要经济体流动性（绝对值）走势

（资料来源：Wind 数据库）

从图 5-1 可以看出，2007—2008 年间，为了应对美国次贷危机诱发的全球经济衰退影响，主要经济体均采取了宽松的货币政策，货币供应量保持了较快速度的增长。随后，为了应对欧洲债务危机，主要经济体的货币政策持续宽松，直至 2013 年爱尔兰第一个走出欧洲债务危机之后，全球流动性增速才逐渐减速。这一数据表现与实际中主要经济体流动性管理情况基本相符。

利用 X-12 程序对主要经济体流动性的绝对值做季节性调整，并做一阶差分后得到主要经济体流动性指标 *Liquidity*。

二、工业活动指标

工业活动方面，参考 Ang & Piazzesi 的分类方法，本章收集了 26 个能够反映我国工业波动特征的工业变量，包括工业增加值、各类 PMI 指数以及各类 PPI 指数等，具体如表 5-1 所示。

表 5 - 1　度量工业活动的指标汇总

变量名称	变量符号	变量说明
工业生产者购进价格指数：冶金工业	*PPIyj*	国家统计局公布的反映一定时期内工业生产者购进价格变动程度的相对数：冶金工业
工业生产者购进价格指数：电力工业	*PPIdl*	国家统计局公布的反映一定时期内工业生产者购进价格变动程度的相对数：电力工业
工业生产者购进价格指数：煤炭及炼焦工业	*PPImt*	国家统计局公布的反映一定时期内工业生产者购进价格变动程度的相对数：煤炭及炼焦工业
工业生产者购进价格指数：石油工业	*PPIsy*	国家统计局公布的反映一定时期内工业生产者购进价格变动程度的相对数：石油工业
工业生产者购进价格指数：化学工业	*PPIhx*	国家统计局公布的反映一定时期内工业生产者购进价格变动程度的相对数：化学工业
工业生产者购进价格指数：机械工业	*PPIjx*	国家统计局公布的反映一定时期内工业生产者购进价格变动程度的相对数：机械工业
工业生产者购进价格指数：建筑材料工业	*PPIjz*	国家统计局公布的反映一定时期内工业生产者购进价格变动程度的相对数：建筑材料工业
工业生产者购进价格指数：森林工业	*PPIsl*	国家统计局公布的反映一定时期内工业生产者购进价格变动程度的相对数：森林工业
工业生产者购进价格指数：食品工业	*PPIsp*	国家统计局公布的反映一定时期内工业生产者购进价格变动程度的相对数：食品工业
工业生产者购进价格指数：纺织工业	*PPIfz*	国家统计局公布的反映一定时期内工业生产者购进价格变动程度的相对数：纺织工业
工业生产者购进价格指数：缝纫工业	*PPIfr*	国家统计局公布的反映一定时期内工业生产者购进价格变动程度的相对数：缝纫工业
工业生产者购进价格指数：皮革工业	*PPIpg*	国家统计局公布的反映一定时期内工业生产者购进价格变动程度的相对数：皮革工业
工业生产者购进价格指数：造纸工业	*PPIzz*	国家统计局公布的反映一定时期内工业生产者购进价格变动程度的相对数：造纸工业
工业生产者购进价格指数：文教艺术用品工业	*PPIwj*	国家统计局公布的反映一定时期内工业生产者购进价格变动程度的相对数：文教艺术用品工业
工业生产者购进价格指数：其他工业	*PPIqt*	国家统计局公布的反映一定时期内工业生产者购进价格变动程度的相对数：其他工业

变量名称	变量符号	变量说明
工业增加值	*Idav*	国家统计局公布的当月同比值
采购经理指数：生产	*PMIsc*	国家统计局公布的衡量制造业在生产方面状况的指数
采购经理指数：新订单	*PMIxdd*	国家统计局公布的衡量制造业在新订单方面状况的指数
采购经理指数：新出口订单	*PMIxck*	国家统计局公布的衡量制造业在新出口订单方面状况的指数
采购经理指数：在手订单	*PMIzs*	国家统计局公布的衡量制造业在手订单方面状况的指数
采购经理指数：产成品库存	*PMIccp*	国家统计局公布的衡量制造业在产成品库存方面状况的指数
采购经理指数：采购量	*PMIcgl*	国家统计局公布的衡量制造业在采购量方面状况的指数
采购经理指数：进口	*PMIjk*	国家统计局公布的衡量制造业在进口方面状况的指数
采购经理指数：主要原材料购进价格	*PMIgj*	国家统计局公布的衡量制造业在主要原材料购进价格方面状况的指数
采购经理指数：原材料库存	*PMIycc*	国家统计局公布的衡量制造业在原材料库存方面状况的指数
采购经理指数：从业人员	*PMIcyry*	国家统计局公布的衡量制造业在从业人员方面状况的指数

图 5 - 2 描绘了几个主要工业活动指标在 2005 年至 2016 年间的走势。

我国工业增加值在 2007 年之后出现了大幅滑坡，在 2008 年末跌至谷底，由于当年底出台的各项提振经济举措，使其在 2009 年上半年有所回升，之后一直处于较低的水平。从 2012 年 6 月开始，由于我国正处于"三期叠加"特殊时期，在经济增长速度进入换挡期的同时，经济产业结构都面临着转型问题，工业增加值出现了较大幅度的下降，虽然政府采取了一系列措施希望提振实体经济，通过降低贷款利率、鼓励民间融资等手段解决企业融资等问题，但直到 2014 年底，工业增加值仍然没有明显提升，我国实体经济还处于低迷时期。随着经济新常态的到来，我国工业持续低位运行。

电力工业为工业提供基本动力和保障，是工业企业生产的基本要素。

在我国的电力供应结构中，工业用电至少占据 70%，李克强总理也曾指出用电量为国民经济发展的先行指标。从图 5 - 2 中可以发现，我国电力的生产者价格指数的波动与我国宏观经济的波动密切相关。从 2005 年开始，我国的电力工业生产者价格指数处于震荡下行通道，并于 2016 年初达到近年来的最低点。这也反映了从美国次贷危机后，我国经济进入新常态的宏观经济情况。虽然短期内该指标有所上升，但是难以改变持续下行的趋势。

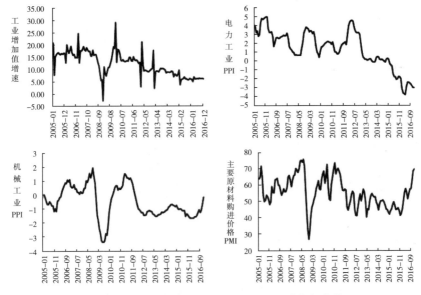

图 5 - 2　2005—2016 年我国主要工业活动指标走势

相比电力工业以及煤炭等工业的上游产业，在工业生产链条中处于中游的机械工业，其生产者价格指数相对能更加直观地反映出我国经济的波动。该指数在 2008 年下半年到 2010 年、2011 年下半年到 2012 年两个阶段都经历了不同程度的明显下滑。该下滑发生的时期与我国近年来宏观经济周期的波动较为一致，可见，作为产业链中游的机械工业是体现宏观经济形势的较好指标。

采购经理指数（PMI）在时间上远远早于其他官方公布数据，被公认为是经济监测的先行指标。该指标值以 50 为枯荣分界线。由图 5 - 2 可以发现，主要原材料购进价格 PMI 分别在 2008 年下半年至 2009 年初、2012 年至 2016 年初两个阶段低于 50 的枯荣线，上述两个阶段也是我国宏观经济的低迷期。结合机械工业 PMI 的走势可以发现，2016 年开始，机械工业 PPI 与主要原材料购进价格 PMI 快速上行，这两个指标的同步向好，反映出我国经济从 2016 年开始出现了一定的企稳迹象。

利用 X-12 程序对表 5-1 中的 26 个变量做了季节性调整，对各个序列进行了标准化以及一阶差分的处理后，通过主成分分析，提取第一主成分，可生成新的反映工业活动运行情况的变量 Industry（具体载荷矩阵见附录 A）。

三、农业活动指标

农业活动方面，参考 Ang & Piazzesi 的分类方法，本章收集了 22 个能够反映我国农业波动特征的变量，包括各类农产品价格、各类农产品产量以及各类农产品价格指数等，具体如表 5-2 所示。

表 5-2　度量农业活动的指标汇总

变量名称	变量符号	变量说明
农产品批发价格总指数	Agrwhole	国家统计局统计的农产品批发价格总指数
菜篮子产品批发价格指数	Agrbas	国家统计局统计的菜篮子产品批发价格指数
产量：成品糖	Output1	国家统计局统计的成品糖产量
产量：饲料	Output2	国家统计局统计的饲料产量
产量：大米	Output3	国家统计局统计的大米产量
产量：小麦粉	Output4	国家统计局统计的小麦粉产量
农业生产资料价格指数	Agrmeans	国家统计局统计的农业生产资料价格指数
农产品集贸市场价格指数：籼稻	Agrmarket1	国家统计局统计的籼稻农产品集贸市场价格指数
农产品集贸市场价格指数：粳稻	Agrmarket2	国家统计局统计的粳稻农产品集贸市场价格指数
农产品集贸市场价格指数：小麦	Agrmarket3	国家统计局统计的小麦农产品集贸市场价格指数
农产品集贸市场价格指数：玉米	Agrmarket4	国家统计局统计的玉米农产品集贸市场价格指数
农产品集贸市场价格指数：大豆	Agrmarket5	国家统计局统计的大豆农产品集贸市场价格指数
农产品集贸市场价格指数：籼米	Agrmarket6	国家统计局统计的籼米农产品集贸市场价格指数

续表

变量名称	变量符号	变量说明
农产品集贸市场价格指数：粳米	*Agrmarket7*	国家统计局统计的粳米农产品集贸市场价格指数
农产品集贸市场价格指数：棉花（籽棉）	*Agrmarket8*	国家统计局统计的棉花（籽棉）农产品集贸市场价格指数
农产品集贸市场价格指数：花生仁	*Agrmarket9*	国家统计局统计的花生仁农产品集贸市场价格指数
农产品集贸市场价格指数：油菜籽	*Agrmarket10*	国家统计局统计的油菜籽农产品集贸市场价格指数
农产品集贸市场价格指数：仔猪	*Agrmarket11*	国家统计局统计的仔猪农产品集贸市场价格指数
农产品集贸市场价格指数：猪肉	*Agrmarket12*	国家统计局统计的猪肉农产品集贸市场价格指数
农产品集贸市场价格指数：牛肉	*Agrmarket13*	国家统计局统计的牛肉农产品集贸市场价格指数
农产品集贸市场价格指数：羊肉	*Agrmarket14*	国家统计局统计的羊肉农产品集贸市场价格指数
农产品集贸市场价格指数：鸡蛋	*Agrmarket15*	国家统计局统计的鸡蛋农产品集贸市场价格指数

图 5-3 描绘了两个主要农业活动指标在 2005 年至 2016 年间的走势。我国的农业生产资料价格指数反映了我国农产品生产价格水平和结构的具体变动情况。其波动的主要原因可能是全球经济衰退与主要经济体流动性支持导致的需求不稳定，以及全球风险因素指数高企导致的市场信心不足。

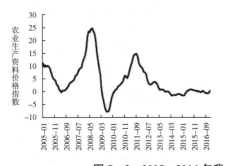 

图 5-3　2005—2016 年我国主要农业活动指标走势

农产品批发价格总指数是一个包括全国批发价格个体指数、农产品小类批发价格指数、农产品大类批发价格指数的集合。无论是大类多数农产品价格发生变化，或是某一地区、某一品种农产品批发价格受到短期偶然因素的影响，都会对该指数的总体水平产生影响。农产品批发价格总指数相比农业生产资料价格指数呈现出更为频繁的波动性，但是其波动幅度要小于农业生产资料价格指数，其主要原因为在消费端市场农产品的价格相比初始生产资料价格弹性更高。

利用 X – 12 程序对表 5 – 2 中的 22 个变量做了季节性调整，对各个序列进行了标准化以及一阶差分的处理后，通过主成分分析法，提取第一主成分，可生成新的反映农业活动运行情况的变量 *Agriculture*（具体载荷矩阵见附录 B）。

四、房地产业活动指标

房地产业活动方面，参考 Ang & Piazzesi 的分类方法，本章收集了 7 个能够反映我国房地产波动特征的变量，包括房地产开发投资完成额、商品房销售额以及房屋新开工面积等，具体如表 5 – 3 所示。

表 5 – 3　度量房地产业活动的指标汇总

变量名称	变量符号	变量说明
房地产开发投资完成额	*Realinv*	国家统计局统计的房地产开发投资完成额
房地产开发资金来源	*Realde*	国家统计局统计的房地产开发资金
房屋竣工面积	*Realarea*1	国家统计局统计的房屋竣工面积
房屋施工面积	*Realarea*2	国家统计局统计的房屋施工面积
房屋新开工面积	*Realarea*3	国家统计局统计的房屋新开工面积
商品房销售额	*Realvol*	国家统计局统计的商品房销售额
商品房销售面积	*Realarea*4	国家统计局统计的商品房销售面积

图 5 –4 描绘了两个主要房地产业活动指标在 2005 年至 2016 年间的走势。

2005—2016 年，我国房地产不论是施工面积还是开发投资完成额，均出现了三个非常明显的滑坡阶段，具体时间段分别为 2007—2009 年、2011—2012 年以及 2013—2015 年。2007 年，美国经历了次贷危机，房价泡沫破裂，随之带来主要经济体流动性的降低。伴随着美国等世界主要经济体发生的滞胀，我国房地产市场呈现出价格震荡和成交量迅速下跌的情况，该情况与美国次贷危机发生前的状况非常类似。为有效降低美国次贷危机对我国房地产市场产生的冲击，从2007年下半年起，我国政府出台了一系列调控政策。在我国政府不断出台政策加强市场调控的同时，消费者的预期发生了一定变化，房地产市场短时间内出现了非常明显的观望态势，成交量迅速下滑。截至2008年年中，全国商品住房销售面积约为25893万平方米，同比增幅不足1%，与2007年同期相比增速下滑13个百分点。虽然商品房销售面积此时仍大于竣工面积，但销售面积的增速出现明显下滑，使我国房地产市场的供求矛盾短期内趋缓。随着美国次贷危机的第一波外部冲击逐渐过去，我国政府逐渐释放温和的政策刺激房地产市场缓慢上行。随着国内经济逐渐向好，国内房地产的乐观情绪超过预期，市场出现了明显过热的情况，我国政府随即公布严格的限购政策，主要目的为抑制存在投机行为的潜在购房需求，国内房地产市场随即在2011年出现新一轮下滑。伴随着2012年上半年开始主要经济体流动性的趋紧甚至下滑，我国国内宏观经济持续走向低迷，限购政策在我国主要大中型城市逐渐推开，施工面积与开发投资完成额再次创出新低。

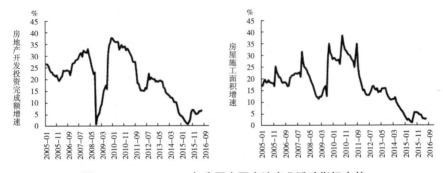

图 5 - 4　2005—2016 年我国主要房地产业活动指标走势

利用 X - 12 程序对表 5 - 3 中的 7 个变量做了季节性调整，对各个序列进行了标准化以及一阶差分的处理后，通过主成分分析法，提取第一主成分，可生成新的反映房地产业活动运行情况的变量 *RealEstate*（具体载荷矩阵见附录 C）。

五、消费品零售业活动指标

消费品零售业活动方面，参考 Ang & Piazzesi 的分类方法，本章收集了 21 个能够反映中国消费品零售业波动特征的变量，包括各类消费品零售行业零售总额以及商品零售价格指数等，具体如表 5 - 4 所示。

表5-4　度量消费品零售业活动的指标汇总

变量名称	变量符号	变量说明
社会消费品零售总额	*Totalsales*	国家统计局统计的社会消费品零售总额
零售额：粮油食品、饮料烟酒类	*Retailsal1*	国家统计局统计的粮油食品、饮料烟酒类零售额
零售额：粮油、食品类	*Retailsal2*	国家统计局统计的粮油、食品类零售额
零售额：饮料类	*Retailsal3*	国家统计局统计的饮料类零售额
零售额：烟酒类	*Retailsal4*	国家统计局统计的烟酒类零售额
零售额：服装鞋帽、针、纺织品类	*Retailsal5*	国家统计局统计的服装鞋帽、针、纺织品类零售额
零售额：服装类	*Retailsal6*	国家统计局统计的服装类零售额
零售额：化妆品类	*Retailsal7*	国家统计局统计的化妆品类零售额
零售额：金银珠宝类	*Retailsal8*	国家统计局统计的金银珠宝类零售额
零售额：日用品类	*Retailsal9*	国家统计局统计的日用品类零售额
零售额：体育、娱乐用品类	*Retailsal10*	国家统计局统计的体育、娱乐用品类零售额
零售额：书报杂志类	*Retailsal11*	国家统计局统计的书报杂志类零售额
零售额：中西药品类	*Retailsal12*	国家统计局统计的中西药品类零售额
零售额：文化办公用品类	*Retailsal13*	国家统计局统计的文化办公用品类零售额
零售额：家具类	*Retailsal14*	国家统计局统计的家具类零售额
零售额：通信器材类	*Retailsal15*	国家统计局统计的通信器材类零售额
零售额：石油及制品类	*Retailsal16*	国家统计局统计的石油及制品类零售额
零售额：建筑及装潢材料类	*Retailsal17*	国家统计局统计的建筑及装潢材料类零售额
零售额：汽车类	*Retailsal18*	国家统计局统计的汽车类零售额
零售额：其他类	*Retailsal19*	国家统计局统计的其他类零售额
商品零售价格指数	*RPI*	国家统计局统计的商品零售价格指数

　　图5-5描绘了两个主要消费品零售业活动指标在2005年至2016年间的走势。

　　商品零售价格指数（RPI）是指反映一定时期内商品零售价格变动趋势和程度的相对数。从图5-5可以发现，在2007年美国次贷危机发生前夕，我国商品零售价格指数明显迅速上升，造成该指数快速升高的主要原因可能有：一是国内资本市场估值高企；二是全球风险因素指数开始缓慢攀升；三是全球范围内资产价格（包括房地产市场）高企。随着美国次贷危机的全面爆发，全球资产价格迅速下跌，同期全球风险因素指数达到历史高位，国内资本市场估值短期内接近腰斩，商品零售价格指数也出现同步巨幅断崖式下滑。2009 年 6 月后，随着我国逐渐消化美国次贷危机带来的外部冲击，该指数再次攀升。相比 2008 年主要由外部冲击导致的快速下跌，该指数 2012 年以来的下跌则是国际国内双重因素的共同作用所致：一是国际金价短期内快速下跌；二是国家下调国内成品油价格；三是国内粮油供应充足，导致价格有所下滑。2013 年以后，我国的商品零售价格指数总体上在低位趋于稳定。

消费者信心指数表现得相对较为平缓，总体呈现出震荡的态势。消费者信心指数（CCI）是反映消费者信心强弱的指标，是综合反映并进一步量化消费者对经济形势和未来趋势的判断以及对经济前景、收入预期、收入水平及消费心理状态的主观感受。在 2008 年美国次贷危机的外部冲击在我国蔓延后该指数开始出现明显下滑，进一步反映出国际上的外部冲击对我国国内消费品零售行业造成的显著影响。

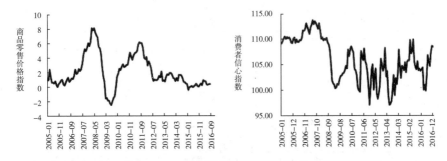

图 5 - 5　2005—2016 年我国主要消费品零售业活动指标走势

利用 X - 12 程序对表 5 - 4 中的 21 个变量做了季节性调整，对各个序列进行了标准化以及一阶差分的处理后，通过主成分分析法，提取第一主成分，可生成新的反映消费品零售业活动运行情况的变量 *Retail*（具体载荷矩阵见附录 D）。

六、进出口贸易活动指标

进出口贸易活动方面，参考 Ang & Piazzesi 的分类方法，本章收集了 44 个能够反映我国进出口贸易结构特征的变量，包括以海关编码口径统计的 22 个进口贸易额变量和 22 个出口贸易额变量，具体如表 5 - 5 和表 5 - 6 所示。

表 5 – 5 度量出口贸易活动的指标汇总

变量名称	变量符号	变量说明
HS：出口金额：第一类 活动物；动物产品	$HSIM1$	海关统计编码第一类出口金额
HS：出口金额：第二类 植物产品	$HSIM2$	海关统计编码第二类出口金额
HS：出口金额：第三类 动、植物油、脂、蜡；精制食用油脂	$HSIM3$	海关统计编码第三类出口金额
HS：出口金额：第四类 食品；饮料、酒及醋；烟草及制品	$HSIM4$	海关统计编码第四类出口金额
HS：出口金额：第五类 矿产品	$HSIM5$	海关统计编码第五类出口金额
HS：出口金额：第六类 化学工业及其相关工业的产品	$HSIM6$	海关统计编码第六类出口金额
HS：出口金额：第七类 塑料及其制品；橡胶及其制品	$HSIM7$	海关统计编码第七类出口金额
HS：出口金额：第八类 生皮、皮革、毛皮及其制品；鞍具；旅行用品、手提包	$HSIM8$	海关统计编码第八类出口金额
HS：出口金额：第九类 木及制品；木炭；软木；编结品	$HSIM9$	海关统计编码第九类出口金额
HS：出口金额：第十类 木浆等；废纸；纸、纸板及其制品	$HSIM10$	海关统计编码第十类出口金额
HS：出口金额：第十一类 纺织原料及纺织制品	$HSIM11$	海关统计编码第十一类出口金额
HS：出口金额：第十二类 鞋帽伞等；已加工的羽毛及制品；人造花；人发制品	$HSIM12$	海关统计编码第十二类出口金额
HS：出口金额：第十三类 石料、石膏、水泥、石棉、云母等制品；陶瓷产品；玻璃及其制品	$HSIM13$	海关统计编码第十三类出口金额
HS：出口金额：第十四类 珠宝、贵金属及制品；仿首饰；硬币	$HSIM14$	海关统计编码第十四类出口金额
HS：出口金额：第十五类 贱金属及其制品	$HSIM15$	海关统计编码第十五类出口金额
HS：出口金额：第十六类 机电、音像设备及其零件、附件	$HSIM16$	海关统计编码第十六类出口金额
HS：出口金额：第十七类 车辆、航空器、船舶及运输设备	$HSIM17$	海关统计编码第十七类出口金额
HS：出口金额：第十八类 光学、医疗等仪器；钟表；乐器	$HSIM18$	海关统计编码第十八类出口金额

续表

变量名称	变量符号	变量说明
HS：出口金额：第十九类 武器、弹药及其零件、附件	*HSIM*19	海关统计编码第十九类出口金额
HS：出口金额：第二十类 杂项制品	*HSIM*20	海关统计编码第二十类出口金额
HS：出口金额：第二十一类 艺术品、收藏品及古物	*HSIM*21	海关统计编码第二十一类出口金额
HS：出口金额：第二十二类 特殊交易品及未分类商品	*HSIM*22	海关统计编码第二十二类出口金额

表 5 - 6　度量进口贸易活动的指标汇总

变量名称	变量符号	变量说明
HS：进口金额：第一类 活动物；动物产品	*HSEX*1	海关统计编码第一类进口金额
HS：进口金额：第二类 植物产品	*HSEX*2	海关统计编码第二类进口金额
HS：进口金额：第三类 动、植物油、脂、蜡；精制食用油脂	*HSEX*3	海关统计编码第三类进口金额
HS：进口金额：第四类 食品；饮料、酒及醋；烟草及制品	*HSEX*4	海关统计编码第四类进口金额
HS：进口金额：第五类 矿产品	*HSEX*5	海关统计编码第五类进口金额
HS：进口金额：第六类 化学工业及其相关工业的产品	*HSEX*6	海关统计编码第六类进口金额
HS：进口金额：第七类 塑料及其制品；橡胶及其制品	*HSEX*7	海关统计编码第七类进口金额
HS：进口金额：第八类 生皮、皮革、毛皮及其制品；鞍具；旅行用品、手提包	*HSEX*8	海关统计编码第八类进口金额
HS：进口金额：第九类 木及制品；木炭；软木；编结品	*HSEX*9	海关统计编码第九类进口金额
HS：进口金额：第十类 木浆等；废纸；纸、纸板及其制品	*HSEX*10	海关统计编码第十类进口金额
HS：进口金额：第十一类 纺织原料及纺织制品	*HSEX*11	海关统计编码第十一类进口金额
HS：进口金额：第十二类 鞋帽伞等；已加工的羽毛及制品；人造花；人发制品	*HSEX*12	海关统计编码第十二类进口金额

变量名称	变量符号	变量说明
HS：进口金额：第十三类 石料、石膏、水泥、石棉、云母等制品；陶瓷产品；玻璃及其制品	HSEX13	海关统计编码第十三类进口金额
HS：进口金额：第十四类 珠宝、贵金属及制品；仿首饰；硬币	HSEX14	海关统计编码第十四类进口金额
HS：进口金额：第十五类 贱金属及其制品	HSEX15	海关统计编码第十五类进口金额
HS：进口金额：第十六类 机电、音像设备及其零件、附件	HSEX16	海关统计编码第十六类进口金额
HS：进口金额：第十七类 车辆、航空器、船舶及运输设备	HSEX17	海关统计编码第十七类进口金额
HS：进口金额：第十八类 光学、医疗等仪器；钟表；乐器	HSEX18	海关统计编码第十八类进口金额
HS：进口金额：第十九类 武器、弹药及其零件、附件	HSEX19	海关统计编码第十九类进口金额
HS：进口金额：第二十类 杂项制品	HSEX20	海关统计编码第二十类进口金额
HS：进口金额：第二十一类 艺术品、收藏品及古物	HSEX21	海关统计编码第二十一类进口金额
HS：进口金额：第二十二类 特殊交易品及未分类商品	HSEX22	海关统计编码第二十二类进口金额

图 5-6 描绘了四个主要进出口贸易活动指标在 2005 年至 2016 年间的走势。

从图 5-6 可以看出，出口金额同比增速、进口金额同比增速、出口价格指数、进口价格指数在样本期内均经历了大幅波动，尤其是在 2008 年下半年至 2010 年上半年间波幅巨大，这对应了 2008 年爆发的美国次贷危机以及随后全球中央银行流动性释放的过程。出口金额同比增速和出口价格指数在 2008 年下半年开始的暴跌，反映了美国次贷危机导致的国外商品需求萎缩和对市场对全球经济衰退的悲观预期；而进口金额同比增速下滑和进口价格指数暴跌，反映了在美国次贷危机的影响下中国国内需求的下滑和国际商品市场的低迷状态。从 2008 年底开始，全球所有主要经济体的中央银行均下调货币政策基准利率，并启动了量化宽松货币政策；国内外需求开始回暖，致使进出口数据出现报复性上涨，基本回到了危机前水平。尤其是中国"四万亿元经济刺激计划",使进口金额同比增速攀升至远高于危机前的水平。

2011 年下半年开始,全球主要经济体的流动性已经达到比较充裕的水平,但欧洲债务危机的影响开始显现。受欧洲债务危机的影响,中国的出口金额同比增速、进口金额同比增速、出口价格指数以及进口价格指数呈现出趋势性下跌走势,几乎回到了 2008 年美国次贷危机期间的低谷。直至2016 年初,中国进口金额同比增速、进口价格指数以及出口价格指数出现触底回升迹象,但出口金额同比仍然处在较低水平,这与欧美量化宽松退出预期可能有一定的关联。

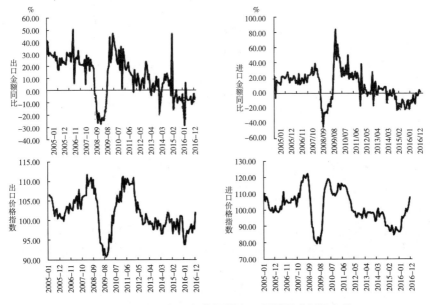

图 5 - 6　2005—2016 年我国进出口贸易活动指标走势

利用 X - 12 程序对表 5 - 5 和表 5 - 6 中的 44 个变量做了季节性调整,对各个序列进行了标准化以及一阶差分的处理后,通过主成分分析法,提取第一主成分,可生成新的反映进出口贸易活动的变量 *trade*(具体载荷矩阵见附录 E)。

七、外商直接投资活动指标

外商直接投资活动方面,参考 Ang & Piazzesi 的分类方法,本章收集了9 个能够反映我国外商直接投资活动的变量,包括外商直接投资项目批准数、实际使用外资金额、在外劳务人数等,具体如表 5 - 7 所示。

表 5 - 7   度量外商直接投资活动的指标汇总

变量名称	变量符号	变量说明
批准项目数：外商直接投资：中外合资	$FDInum1$	外商直接投资（FDI）中外合资批准项目总数
批准项目数：外商直接投资：中外合作	$FDInum2$	外商直接投资（FDI）中外合作批准项目总数
批准项目数：外商直接投资：外资	$FDInum3$	外商直接投资（FDI）外商独资批准项目总数
批准项目数：外商直接投资：外商投资股份制	$FDInum4$	外商直接投资（FDI）外商投资股份制批准项目总数
实际使用外资金额：外商直接投资：中外合资	$FDIvol1$	外商直接投资（FDI）中外合资项目实际使用外资金额总数
实际使用外资金额：外商直接投资：中外合作	$FDIvol2$	外商直接投资（FDI）中外合作项目实际使用外资金额总数
实际使用外资金额：外商直接投资：外资	$FDIvol3$	外商直接投资（FDI）外商独资项目实际使用外资金额总数
实际使用外资金额：外商直接投资：外商投资股份制	$FDIvol4$	外商直接投资（FDI）外商投资股份制项目实际使用外资金额总数
月末在外劳务人数	$Labornum$	在外劳务人员总数

图 5 - 7 描绘了两个主要外商直接投资活动指标在 2005 年至 2016 年间的走势。

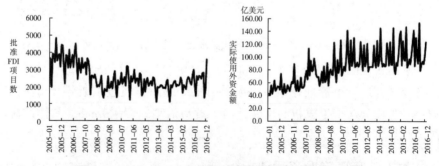

图 5 - 7   2005—2016 年我国外商直接投资活动指标走势

从图 5 - 7 可以看出，批准外商直接投资项目数（企业）与实际使用外资金额在样本期内的走势方向并不一致。2005—2006 年，新批准外商直接投资项目数较多，但实际使用外资金额较少，之后新批准外商直接投资项目数量逐渐减少，但由于前期的项目积累和规模的扩大，实际使用的外资金额基本上一直处在上升通道中。美国次贷危机期间，2007—2008 年间新批准外商直接投资项目和实际外资使用金额均出现了明显下滑；但随着全球流动性的逐渐宽松，两者均出现了反弹。

利用 X - 12 程序对表 5 - 7 中的 9 个变量做了季节性调整，对各个序列进行了标准化以及一阶差分的处理后，通过主成分分析法，提取第一主成分，可生成新的反映外商直接投资活动的变量 *FDI*（具体载荷矩阵见附录 F）。

第三节　实证检验

一、单位根检验与滞后阶数选择

（一）单位根检验

根据上述指标选取及因子提取结果，得到 FAVAR 模型变量 *Liquidity*、*Industry*、*Agriculture*、*Real Estate*、*Retail*、*Trade* 以及 *FDI*。在进行实证分析之前，首先对各变量进行单位根检验，验证变量的平稳性。这里选择的单位根检验方法为 Augmented Dickey Fuller test（ADF 检验）和 Philip Perron test（PP 检验）。其中，ADF 检验考虑了序列生成的 p 阶自回归过程中误差序列存在自相关性，并基于 DF 统计量进行检验，主要适用于误差项方差为常数的情况；PP 检验利用非参数方法对 ADF 检验的统计量进行了修正，使其适用于误差项存在异方差的情形，且 PP 统计量服从相应的 ADF 统计量的极限分布。因此，综合使用两种方法，能够更加客观地评价变量序列是否因单位根的存在而表现出不平稳特性。

表 5 - 8 列示了主要变量的 ADF 检验和 PP 检验结果。数据表明，所有变量的一阶差分序列的 ADF 统计量和 PP 统计量均在 1% 水平通过了显著性检验，这意味着所有变量均是一阶单整序列，可以对其构建向量自回归模型。

表 5 - 8　主要变量单位根检验结果

Panel A.　ADF 平稳性检验			
序列	t 检验值	1% 水平临界值	5% 水平临界值	10% 水平临界值
D（Liquidity）	− 7. 323***	− 2. 581	− 1. 943	− 1. 615
D（Industry）	− 6. 267***	− 2. 581	− 1. 943	− 1. 615
D（Agriculture）	− 7. 578***	− 2. 581	− 1. 943	− 1. 615
D（RealEstate）	− 8. 330***	− 2. 581	− 1. 943	− 1. 615
D（Retail）	− 14. 228***	− 2. 581	− 1. 943	− 1. 615
D（Trade）	− 12. 279***	− 3. 480	− 2. 883	− 2. 578
D（FDI）	− 9. 533***	− 3. 477	− 2. 882	− 2. 578
Panel B.　PP 平稳性检验			
序列	t 检验值	1% 水平临界值	5% 水平临界值	10% 水平临界值
D（Liquidity）	− 8. 889***	− 2. 581	− 1. 943	− 1. 615
D（Industry）	− 6. 285***	− 2. 581	− 1. 943	− 1. 615
D（Agriculture）	− 7. 560***	− 2. 581	− 1. 943	− 1. 615
D（RealEstate）	− 8. 285***	− 2. 581	− 1. 943	− 1. 615
D（Retail）	− 14. 078***	− 2. 581	− 1. 943	− 1. 615
D（Trade）	− 15. 649***	− 3. 480	− 2. 883	− 2. 578
D（FDI）	− 9. 832***	− 3. 477	− 2. 882	− 2. 578

注：D（ ）表示括号中变量的一阶差分；*** 表示 ADF 统计量或 PP 统计量在 1% 水平统计显著；** 表示 ADF 统计量或 PP 统计量在 5% 水平统计显著；* 表示 ADF 统计量或 PP 统计量在 10% 水平统计显著。

（二）滞后阶数选择

关于向量自回归模型中滞后阶数的选择，一般情况下利用信息准则来进行取舍，但需要兼顾模型自由度的损失。常用的信息准则包括：对数似然度准则（Log Likelihood criterion，logL）、似然比准则（Likelihood Ratio criterion，LR）、最终预测误差准则（Final Prediction Errorcretierion，FPE）、赤池准则（Akaike Information Criterion，AIC）、施瓦茨准则（Schwarz Information Criterion，SC/SIC），以及汉南—奎恩准则（Hannan-Quinn information criterion，HQ）。

这里选择分别对流动性指标 Liquidity 和各类产业活动的第一主成分构建VAR 模型，并计算信息准则统计量，主要的考虑有两点：一是若将所有产业活动变量同时纳入模型，可能会损失大量自由度，这对本章使用的月度数据样本可能会造成比较严重的自由度不足问题。例如，同时纳入 7 个变量且滞后 2 期的情况下自由度损失为 98 个，几乎接近样本容量。二是本章主要考察流动性指标对我国主要产业活动的影响，而在 VAR 模型下并不太需要过多考虑不同产业活动之间的交互作用，因为这些影响已经通过变量及其滞后项得到体现。基于上述原因，分别对流动性指标 *Liquidity* 和各类产业活动的第一主成分构建 VAR（*liquidity*，*Industry*）、VAR（*liquidity*，*Agriculture*）、VAR（*liquidity*，*Real Estate*）、VAR（*liquidity*，*Retail*）、VAR（*liquidity*，*Trade*）、VAR（*liquidity*，*FDI*），得到信息准则统计量如表 5 - 9 所示。

表 5 - 9　信息准则计算结果与最优滞后阶数

为Panel A					
Panel A. VAR（*liquidity*，*Industry*）					
滞后阶数	logL	LR	FPE	AIC	SC	HQ
0	- 447. 281	NA	2. 306	6. 511	6. 553	6. 528
1	- 416. 836	59. 566 *	1. 571 *	6. 128 *	6. 255 *	6. 179 *
2	- 413. 741	5. 965	1. 592	6. 141	6. 353	6. 227
3	- 410. 790	5. 601	1. 617	6. 156	6. 453	6. 277
4	- 409. 409	2. 583	1. 680	6. 194	6. 576	6. 349
5	- 408. 367	1. 918	1. 754	6. 237	6. 703	6. 426

Panel B. VAR（*liquidity*，*Agriculture*）						
滞后阶数	logL	LR	FPE	AIC	SC	HQ
0	- 557. 049	NA	11. 31	8. 102	8. 144	8. 119
1	- 538. 614	36. 068 *	9. 181 *	7. 892 *	8. 020 *	7. 944 *
2	- 538. 102	0. 987	9. 658	7. 943	8. 155	8. 029
3	- 537. 239	1. 638	10. 108	7. 988	8. 285	8. 109
4	- 536. 251	1. 845	10. 561	8. 032	8. 414	8. 187
5	- 532. 608	6. 706	10. 619	8. 037	8. 504	8. 227

Panel C. VAR（*liquidity*，*Real Estate*）						
滞后阶数	logL	LR	FPE	AIC	SC	HQ
0	- 530. 685	NA	7. 723	7. 720	7. 762	7. 737
1	- 518. 725	23. 398 *	6. 882 *	7. 604 *	7. 731 *	7. 656 *
2	- 517. 796	1. 792	7. 196	7. 649	7. 861	7. 735
3	- 514. 293	6. 649	7. 248	7. 656	7. 953	7. 777
4	- 511. 416	5. 379	7. 369	7. 672	8. 054	7. 827
5	- 508. 861	4. 702	7. 527	7. 693	8. 160	7. 883

Panel D. VAR（*liquidity*，*Retail*）					
滞后阶数	logL	LR	FPE	AIC	SC	HQ
0	− 530. 685	NA	7. 723	7. 720	7. 762	7. 737
1	− 518. 725	23. 398 *	6. 882 *	7. 604 *	7. 731 *	7. 656 *
2	− 517. 796	1. 792	7. 196	7. 649	7. 861	7. 735
3	− 514. 293	6. 649	7. 248	7. 656	7. 953	7. 777
4	− 511. 416	5. 379	7. 369	7. 672	8. 054	7. 827
5	− 508. 861	4. 702	7. 527	7. 693	8. 160	7. 883
Panel E. VAR（*liquidity*，*Trade*）						
滞后阶数	logL	LR	FPE	AIC	SC	HQ
0	446. 105	NA	1. 85e − 06	− 7. 527	− 7. 480	− 7. 508
1	454. 943	17. 226	1. 70e − 06	− 7. 609	− 7. 468	− 7. 552
2	467. 448	23. 949	1. 47e − 06	− 7. 753	− 7. 518	− 7. 658
3	478. 102	20. 043 *	1. 32e − 06 *	− 7. 866 *	− 7. 537 *	− 7. 732 *
4	478. 507	0. 7496	1. 40e − 06	− 7. 805	− 7. 382	− 7. 633
5	481. 782	5. 938	1. 42e − 06	− 7. 792	− 7. 276	− 7. 583
Panel F. VAR（*liquidity*，*FDI*）						
滞后阶数	logL	LR	FPE	AIC	SC	HQ
0	453. 245	NA	4. 95e − 06	− 6. 539	− 6. 497 *	− 6. 522 *
1	459. 223	9. 164	4. 81e − 06	− 6. 568	− 6. 441	− 6. 516
2	463. 978	11. 6961 *	4. 76e − 06 *	− 6. 579 *	− 6. 367	− 6. 493
3	467. 935	7. 512	4. 76e − 06	− 6. 578	− 6. 281	− 6. 458
4	469. 445	2. 823	4. 94e − 06	− 6. 542	− 6. 160	− 6. 387
5	470. 178	1. 350	5. 18e − 06	− 6. 495	− 6. 028	− 6. 305

注：＊代表在相应信息准则判定下的最优滞后阶数。

从表 5 - 9 可以看出，VAR（*liquidity*，*Industry*）中，常用的 AIC 和 SC 准则显示最优滞后阶数为 1 阶，且 LR、FPE 及 HQ 准则均指向 1 阶滞后最优，因此可以确认最优滞后阶数为 1 阶。类似地，VAR（*liquidity*，*Agriculture*）、VAR（*liquidity*，*RealEstate*）、VAR（*liquidity*，*Retail*）中，所有信息准则统计量均表明模型的最优滞后阶数为 1 阶，VAR（*liquidity*，*Trade*）中，所有信息准则统计量均表明模型的最优滞后阶数为 3 阶。需要注意的是，在 VAR（*liquidity*，*FDI*）中，SC 和 HQ 准则表明最优滞后阶数为 0 阶，但 AIC 和 FPE 准则显示最优滞后阶数为 2 阶。按照通常的做法，在不同信息准则下最优滞后阶数不一致时，以似然比（LR）为依据进行判断。因此，这里认定模型 VAR（*liquidity*，*FDI*）的最优滞后阶数为 2 阶。

二、脉冲响应分析

按照上述确定好滞后阶数的 VAR 模型，进行参数估计，计算单位流动性冲击下各产业活动变量的脉冲响应函数，得到图 5 – 8。

图 5 – 8（a）是 VAR（*liquidity*，*Industry*，1）模型的脉冲响应结果。从脉冲响应曲线的运行轨迹来看，在 12 个月的模拟区间里，工业活动在前 7~8 个月均存在显著的正响应。其中，在最初的 3 个月中，正向影响逐渐扩大，到第 3 个月时达到极大值；此后，正向影响缓慢减小，8 个月后的影响趋于稳定。工业活动变量对主要经济体流动性冲击的响应表现出两个特点：一是主要经济体流动性冲击对我国工业活动的影响总体上是正面的，主要经济体的流动性宽松会提高我国工业活动的活力，这主要是因为主要经济体释放流动性会增加外部需求，并改善市场对未来经济的预期。二是工业活动对主要经济体流动性冲击的响应表现出急升缓降的走势，即冲击发生后快速响应，随后缓慢回归至均衡水平。这种响应模式表明：影响的传导机制中预期效应发挥了较大作用。由于提取主成分 *Industry* 的变量为各类产品的生产价格指数（PPI）、不同统计口径的采购经理指数（PMI）以及工业生产者购进价格指数（PPIRM）等指标，其运动方向通常是一致的，因此，由脉冲响应结果可以预期，主要经济体的流动性宽松操作将导致我国 PPI、PMI 以及 PPIRM 等指标短期升高。

图 5 – 8（b）是 VAR（*liquidity*，*Agriculture*，1）模型的脉冲响应结果。从脉冲响应曲线的运行轨迹来看，在 12 个月的模拟区间里，我国农业活动在前 7~8 个月均存在显著的正响应。在冲击发生后的前两个月里，农业活动呈现出扩张态势；随后开始回归过程，并在 8 个月之后基本趋于稳定。农业活动对主要经济体流动性冲击的响应模式与图 5 – 8（a）中工业活动比较类似，表明其驱动机制也存在相似性。但值得注意的是，由于中国是世界上最大的农产品进口国，农业活动的扩张并不是主要由外部经济体外部需求提振所导致的，而是农产品进口价格提升以及对国内经济流动性扩张预期所驱动的。提取主成分 *Agriculture* 的变量主要是国内农产品产量、农产品批发价格、农产品集贸市场价格等，因此可以预期：当主要经济体释放流

动性时，国内农产品价格指数与产量将出现短期上升。

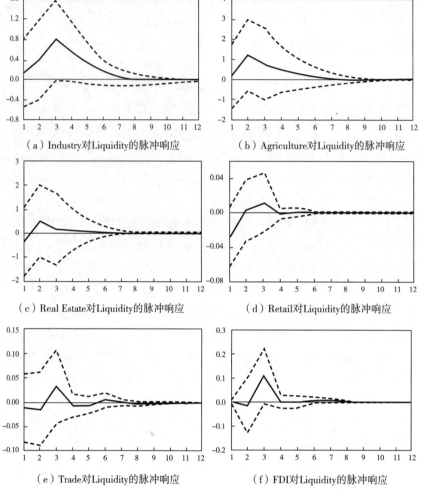

（a）Industry对Liquidity的脉冲响应　　　（b）Agriculture对Liquidity的脉冲响应

（c）Real Estate对Liquidity的脉冲响应　　（d）Retail对Liquidity的脉冲响应

（e）Trade对Liquidity的脉冲响应　　　（f）FDI对Liquidity的脉冲响应

注：由于所有产业活动变量均是提取得到的第一主成分，且经过差分处理，因此均无量纲。

图 5 - 8　基于 FAVAR 的脉冲响应

图 5 - 8（c）是 VAR（*liquidity*，*Real Estate*，1）模型的脉冲响应结果。从脉冲响应曲线的运行轨迹来看，房地产业活动对主要经济体流动性冲击的响应与工业活动、农业活动较为不同。房地产业活动在冲击发生后的第 1 个月出现了负面响应，随后才转正，并在均衡水平之上持续了 6 个月后，回归到均衡水平。出现这一差异的主要原因是：中国房地产商品的投资和消费基本上均是内需推动的，其他经济体流动性宽松对中国房地产活动并没

有直接的促进作用。但是，主要经济体流动性宽松之后，产生了国内流动性宽松以及企业和居民融资成本下降的预期，房地产业的利率敏感性使得房地产企业以及房地产有动机延迟投资，以获得更低的融资成本。按照这一逻辑，房地产投资完成额、房地产开发资金、商品房销售面积、商品房销售额对主要经济体流动性宽松的响应均会表现出一定的滞后性，且施工面积以及竣工面积等变量的响应将更加滞后。因此，刻画房地产业活动的第一主成分 *Real Estate* 对主要经济体流动性宽松表现出了一定的滞后性。

图 5-8（d）是 VAR（*liquidity*，*Retail*，1）模型的脉冲响应结果。从脉冲响应曲线的运行轨迹来看，消费品零售业活动对主要经济体流动性冲击的响应与房地产业活动比较类似。消费品零售业活动在冲击发生后的第 1 个月出现了负面响应，随后在第 2 个月转正，并在冲击发生后第 4 个月回归到均衡水平附近，在第 6 个月之后冲击效应趋于稳定。消费品零售业的指标主要统计的是各种经济类型的批发和零售贸易业、餐饮业、制造业和其他行业售给城乡居民用于生活消费的商品零售额，售给社会集团用于非生产、非经营使用的消费品零售额，农民售给非农业居民的消费品零售额，以及相关价值指数。主要经济体释放流动性后，外部需求的扩张导致部分商品出口贸易份额加大，而国内零售份额暂时出现小幅降低。但随着国内生产活动的扩张和国内经济预期的改善，消费品零售业的活动逐渐旺盛，呈现出小幅扩张态势。不过总体上看，主要经济体流动性宽松对国内零售行业活动的影响幅度不大。

图 5-8（e）是 VAR（*liquidity*，*Trade*，3）模型的脉冲响应结果。VAR（*liquidity*，*Trade*，3）模型的最优滞后阶数为 3 阶，理论上其动态过程更为复杂。从脉冲响应曲线的运行轨迹来看，进出口贸易活动对主要经济体流动性冲击的响应总体上呈现出围绕零轴震荡的态势。在主要经济体流动性冲击发生后的 1~2 个月内，进出口贸易活动主要表现出负向反馈，冲击发生后的 3~4 个月响应方向转正，随后的 2 个月里重新回到零轴之下，其后转正，并逐渐趋于稳定。主要经济体实施流动性宽松政策之后，一方面会刺激其商品需求和物价指数的上升，这会对国内商品出口贸易产生刺激作用，但对进口贸易产生抑制效果；另一方面，主要经济体流动性宽松会导致外币相对贬值、人民币相对升值，对进出口贸易的作用与前一机制刚好相反。因此，主要经济体的流动性宽松政策对我国进出口贸易的影响比较复杂。进出口贸易活动第一主成分 *Trade* 对主要经济体流动性冲击的响应方

向取决于短期内哪一影响机制占优。

图 5-8（f）是 VAR（*liquidity*，*FDI*，2）模型的脉冲响应结果。从脉冲响应曲线的运行轨迹来看，外商直接投资活动对主要经济体流动性冲击的响应与进出口贸易活动有一定的相似性。在主要经济体流动性冲击发生后的 1~2 个月内，进出口贸易活动主要表现出负向反馈，冲击发生后的 3~4 个月响应方向转正，随后回归至均衡水平附近，冲击影响基本稳定。外商直接投资活动在主要经济体释放流动性后短期内出现负向反馈的原因主要有两点：一是主要经济体实施流动性宽松政策之后发生货币贬值，而根据无抛补利率平价定律，存在人民币跟随贬值的预期，因此外商直接投资活动短期内收缩；二是提取外商直接投资活动第一主成分 *FDI* 的变量组合中，部分实际使用外资金额的变量是以美元计价，因此短期内会随美元贬值而呈现出负反馈。在冲击发生 2 个月之后，人民币贬值预期实现且对未来经济形势预期改善，使得外商直接投资活动攀升至均衡水平之上，并逐渐回归均衡水平。

综上所述，从脉冲响应路径来看，主要经济体的流动性冲击对中国产业活动的影响呈现出如下特征：（1）主要经济体的流动性冲击对我国主要产业活动产生了普遍影响，但在影响力度、方向和持久性方面存在一定差异。对大类部门产业活动（工业、农业）的影响方向比较稳定，对细分产业活动的影响方向相对复杂。（2）主要经济体的流动性宽松对我国主要产业活动的影响总体上是积极的，即会促进我国产业活动的短期扩张，但部分产业活动对主要经济体流动性宽松的正面响应表现出一定的滞后和反复。（3）主要经济体流动性冲击对我国产业活动影响的传导机制包括：外部需求扩张的直接拉动机制、汇率与价格机制、对国内流动性与经济前景的预期机制等，因此，对具体某一类产业活动的影响方向和幅度取决于哪一种影响机制发挥了主导作用。

三、方差分解分析

上述脉冲响应分析考察的是对主要经济体流动性指标施加一个标准差大小的冲击后，主要产业活动变量的当期值和未来值的变化，主要用于揭示我国各类产业活动对主要经济体流动性的单次瞬时冲击的动态响应过程。这里借助方差分解的方法进一步评价主要经济体流动性指标对各产业活动变量预测方差的贡献度。方差分解是分析预测残差的标准差受不同信息冲击影响的比例，即对应内生变量对内生变量预测残差标准差的贡献度。需要强调的是，由于方差分解分析与脉冲响应分析关注点不同，其数据结果可能存在很大差异。例如，冲击发生后某个变量在 T 期的响应回到均衡水平，意味着 T 期之后冲击效应基本不再变化，而此时的方差分解结果可能为一个较大的正值 X，意味着该变量波动中 X% 部分可由冲击稳定解释。因此，这里的方差分解分析中，并不关注产业活动变量在主要经济体流动瞬时冲击后的动态过程，而是关注冲击响应稳定时主要经济体流动性因素对产业活动变量波动的稳定贡献。

表 5 – 10 列示了基于 FAVAR 模型的方差分解结果，主要汇报了 1 个月、3 个月、6 个月以及 12 个月时，主要经济体流动性冲击对各产业活动变量预测方差的贡献比例。

从表 5 – 10 可以看出，主要经济体流动性冲击对我国工业活动第一主成分变量 *Industry* 的贡献度在第 1 个月时为 0.517%，第 3 个月时快速提升至 4.073%，随后在第 6 个月时缓慢提升至 4.558%，第 12 个月时的贡献度为 4.566%，与第 6 个月时相差不大。由此可以发现，主要经济体流动性冲击对我国工业活动波动的贡献在 6 个月之后基本稳定，并且长期来看主要经济体流动性冲击可以解释我国工业活动中约 4.56% 的波动。

主要经济体流动性冲击对我国农业活动第一主成分变量 *Agriculture* 的贡献度变化与工业活动比较类似：在第 1 个月时为 0.628%，第 3 个月时快速提升至 1.942%，随后在第 6 个月时缓慢提升至 1.981%，第 12 个月时的贡献度为 1.984%，与第 6 个月时相差不大。同样地，可以得到结论：主要经济体流动性冲击对我国农业活动波动的贡献在 6 个月之后基本稳定，并且长期来看主要经济体流动性冲击对我国农业活动预测方差的贡献度约为 1.98%。

主要经济体流动性冲击对我国房地产业活动第一主成分变量 *Real Esate* 的贡献度总体上呈现出随时间的推移而减弱的态势：在第 1 个月时为 0.983%，第 3 个月时缓慢降至 0.966%，随后在第 6 个月和第 12 个月时均稳定在 0.966%。对 *Real Esate* 的方差分解结果表明，主要经济体流动性冲击对我国房地产业活动的影响较快趋于稳定，且对我国房地产业活动的影响幅度较小，长期来看主要经济体流动性冲击对我国房地产业活动预测方差的贡献度仅为 0.966%，尚不足 1%。

主要经济体流动性冲击对我国消费品零售业活动第一主成分变量 *Retail*

的贡献度在第 1 个月时为 1.954%，第 3 个月时快速提升至 6.083%，随后在第 6 个月时缓慢提升至 6.113%，随后稳定在这一水平。由此可以得到结论：主要经济体流动性冲击对我国消费品零售业活动波动的贡献在 6 个月之后趋于稳定，并且长期来看主要经济体流动性冲击可以解释我国工业活动中约 6.11% 的波动。值得注意的是，对比图 5 - 8（d）可以看到，我国消费品零售业活动对主要经济体流动性冲击的响应幅度较小，与方差分解的结果形成了鲜明的对比，这主要是由于我国消费品零售业活动本身波动较小。

表 5 –10　各类产业活动波动中可由主要经济体流动性解释的比例　　单位：%

参数	1 个月	3 个月	6 个月	12 个月
Industry	0.517	4.073	4.558	4.566
Agriculture	0.628	1.942	1.981	1.984
RealEstate	0.983	0.966	0.966	0.966
Retail	1.954	6.083	6.113	6.113
Trade	0.592	1.296	1.353	1.359
FDI	0.089	2.524	2.525	2.525

　　主要经济体流动性冲击对我国进出口贸易活动第一主成分变量 *Trade* 的贡献度在第 1 个月时为 0.592%，第 3 个月时提升至 1.296%，随后在第 6 个月时进一步提升至 1.353%，第 12 个月时为 1.359%，与半年前差别不大。从中可以看出，主要经济体流动性冲击对我国进出口贸易活动波动的贡献在 6 个月之后基本稳定，并且长期来看主要经济体流动性冲击可以解释我国进出口贸易活动中约 1.36% 的波动。

　　主要经济体流动性冲击对我国外商直接投资活动第一主成分变量 *FDI* 的贡献度在第 1 个月时为 0.089%，第 3 个月时大幅提升至 2.524%，随后在第 6 个月时为 2.525%，与第 3 个月时的贡献度基本无差别，其后一直稳定在 2.525% 的水平。对 *FDI* 的方差分解结果表明，主要经济体流动性冲击发生后对我国外商直接投资活动的瞬时影响较小，这与图 5 - 8（e）中的脉冲响应路径一致；3 个月之后外商直接投资活动中体现的冲击效应已经基本平稳，长期来看，主要经济体流动性冲击对我国房地产业活动预测方差的贡献度约为 2.52%。

　　上述方差分解结果表明：（1）主要经济体流动性冲击对我国各产业活动变量预测方差都有一定的解释力，但不是影响产业活动的绝对主导因素。

其中长期贡献度最大的消费品零售业和工业活动分别也只占到 6.11% 和 4.56% 左右，贡献度最小的房地产业活动不足 1%，这表明中国的产业活动的波动主要仍是由本土因素驱动。（2）主要经济体流动性冲击对我国各产业活动波动的贡献度总体上随时间的推移而提高，但普遍在冲击发生 6 个月后达到稳定水平。除了房地产业波动中主要经济体流动性冲击的贡献随时间的推移而下降之外，其他产业活动均呈现出累积特征。（3）与脉冲响应结果进行对比可以发现，对主要经济体流动性瞬时冲击响应幅度越大，并不意味着长期来看流动性冲击对其方差贡献更大；相反，自身波幅较小的产业活动（如消费品零售业）的波动中，可由主要经济体流动性冲击解释的比例反而更大。

四、稳健性检验

上述研究中，通过对各类产业活动分别选取了一组代理变量，提取第一主成分构建 FAVAR 模型，得到了基准分析结果。这里再以与各产业活动第一主成分存在密切关联的单一变量作为产业活动的代理变量，构建经典 VAR 模型，进行稳健性检验。检验的目的主要在于两点：一是论证基准结论的可靠性；二是进一步说明利用 FAVAR 模型研究的优势。

变量选择如下：工业活动方面，以发电量作为衡量工业活动的代理变量 $Industry\_r$。Fernald 和 Spiegel 认为，可以用发电量、原材料使用等数据反映实体经济运行情况。[①] 由于研究中使用的是月度数据，而我国工业原材料只公布了季度数据，因此仅采用发电量作为代理变量进行稳健性检验。农业活动方面，使用农业生产资料价格指数作为衡量农业活动的代理变量 $Agriculture\_r$。农业生产资料价格指数是衔接农业生产和销售活动的重要指标，较好地反映了农业活动的繁荣度，且与农业活动第一主成分密切相关。房地产业方面，选择房屋新开工面积作为衡量房地产业活动的代理变量 $Real\ Estate\_r$。房屋新开工面积是提取房地产业活动第一主成分的重要变量，能够较好地反映市场现状，以及各类市场参与主体对房地产市场和实体经济的预期，且变量的滞后性相对较弱（如房屋竣工面积、商品房销售面积与过去的房屋建设情况有关，具有一定的滞后性）。消费品零售业方面，以商品零售价格指数作为衡量消费品零售业活动的代理变量 $Retail\_r$。商品零售

---

① Fernald J G, Spiegel M M, Swanson E T. Monetary policy effectiveness in China：Evidence from a FAVAR model [J]. Journal of International Money and Finance, 2014（49）：83 – 103.

价格指数是消费品零售活动的一般价格指数，综合反映了消费品零售业的繁荣和景气程度，且与消费品零售业第一主成分密切相关。进出口贸易方面，选择出口金额作为衡量进出口贸易活动的代理变量 $Trade\_r$。由于我国是全球进出口贸易活动中的主要顺差国之一，出口贸易能够较好地反映进出口贸易活动的景气度，且出口贸易受主要经济体流动性政策的影响较为直接。外商直接投资方面，选择实际使用外资总金额作为衡量外商直接投资活动的代理变量 FDI_r。实际使用外资金额是提取外商直接投资活动第一主成分的重要变量，也是衡量外商直接投资活动的主要指标。

对上述代理变量进行平稳性检验，选择合适的滞后阶数，与主要经济体流动性指标一起构建并估计 VAR 模型，进行脉冲响应和方差分解分析，并与基准结果进行对比。

（一）单位根检验与滞后阶数选择

表 5 - 11 列示了主要变量的 ADF 检验和 PP 检验结果。数据表明，绝大多数变量的一阶差分序列的 ADF 统计量和 PP 统计量均在 1% 水平通过了显著性检验，仅 FDI_r 的 ADF 统计量在 5% 水平统计显著。因此，可对上述一阶单整序列构建向量自回归模型。

表 5 - 11　稳健性检验中主要变量单位根检验结果

Panel A.　ADF 平稳性检验			
序列	t 检验值	1% 水平临界值	5% 水平临界值	10% 水平临界值
D（$Industry\_r$）	- 3. 908 ***	- 3. 481	- 2. 884	- 2. 579
D（$Agriculture\_r$）	- 4. 131 ***	- 3. 478	- 2. 882	- 2. 578
D（$RealEstate\_r$）	- 8. 142 ***	- 3. 477	- 2. 882	- 2. 578
D（$Retail\_r$）	- 4. 336 ***	- 3. 477	- 2. 882	- 2. 578
D（$Trade\_r$）	- 15. 532 ***	- 3. 477	- 2. 882	- 2. 578
D（FDI_r）	- 3. 398 **	- 3. 477	- 2. 882	- 2. 578
Panel B.　PP 平稳性检验			
序列	t 检验值	1% 水平临界值	5% 水平临界值	10% 水平临界值
D（$Industry\_r$）	- 21. 058 ***	- 3. 477	- 2. 882	- 2. 578
D（$Agriculture\_r$）	- 4. 773 ***	- 3. 477	- 2. 882	- 2. 578
D（$RealEstate\_r$）	- 8. 165 ***	- 3. 477	- 2. 882	- 2. 578
D（$Retail\_r$）	- 10. 483 ***	- 3. 477	- 2. 882	- 2. 578
D（$Trade\_r$）	- 15. 154 ***	- 3. 477	- 2. 882	- 2. 578

续表

Panel B. PP 平稳性检验			
序列	t 检验值	1% 水平临界值	5% 水平临界值	10% 水平临界值
D（FDI_r）	− 22.187***	− 3.477	− 2.882	− 2.578

注：D（）表示括号中变量的一阶差分；*** 表示 ADF 统计量或 PP 统计量在 1% 水平统计显著；** 表示 ADF 统计量或 PP 统计量在 5% 水平统计显著；* 表示 ADF 统计量或 PP 统计量在 10% 水平统计显著。

表 5 – 12 列示了各信息准则下得到的最优滞后阶数。VAR（*liquidity*,*Industry_r*）模型中，AIC 和 SC 准则显示的最优滞后不一致，按照 LR 准则确定为 2 阶。VAR（*liquidity*,*Agriculture_r*）模型中，除 LR 准则外，其他准则均指向滞后 1 阶为最优，因此确定滞后阶数为 1 阶。VAR（*liquidity*,*RealEstate_r*）模型中，各信息准则均表明 1 阶滞后最优，因此确定滞后阶数为 1 阶。VAR（*liquidity*,*Retail_r*）模型中，多数信息准则指向 3 阶滞后最优，因此确定滞后阶数为 3 阶。VAR（*liquidity*,*Trade_r*）模型中，除 LR 和 SC 准则外（且两者不一致），其他准则均指向滞后 1 阶为最优，因此确定滞后阶数为 1 阶。VAR（*liquidity*,*FDI_r*）模型中，AIC 和 SC 显示的最优滞后不一致，按照 LR 准则确定为 2 阶。

表 5 – 12 稳健性检验中最优滞后阶数选择

模型	LR	FPE	AIC	SC	HQ	最优滞后阶数
VAR（*Liquidity*, *Industry_r*）	2	3	3	2	2	2
VAR（*Liquidity*, *Agriculture_r*）	5	1	1	1	1	1
VAR（*Liquidity*, *RealEstate_r*）	1	1	1	1	1	1
VAR（*Liquidity*, *Retail_r*）	3	3	3	0	1	3
VAR（*Liquidity*, *Trade_r*）	3	1	1	0	1	1
VAR（*Liquidity*, *FDI_r*）	2	2	2	0	0	2

（二）脉冲响应与方差分解

基于上述几组 VAR 模型，对主要经济体流动性指标施加一个标准差大小的瞬时冲击，计算各产业活动变量的脉冲响应函数，其结果如图 5 – 9 所示。

从图 5 – 9 来看，利用单一产业活动变量与主要经济体流动性指标构建 VAR 时，脉冲响应路径表现出以下特征：（1）主要经济体流动性出现宽松刺激之后，各产业活动变量总体上表现出正向响应，即中国各类产业活动普遍出现扩张迹象；但不同产业受到的影响力度存在较大差异。（2）大多数产业活动对主要经济体流动性冲击的响应速度较快，但部分产业活动变量对主要经济体流动性宽松的正向响应存在一定的滞后。（3）大部分产业活动变量的最大波动幅度出现在主要经济体流动性冲击后的 2～3 个月，其后流动性冲击对产业活动的影响刺激效果开始减弱，在 6 个月之后流动性冲击的影响基本稳定下来。这些脉冲响应特征与基准模型得到的结果比较类似。

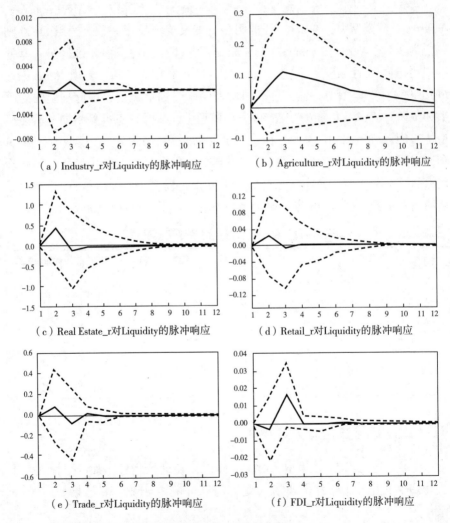

（a）Industry_r对Liquidity的脉冲响应

（b）Agriculture_r对Liquidity的脉冲响应

（c）Real Estate_r对Liquidity的脉冲响应

（d）Retail_r对Liquidity的脉冲响应

（e）Trade_r对Liquidity的脉冲响应

（f）FDI_r对Liquidity的脉冲响应

注：由于所有产业活动变量均经过差分处理，因此均无量纲。

图 5-9　稳健性检验中各 VAR 模型的脉冲响应

对比图 5 - 8 可以发现，图 5 - 9 利用单一产业活动变量与主要经济体流动性指标构建 VAR 的脉冲响应路径与基准的 FAVAR 模型仍然存在一定的差异，主要表现在工业活动、房地产业活动、消费品零售业活动以及进出口贸易活动几个方面。

工业活动方面，用电量对主要经济体流动性冲击的响应幅度和初始方向，与 FAVAR 模型中工业活动第一主成分对主要经济体流动性冲击的响应模式存在差异，前者的响应幅度更小，且表现出一定的滞后性。这主要是由于中国的发电量数据相对比较平稳，且提取工业活动第一主成分的变量中包含的新订单、采购量、价格指数等变量对流动性冲击的反应更加迅速。

房地产业活动方面，房屋新开工面积对主要经济体流动性冲击的响应，比 FAVAR 模型中房地产业活动第一主成分对主要经济体流动性冲击的响应更加灵敏。这主要是因为房地产业活动第一主成分的内涵更加丰富，其反映的房屋施工面积、房屋竣工面积、房地产开发投资完成额等指标包含了更多的历史信息；而房屋新开工面积这一单一变量没有反映出这些信息。

消费品零售业活动方面，商品零售价格指数对主要经济体流动性冲击响应的初始方向，与 FAVAR 模型中消费品零售业活动第一主成分对主要经济体流动性冲击的响应不同。商品零售价格指数的响应模式主要反映了国外需求扩张导致我国进口商品价格上涨的机制，但没有刻画出外部需求的扩张导致部分商品出口贸易份额加大，而国内零售份额暂时出现小幅降低的现象。

进出口贸易方面，出口贸易额对主要经济体流动性冲击响应的初始方向，与 FAVAR 模型中进出口贸易活动第一主成分对主要经济体流动性冲击的响应不同。主要经济体流动性宽松之后，出口贸易额短期内即出现了扩张态势，这反映了主要经济体实施流动性宽松政策刺激了商品需求和物价指数的上升，进而对国内商品出口贸易产生促进作用，但是没有反映出对进口贸易的相反效果，以及主要经济体流动宽松导致的外币贬值和人民币升值对进出口贸易活动的影响。

从上述结果来看，使用单一产业活动变量构建 VAR 模型时，主要产业活动变量的脉冲响应特征与基准 FAVAR 模型总体上比较类似，一定程度上佐证了基准分析结论的稳健性。但是，由于单一变量内涵的局限性，其揭示的流动性冲击影响路径、影响效果与基准 FAVAR 模型相比还有所欠缺。

　　基于对上述几组 VAR 模型的数值模拟，可进行方差分解分析。主要经济体流动性冲击对各产业活动变量预测方差的贡献度汇报在表 5 – 13 中。

表 5 – 13　稳健性检验中产业活动波动中可由主要经济体

流动性解释的比例　　　　　　　　单位:%

变量	1 个月	3 个月	6 个月	12 个月
Industry_r	0.067	3.481	3.619	3.623
Agriculture_r	0.616	1.494	1.585	1.626
RealEstate_r	0.590	0.853	0.895	0.896
Retail_r	1.096	3.378	3.404	3.407
Trade_r	0.107	0.739	0.754	0.754
FDI_r	0.097	2.392	2.400	2.400

　　方差贡献的数字特征和变化模式与基准 FAVAR 模型得到的结果比较类似，主要表现为：主要经济体流动性冲击对各产业活动变量的预测方差均有一定的解释力，但绝对影响不大，且不同产业活动之间存在较大差异；在主要经济体流动性冲击发生后的短期内，方差贡献逐渐提升，大约在 6 个月之后趋于稳定。由此可以认为，基准 FAVAR 模型得到的结论是比较稳健的。

　　与 FAVAR 模型得到的方差分解结果相比，稳健性检验中方差贡献的较大差异在于：主要经济体流动性冲击对单一产业活动变量预测方差的解释力度普遍小于对产业活动第一主成分的解释力度。这主要是因为单一产业活动变量的内涵比 FAVAR 模型提取的第一主成分要少得多，且单一变量自身的波动相对更大，从而导致主要经济体流动性冲击在预测方差中所占的比重较小。因此，相对而言，利用产业活动第一主成分构建的 FAVAR 模型对产业活动的刻画能力更强、可信度更高。

第四节　主要经济体流动性传导机制的检验

　　上述研究结果揭示了主要经济体流动性管理对中国产业活动的影响，稳健性检验结果基本支持了基准 FAVAR 模型的结论。但是，基于单一产业活动变量的 VAR 模型得出的脉冲响应路径和方差分解结果，与基于产业活动第一主成分的 FAVAR 模型的结论并不完全相同，这意味着主要经济体流动性对提取第一主成分的各个变量的影响方向和幅度存在差异。因此，有必要进一步研究主要经济体流动性究竟对具体哪些变量发挥了作用,从而更好地揭示主要经济体流动性冲击对我国产业活动的影响机制。

从前文脉冲响应分析部分可以看到,主要经济体流动性冲击对国内产业活动的影响可能会通过价格渠道、汇率渠道、需求渠道、利率渠道等发挥作用,其中汇率渠道和价格渠道是比较重要的影响渠道。不同渠道的影响机制存在一定的差异,且对不同产业活动而言,主要机制也不同。对大类产业部门(工业和农业),本节主要借鉴孙立坚和江彦提出的"三站式传导机制"来考察主要经济体流动性冲击对我国产业活动影响的传导过程。他们提出的传导机制本质上是一个从上游向下游传导的过程,因此这里主要考察主要经济体流动性冲击从初始生产资料价格和生产活动,向最终产品价格和生产活动传递的过程。对其他的细分产业活动(房地产、消费品零售、进出口贸易、外商直接投资),则主要根据数据条件,对相关指标进行分类,并分别进行检验。

研究方法上主要依靠格兰杰因果检验(Granger Causality Analysis)方法,考察主要经济体流动性指标与某一特定产业活动指标的格兰杰因果关系。在时间序列情形下,两个经济变量 X、Y 之间的格兰杰因果关系定义为:若在包含了变量 X、Y 的过去信息的条件下,对变量 Y 的预测效果要优于单独由 Y 的过去信息对 Y 进行预测的效果,即变量 X 有助于解释变量 Y 的将来变化,则认为变量 X 是引致变量 Y 的格兰杰原因。因此,格兰杰因果检验本质上是对平稳时间序列的一种预测。

工业活动方面,按照从初始生产资料到产成品的传导链条,选择了代表上游的煤炭工业生产价格指数、机械工业生产价格指数、主要原材料购进价格指数、原材料库存指数,以及代表下游的食品工业生产价格指数、纺织工业生产价格指数、产成品库存指数。将上述变量与主要经济体流动性变量进行格兰杰因果分析,相关结果汇报在表 5 – 14 中。从表 5 – 14 中可以看出,主要经济体流动性是煤炭工业生产价格指数、机械工业生产价格指数、主要原材料购进价格指数、原材料库存指数的格兰杰原因,但不是食品工业生产价格指数、纺织工业生产价格指数、产成品库存指数的格兰杰原因。由此可以发现,主要经济体流动性冲击对中国工业活动的初始生产资料环节产生了显著影响,但冲击效应传递至工业产成品或消费环节时效果已经不太显著。

表5-14　格兰杰因果检验结果：工业变量

原假设	P值	结论
流动性不是煤炭工业生产价格指数的格兰杰原因	0.02	拒绝
流动性不是机械工业生产价格指数的格兰杰原因	0.02	拒绝
流动性不是主要原材料购进价格指数的格兰杰原因	0.03	拒绝
流动性不是原材料库存指数的格兰杰原因	0.02	拒绝
流动性不是食品工业生产价格指数的格兰杰原因	0.13	不拒绝
流动性不是纺织工业生产价格指数的格兰杰原因	0.94	不拒绝
流动性不是产成品库存指数的格兰杰原因	0.58	不拒绝

注：由于只关心主要经济体流动性对其他工业变量的影响，表格中只汇报了主要经济体流动性是否为工业变量格兰杰原因的检验结果。

农业活动方面，按照从初始生产资料到产成品的传导链条，选择了代表上游的饲料产量、仔猪农产品集贸市场价格指数、农业生产资料价格总指数，以及代表下游的猪肉农产品集贸市场价格指数、农产品批发价格总指数。将上述变量与主要经济体流动性变量进行格兰杰因果分析，相关结果汇报在表5-15中。从表5-15中可以看出，主要经济体流动性是饲料产量、仔猪农产品集贸市场价格指数、农业生产资料价格总指数的格兰杰原因，但不是猪肉农产品集贸市场价格指数、农产品批发价格总指数的格兰杰原因。因此，与工业活动类似，主要经济体流动性冲击对我国农业活动的影响的传导机制较短，主要在初始生产资料环节有显著影响，而在产成品和消费环节影响并不显著。

表5-15　格兰杰因果检验结果：农业变量

原假设	P值	结论
流动性不是饲料产量的格兰杰原因	0.02	拒绝
流动性不是仔猪农产品集贸市场价格指数的格兰杰原因	0.09	拒绝
流动性不是农业生产资料价格总指数的格兰杰原因	0.09	拒绝
流动性不是猪肉农产品集贸市场价格指数的格兰杰原因	0.98	不拒绝
流动性不是农产品批发价格总指数的格兰杰原因	0.55	不拒绝

注：由于只关心主要经济体流动性对其他农业变量的影响，表格中只汇报了主要经济体流动性是否为农业变量格兰杰原因的检验结果。

房地产业方面，本章选取的指标中没有明显的上下游变量的区分，但有逻辑上的时序先后之别。大致看来，房屋新开工面积、房屋施工面积、房地产开发投资完成额几个指标比较领先，而房屋竣工面积、商品房销售额、商品房销售面积相对滞后。将上述变量与主要经济体流动性变量进行格兰杰因果分析，相关结果汇报在表 5 – 16 中。从表 5 – 16 中可以看出，主要经济体流动性是房屋新开工面积、房屋施工面积、房地产开发投资完成额的格兰杰原因，但不是房屋竣工面积、商品房销售额、商品房销售面积的格兰杰原因。这一结果基本符合预期，即领先指标比较容易受到瞬时冲击的影响，而滞后变量因为其影响因素比较复杂、传导过程比较漫长，主要经济体流动性瞬时冲击对其影响不太显著。

表 5 – 16　格兰杰因果检验结果：房地产业变量

原假设	P 值	结论
流动性不是房屋施工面积的格兰杰原因	0.04	拒绝
流动性不是房屋新开工面积的格兰杰原因	0.05	拒绝
流动性不是房地产开发投资完成额的格兰杰原因	0.02	拒绝
流动性不是房屋竣工面积的格兰杰原因	0.43	不拒绝
流动性不是商品房销售额的格兰杰原因	0.69	不拒绝
流动性不是商品房销售面积的格兰杰原因	0.58	不拒绝

注：由于只关心主要经济体流动性对其他房地产变量的影响，表格中只汇报了主要经济体流动性是否为房地产变量格兰杰原因的检验结果。

消费品零售业方面，相关指标没有明显的上下游、初始生产资料与产成品之分，因此不具有严格意义上的"三站式传导机制"。不过，按照消费品属性来看，可以将消费品划分为必需消费品和可选消费品两个大类。其中，必需消费品包含粮油、食品、饮料、农牧渔产品、服装等，可选消费品包括汽车、家电、休闲旅游、酒店餐饮等。根据本章所涉及的消费品零售业指标，选择了代表必需消费品的粮油食品类零售额、服装类零售额，以及代表可选消费品的家具类零售额、建筑装潢材料类零售额、汽车类零售额三个指标。将上述变量与主要经济体流动性变量进行格兰杰因果分析，相关结果汇报在表 5 – 17 中。从表 5 – 17 中可以看出，主要经济体流动性是家具类零售额、建筑装潢材料类零售额、汽车类零售额的格兰杰原因，但不是粮油食品类零售额、服装类零售额的格兰杰原因。这意味着，主要经济体流动性冲击对我国必需消费品零售活动的影响并不显著，主要影响的是可选消费品零售活动。

表 5 -17　格兰杰因果检验结果：消费品零售业变量

原假设	P 值	结论
流动性不是粮油食品类零售额的格兰杰原因	0.93	不拒绝
流动性不是服装类零售额的格兰杰原因	0.42	不拒绝
流动性不是家具类零售额的格兰杰原因	0.01	拒绝
流动性不是建筑装潢材料类零售额的格兰杰原因	0.10	拒绝
流动性不是汽车类零售额的格兰杰原因	0.03	拒绝

注：由于只关心主要经济体流动性对其他消费品零售业变量的影响，表格中只汇报了主要经济体流动性是否为消费品零售业变量格兰杰原因的检验结果。

进出口贸易方面，相关指标没有明显的上下游、初始生产资料与产成品之分，因此同样不具有严格意义上的"三站式传导机制"。不过，前文中已讨论过主要经济体流动性冲击传导的价格渠道、汇率渠道以及需求渠道对进口贸易和出口贸易的影响可能是不同的。因此，这里可以简单地将进出口贸易活动分为进口贸易活动和出口贸易活动。在我国对外贸易的基础数据集中，包含各类海关统计 HS 编码类别货品进出口金额变量，这里选择占比较高的化学工业及其相关工业产品进出口金额、机电及其零件等产品进出口金额、车辆、航空器、船舶及运输设备进出口金额，将其与主要经济体流动性变量进行格兰杰因果分析。从表 5 -18 可以看出，主要经济体流动性冲击是化学工业及其相关工业产品出口金额、机电及其零件等产品出口金额的格兰杰原因，但不是所有进口金额的格兰杰原因，也不是车辆、航空器、船舶及运输设备出口金额的格兰杰原因。检验结果总体上表明，出口活动对主要经济体流动性冲击的反应比较显著，而进口活动所受影响不太显著。

表 5 -18　格兰杰因果检验结果：进出口贸易变量

原假设	P 值	结论
流动性不是化学工业及其相关工业产品出口金额的格兰杰原因	0.07	拒绝
流动性不是化学工业及其相关工业产品进口金额的格兰杰原因	0.62	不拒绝
流动性不是机电及其零件等产品出口金额的格兰杰原因	0.10	拒绝
流动性不是机电及其零件等产品进口金额的格兰杰原因	0.54	不拒绝
流动性不是车辆、航空器、船舶及运输设备出口金额的格兰杰原因	0.65	不拒绝
流动性不是车辆、航空器、船舶及运输设备进口金额的格兰杰原因	0.51	不拒绝

注：由于只关心主要经济体流动性对其他进出口贸易变量的影响，表格中只汇报了主要经济体流动性是否为进出口贸易变量格兰杰原因的检验结果。

外商直接投资活动方面，FAVAR 模型中使用的变量主要是各细分口径下的批准项目数和实际使用外资金额，同样不具有严格意义上的"三站式传导机制"。这里主要以批准项目总数和实际使用外资金额合计数对主要经济体流动性冲击的反应来探讨传导机制。将上述两个变量与主要经济体流动性变量进行格兰杰因果分析，相关结果汇报在表 5 - 19 中。从表 5 - 19 可以看出，主要经济体流动性是外商直接投资批准项目数和实际使用外资金额的格兰杰原因。因此，主要经济体流动性同时对外商直接投资的数量和金额产生了显著影响。

表 5 - 19　格兰杰因果检验结果：外商直接投资变量

原假设	P 值	结论
流动性不是外商独资的外商直接投资批准项目数的格兰杰原因	0.06	拒绝
流动性不是外商独资的外商直接投资实际使用外资金额的格兰杰原因	0.06	拒绝

注：由于只关心主要经济体流动性对外商直接投资变量的影响，表格中只汇报了主要经济体流动性是否为外商直接投资变量格兰杰原因的检验结果。

第五节　本章小结

当我们把研究视角深入到中观层次，即讨论主要经济体流动性管理对我国主要产业活动的影响时，上一章使用的 GPM 框架或其他结构宏观模型一般很难胜任，通常只能借助 VAR 模型等传统的时间序列计量方法。但是，当涉及变量数目过多、数据质量不高时，简化 VAR 模型或 SVAR 模型难以得到可信结论。出于这些考虑，本章将应用因子增强向量自回归模型（FAVAR），从高维的产业层面数据信息中集中提取包含丰富数据信息的少量共同因子，建立回归模型，研究主要经济体流动性管理对我国主要产业活动的影响。

结论方面，本章研究发现：第一，从流动性冲击的短期效应来看，主要经济体流动性宽松政策会促进中国产业活动的短期扩张，但部分产业活动对主要经济体流动性宽松的正面响应表现出一定的滞后和反复，且不同产业的响应幅度存在差异；主要经济体流动性冲击对中国主要产业活动的影响在 6 个月左右达到稳定状态。第二，从主要经济流动性冲击对中国产业波动的长期贡献来看，主要经济体流动性冲击对我国各产业活动变量预测方差都有一定的解释力，但不是影响产业活动的绝对主导因素；流动性冲击的方差贡献会随时间的推移而累积，到 6 个月左右基本达到稳定。第三，从传导机制来看，流动性冲击对大类产业部门影响的传导机制总体上遵循从初始生产资料价格和生产活动向最终产品价格和生产活动传递的过程，但冲击效应传递到后者时效果已经不太显著；流动性冲击对细分产业活动影响的传导机制具有较大差异，流动性冲击的影响主要发生在房地产业的领先指标（房屋新开工数量等）、消费品零售业的可选消费品（汽车、装潢等）、进出口贸易中的出口贸易以及外商直接投资中的项目数量和实际使用外资金额。

　　本章的边际贡献和创新在于：系统研究了主要经济体流动性管理对中国产业活动的影响，研究对象覆盖了工业、农业、房地产业、消费品零售业、进出口贸易以及外商直接投资六大类产业活动，使用的产业活动变量多达 129 个。基于共同因子和可观测变量建立 FAVAR 模型，克服了经典 VAR 模型的缺陷，更加全面地揭示了主要经济体流动性冲击对中国产业活动短期波动的影响，以及对产业活动中长期波动的解释能力。本章的不足之处在于：受研究能力和数据收集与处理能力的限制，未能覆盖更多门类的产业活动，且对部分产业活动刻画得略显粗糙，还须在后续研究中进一步完善。

第六章　主要经济体流动性管理对中国金融市场的溢出效应

　　前面两章系统讨论了主要经济体流动性管理对中国主要宏观经济变量、产业活动变量的影响，研究的焦点侧重于实体经济领域；本章将进一步探讨主要经济体流动性管理对中国金融市场（或虚拟经济领域）的影响。2008 年美国次贷危机之后，国外学者已经较多讨论了美国和欧元区量化宽松政策在发达经济体之间的溢出效果，但具体研究主要经济体流动性管理对亚洲新兴经济体，尤其是对中国金融市场影响的文献并不多。为填补这一空缺，本章尝试系统地研究主要经济体常规和非常规的流动性管理措施对中国金融市场的影响。

　　从相关文献资料来看，货币政策或流动性管理操作在金融领域的溢出作用是确定存在的，但其影响是积极、有益的，还是消极、有害的，并不明确。部分研究者认为，美国、欧元区的量化宽松政策减轻了美国次贷危机后全球经济衰退的程度，有利于金融市场的恢复；但另外一些研究表明，这些量化宽松政策可能会加剧资本跨国流动，导致竞争性货币贬值（Competitive Devaluation）和竞争性资产价格通胀（Competitive Asset Price Inflation）。那么，主要经济体的流动性管理对中国金融市场的影响到底是怎样的呢？因此，有必要对这一问题进行深入研究。除了弄清这个问题之外，研究主要经济体流动性管理对中国金融市场影响的意义还在于：有助于理解和应对主要经济体流动性管理对中国金融市场的冲击，同时为国际货币政策协调提供一定的参考。

　　研究方法方面，为了能够准确刻画不同经济体之间的经济联系，本章主要基于 DdPS – GVAR 模型（以下简称 GVAR）展开研究。这一研究框架是由 Dees、Di Mauro、Pesaran 以及 Smith 最先提出，并在随后七年内逐步完善的定量分析不同冲击和传播机制的全球经济模型建模框架，相比其他分析工具具有显著优势（详见下文中的模型概述）。

　　本章的结构安排如下：首先，简要介绍 GVAR 模型的发展过程、优势，以及基准的模型框架、参数估计以及求解方法等；随后针对本章研究问题，构建 GVAR 模型，介绍了样本选择和数据处理过程；在此基础上进行模型参数估计，并利用广义脉冲响应分析、广义方差分解分析，以及基于 GVAR 模型的反事实分析（Counter Factual Analysis），探讨主要经济体流动性管理对中国金融市场的影响；最后是本章小结。

第一节　GVAR 模型概述

一、GVAR 模型简介与发展

全球向量自回归（GVAR）方法论，是一种相对新颖的全球宏观经济建模思想，它结合了时间序列、面板数据和因子分析技术，以解决从政策分析到风险管理等广泛的经济和金融问题。

GVAR 模型是 GVAR 方法论下的具体应用手段，它将不同国家的向量自回归模型或向量误差纠正模型组合在一起，构成了一个刻画国内变量、国际变量影响的一致框架。国际变量与国内变量形式上保持一致，但前者是在后者数据基础上，融合国家与国家之间国际贸易、金融等其他往来关系后，构建出来的不可观测代理变量。因此，GVAR 模型适用于考察经济活动的驱动因素、不同国家之间的相互联系和溢出以及未观察到或观察到的共同因素的影响，从而更加准确地分析冲击的国际宏观经济传导。

尽管 GVAR 模型仍然是向量自回归方法中的一种，但是相对于其他建模方法而言，GVAR 模型在考察宏观经济金融市场的国际溢出效应时具有三点显著的优势：一是 GVAR 模型能够以一种相对透明且可实证的形式纳入国内变量和国际变量的相互依赖和互动关系；二是 GVAR 模型的研究结论与经济理论、实际数据都有较高的契合度，既能够反映出与经济理论相符的长期关系，也能够刻画出与实际数据相符的短期关系；三是 GVAR 模型提供了一致且具有理论基础的全球经济建模方法，能够有效解决全球经济建模中的"维度灾难"问题。

GVAR 模型为定量分析不同冲击和传播机制通道的相对重要性提供了一个通用且实用的全球建模框架，这使得它成为宏观政策分析的合适工具。实际上，GVAR 模型的用途要广泛得多。Pesaran 等曾使用 GVAR 模型研究信贷风险，Dees 等对 GVAR 模型进行了扩展和更新，将欧元区的诸多国家纳入模型并作为单一经济体进行处理，形成了 DdPS – GVAR 框架。Pesaran 等利用 DdPS – GVAR 模型评估了英国加入欧元区的影响。Pesaran 等考察并肯定了 GVAR 模型的预测能力。随后，Dees 等在该模型的基础上进一步发展了全球经济建模方法。Di Mauro 和 Pesaran 对 GVAR 方法进行完善，并对相关应用进行了综述，形成了 *GVAR Handbook*，自此，GVAR 形成了一套较为完善的研究体系。Chudik 和 Pesaran 持续跟踪了 GVAR 模型的最新发展，详细阐述了该方法的理论基础和诸多应用。

二、GVAR 模型基准框架

GVAR 模型本质上是一系列单一经济体包含外生变量的向量自回归（VARX）模型，经过特定方法组织到一起，形成完整的 GVAR 模型。以仅包含一阶滞后的简单模型为例，单一经济体的 VARX 模型可以记为

$$X_{it} = \Phi_i X_{i,t-1} + \Lambda_{i0} X_{it}^* + \Lambda_{i1} X_{i,t-1}^* + u_{it} \qquad (6-1)$$

式中，$i = 0, 1, 2, \cdots, N$，表示各个经济体。X_{it} 是由国（经济体）内变量组成的 $k_i \times 1$ 维向量。X_{it}^* 是由国（经济体）外变量组成的 $k_i^* \times 1$ 维向量，定义为

$$X_{it}^* = \sum_{j=0}^{N} w_{ij} X_{jt} \qquad (6-2)$$

式中，w_{ij}，$j = 0, 1, \cdots, N$，是一系列权重参数，满足 $\sum_{j=0}^{N} w_{ij} = 1$ 且 $w_{ii} = 0$。由于模型假定随机扰动项 u_{it} 是截面弱相关的，因此有 $\bar{u}_{it} = \sum_{j=0}^{N} w_{ij} u_{jt} \xrightarrow{p} 0$，即当 $N \to +\infty$ 时，$\bar{u}_{it}$ 依概率收敛于 0。

可以看出，国外变量 X_{it}^* 是由国内变量 X_{it} 和权重参数 w_{ij} 构造而来的，因此，权重参数将单一经济体的 VARX 模型组合到一起形成 GVAR 模型的关键所在。在 GVAR 文献中，构建权重参数矩阵 w 的常用方法是利用国际贸易流量数据来测度不同经济体变量的相对影响力。一般而言，w_{ij} 是经济体 i 与经济体 j 的进出口贸易额占经济体 i 进出口贸易总额的比例。

上述模型是由 *VARX*（1，1）构成的简单模型，在实际研究过程中 GVAR 模型具有高度灵活性，主要体现在：第一，允许不同经济体的 VARX 模型以不同方式呈现，如包含不同的国内变量或国外变量，以及按照信息准则选择不同的滞后阶数等。第二，权重参数可以有多种选择，一方面，既可以是固定参数的形式，也可以是时变参数的形式；另一方面，除了贸

易流量之外，还可以用其他金融流量数据或其他类型的流量数据构造权重参数。第三，模型中的经济体既可以是单一国家，也可以是由一组国家构成的经济体，例如在 DdPS – GVAR 模型中，可以利用特定方法将所有欧元区国家的经济数据加总得到欧元区经济体的数据。第四，在上述模型的基础上，还可以引入其他影响所有经济体的全局变量。

三、GVAR 模型估计与求解方法

（一）GVAR 模型的参数估计

GVAR 模型的参数估计过程相对比较复杂，其技术实现对研究者而言是不小的挑战。这里以包含二阶滞后变量的模型为例，简要介绍参数识别过程。对于经济体 i 而言，其二阶滞后模型 $VARX$（2，2）的结构如下：

$$X_{it} = a_{i0} + a_{i1}t + \Phi_{i1}X_{i,t-1} + \Phi_{i2}X_{i,t-2} + \Lambda_{i0}X_{it}^* + \Lambda_{i1}X_{i,t-1}^* + \Lambda_{i2}X_{i,t-2}^* + u_{it}$$

$$(6-3)$$

式（6 – 3）的误差修正模型形式可以写为

$$\Delta X_{it} = c_{i0} - \alpha_i\beta'_i[Z_{i,t-1} - \gamma_i(t-1)] + \Lambda_{i0}X_{it}^* + \Gamma_i\Delta Z_{i,t-1} + u_{it}$$

$$(6-4)$$

式中，$Z_{it} = (X'_{it}, X^{*'}_{it})'$，$\alpha_i$ 为秩为 r_i 的 $k_i \times r_i$ 维矩阵，β_i 为秩为 r_i 的 $(k_i + k_i^*) \times r_i$ 维矩阵。按照 Z_{it} 的构成形式，将 β_i 记为 $\beta_i = (\beta'_{ix}, \beta'_{ix*})'$，则式（6 – 3）中 r_i 个误差修正项可以表示为

$$\beta'_i(Z_{it} - \gamma_i t) = \beta'_{ix}X_{it} + \beta'_{ix*}X_{it}^* - (\beta'_i\gamma_i)t \qquad (6-5)$$

这表明，对于经济体 i 而言，在变量 X_{it} 组内、变量 X_{it} 与 X_{it}^* 之间可能存在协整关系，进而使得不同经济体的变量 X_{it} 和 X_{jt}（$i \neq j$）之间也可能存在协整关系。

在参数估计过程中，相对于 VARX 模型中的参数而言，X_{it}^* 被认定为 1 阶弱外生变量。这样，每一个经济体的 VARX 模型都可以视作给定 X_{it}^* 的条件模型，从而单独进行参数估计。在考虑 X_{it} 组内、变量 X_{it} 与 X_{it}^* 之间协整可能性的基础上，利用降秩回归（Reduced Rank Regression，RRR）的方法，即可得到每一个经济体的 VARX 模型的协整数量参数 r_i、调整速度参数 α_i 和协整向量参数 β_i。

在得到协整向量参数 β_i 的估计值之后，可通过 OLS 方法估计以下方程，得到 VARX 模型剩余参数的估计值：

$$\Delta X_{it} = c_{i0} - \delta_i ECM_{i,t-1} + \Lambda_{i0} X_{it}^* + \Gamma_i \Delta Z_{i,t-1} + u_{it} \qquad (6-6)$$

式中，$ECM_{i,t-1}$ 表示对经济体 i 而言的 r_i 个误差修正项。

上述参数估计过程是针对以 $VARX$（2，2）为内核的 GVAR 模型的简单介绍。在实际研究过程中，任意经济体 i 的 VARX 模型的国内变量和国外变量的滞后阶数 p_i 和 q_i 都可以由 AIC 准则或 SBC 准则单独确定，且 p_i 和 q_i 可以不一致。而 GVAR 模型的滞后阶数 $p = \max\{p_i, q_i\}, i = 1, 2, \cdots, N$，即所有滞后阶数中最大的一个。按照上述方法可估计所有经济体 $VARX(p_i, q_i)$ 的模型，并得到协整空间的秩。单一经济体协整空间的秩可由 Johansen 迹统计量（trace statistics）和最大特征值统计量（maximal eigenvalue statistics）确定；模型最终的协整秩由迹统计量确定。

（二）GVAR 模型的求解

在得到 GVAR 模型的参数估计值之后，可利用模型进行动态特征分析或预测，这就涉及模型求解问题。尽管从上文可以看出，GVAR 模型的参数估计是针对单个经济体分别完成的，但模型求解的过程则是将所有 VARX 模型归集在一起进行的，换言之，所有 $k \times 1, k = \sum_{i=1}^{N} k_i$ 个变量均视作内生变量。

在估计完所有 VARX 模型后，以 $VARX$（p_i，q_i）为例：

$$X_{it} = a_{i0} + a_{i1}t + \Phi_{i1}X_{i,t-1} + \cdots + \Phi_{ip_i}X_{i,t-p_i} + \Lambda_{i0}X_{it}^* + \Lambda_{i1}X_{i,t-1}^* + \cdots$$
$$+ \Lambda_{iq_i}X_{i,t-q_i}^* + u_{it} \qquad (6-7)$$

定义 $Z_{it} = (X_{it}', X_{it}^{*\prime})$。为了表述方便，假设 $p_i = q_i$，那么式（6-7）可以记作：

$$A_{i0}z_{it} = a_{i0} + a_{i1}t + A_{i1}Z_{i,t-1} + \cdots + A_{ip_i}Z_{i,t-p_i} + u_{it} \qquad (6-8)$$

式中，$A_{i0} = (I_{k_i} - \Lambda_{i0})$，$A_{ij} = (\Phi_{ij}, \Lambda_{ij})$，$j = 1, \cdots, p_i$。

随后，可利用权重参数 w_{ij} 定义经济体之间的"联系"矩阵 W_i，Z_{it} 表示为

$$Z_{it} = W_i X_t \qquad (6-9)$$

式中，$X_t = (X_{0t}', X_{0t}', \cdots, X_{Nt}')'$ 是包含 GVAR 模型所有内生变量的 $k \times 1$ 维向量，W_i 是一个 $(k_i + k_i^*) \times k$ 维矩阵。由式（6-9）可进一步得到

$$A_{i0}W_i X_t = a_{i0} + a_{i1}t + A_{i1}W_i X_{t-1} + \cdots + A_{ip_i}X_i X_{t-p_i} + u_{it} \qquad (6-10)$$

上述针对每一个经济体 i 的等式可以写成针对 X_t 的集约形式：

$$G_0 X_t = a_0 + a_1 t + G_1 X_{t-1} + \cdots + G_p W_i X_{t-p} + u_t \qquad (6-11)$$

式中各参数矩阵定义如下：

$$G_0 \equiv \begin{pmatrix} A_{0j} W_0 \\ A_{1j} W_1 \\ \vdots \\ A_{Nj} W_N \end{pmatrix}, j = 1, \cdots, p$$

$$a_0 \equiv \begin{pmatrix} a_{00} \\ a_{10} \\ \vdots \\ a_{N0} \end{pmatrix}, u_t \equiv \begin{pmatrix} u_{0t} \\ u_{1t} \\ \vdots \\ u_{Nt} \end{pmatrix}$$

由于参数矩阵 G_0 是由贸易往来数据计算的权重参数和估计得到的参数构成的非奇异矩阵，将式（6-10）两侧同乘逆矩阵 G_0^{-1}，即可得到 GVAR（P）模型的解：

$$X_t = b_0 + b_1 t + F_1 X_{t-1} + \cdots + F_{pi} X_{t-p} + \varepsilon_t \qquad (6-12)$$

式中，$b_0 = G_0^{-1} a_0$，$b_1 = G_0^{-1} a_1$，$F_j = G_0^{-1} G_j$，$j = 1, \cdots, p$，$\varepsilon_t = G_0^{-1} u_t$。

基于式（6-12），给定一个初始值，即可按照递归的方式可以解出所有内生变量的后续值。

第二节　主要经济体 GVAR 模型构建、样本选择与数据处理

本章主要借鉴 Dees 等和 Chen 等构建 GVAR 模型，前者主要提供了一个基准 DdPS - GVAR 框架，后者构建的全球向量误差修正模型（Global Vector Error Correction Model，GVECM）对 GVAR 模型估计过程中的误差修正和协整处理提供了一定的启示。

一、主要经济体 GVAR 模型的构建

（一）模型设置

主要经济体 GVAR 模型的构建如下所示。对于经济体 i 而言，其 $VARX$（p_i，q_i）模型记为

$$X_{it} = a_{i0} + a_{i1} t + \Phi_{i1} X_{i,t-1} + \cdots + \Phi_{ip_i} X_{i,t-p_i} + \Lambda_{i0} X_{it}^* + \Lambda_{i1} X_{i,t-1}^* + \cdots + \Lambda_{iq_i} X_{i,t-q_i}^*$$

$$+ \sum_{j=1}^{p_i} \Psi_{i,t-j} d_{t-j} + u_{it}$$

$$(6-13)$$

式中，X_{it} 表示经济体 i 在 t 期的内部变量向量；X_{it}^* 表示外部变量向量；d_t 表示所有经济体共同面临的全球变量向量；u_{it} 表示随机冲击；p 和 q_i 分别表示内部变量和外部变量的最大滞后阶数。

基于 GVAR 模型弱外部性假设，并借鉴 Dees 等、Di Mauro & Pesaran 以及 Chen 等，对美国和非美国经济体的变量设置采取不同策略。对美国以外的其他经济体而言，内部变量和外部变量设置如下：

$$X_{it} = (y_{it}, dp_{it}, eq_{it}, r_{it}, lr_{ir}, ts_{it})' \qquad (6-14)$$

式中，美国以外的其他经济体 i 的内部变量包括实际国内生产总值 y_{it}、国内通货膨胀率 dp_{it}、实际股票市场价格指数 eq_{it}、经济体货币对美元实际汇率 ep_{it}、货币政策基准利率 r_{it}、债券市场长期利率 lr_{ir}、期限利差（Term Spread）ts_{it}。

外部变量的设置如下所示：

$$X_{it}^* = \sum_{j=0}^{N} w_{ij}(y_{jt}, dp_{jt}, eq_{jt}, r_{jt}, lr_{jr}, ts_{jt})' = (y_{jt}^*, dp_{jt}^*, eq_{jt}^*, r_{jt}^*, lr_{jt}^*, ts_{jt}^*)'$$

$$(6-15)$$

式中，w_{ij} 表示用于构造外部变量的权重参数。

考虑到外部变量弱外生性要求，美国以外的经济体的外部变量向量中不包含实际汇率。

对美国而言，其 VARX 模型的内部变量和外部变量设置如下：

$$X_{US,t} = (y_{US,t}, dp_{US,t}, eq_{US,t}, r_{US,t}, lr_{US,r}, ts_{US,t})' \qquad (6-16)$$

$$X_{US,t}^* = \sum_{j=0}^{N} w_{US,j}(y_{jt}, dp_{jt}, ep_{jt})' = (y_{US,t}^*, dp_{US,t}^*, ep_{US,t}^*) \qquad (6-17)$$

考虑到汇率数据是以美元计价的，因此，美国 VARX 模型中的内部变量不包括汇率数据，但其他货币对美元实际汇率的加权值纳入外部变量 $X_{US,t}^*$ 中。此外，由于美国经济在全球经济中的巨大份额和影响力，其他国家利率、汇率以及资产价格等金融变量很难满足弱外部性要求，因此，仅把其他国家的实际产出和通货膨胀率的加权值纳入美国 VARX 模型的外部变量中。

所有经济体共同面临的全球变量为国际石油价格 p_t^0，基本符合弱外部性要求。模型变量设置情况汇总如表 6-1 所示：

表 6 – 1　各经济体 VARX 模型的变量设置

变量	美国以外其他国家			美国		
	内部变量	外部变量	全局变量	内部变量	外部变量	全局变量
实际产出	y_{it}	y_{it}^*	—	$y_{US,t}$	$y_{US,t}^*$	—
通货膨胀率	dp_{it}	dp_{it}^*	—	$dp_{US,t}$	$dp_{US,t}^*$	—
实际汇率	ep_{it}	—	—		$ep_{US,t}^*$	—
实际股票价格指数	eq_{it}	eq_{it}^*	—	$eq_{US,t}$		—
债券收益率	lr_{ir}	lr_{ir}^*	—	$lr_{US,r}$		—
基准利率	r_{it}	r_{it}^*	—	$r_{US,t}$		—
期限利差	ts_{it}	ts_{it}^*	—	$ts_{US,t}$		—
国际石油价格			p_t^0			p_t^0

由于本章构建 GVAR 模型是为了考察主要经济体流动性管理对中国金融市场的影响，这里重点讨论刻画主要经济体流动性的两个指标。

第一个指标是基准利率 r_{it}。基准利率是度量货币政策松紧程度的基本指标，基准利率调整属于常规货币政策操作工具。中央银行的货币政策利率调整、公开市场操作等都会直接反映到基准利率上。

第二个指标是期限利差 ts_{it}。期限利差被 Chen 等用作度量量化宽松等非常规货币政策。Blinder 曾建议中央银行利用非常规货币政策工具降低期限利差，通过购买长期国债或使用量化宽松货币政策"盯住"利差。Blinder 的基本逻辑是：信贷市场的借贷行为受无风险国债利率的影响较大，缩小期限利差可以在不调整基准利率的情况下，降低借款人的实际成本。除此之外，Chen 等指出，期限利差是中央银行传达利率路径预期的重要工具。尤其是在 2008 年美国次贷危机期间，低利率环境下（接近零利率下限），基准利率已经失去了传递预期的功能，而期限利差的降低则反映了美联储量化宽松措施的目标，即通过降低长期国债收益率来降低企业和家庭的借贷成本，从而恢复信贷流动。因此，期限利差反映了中央银行购买国债和机构担保债券（Agency MBS）的非常规货币政策操作，也是刻画主要经济体流动性管理的重要变量。事实上，已有大量实证研究证实了量化宽松措施与期限利差的关联。

（二）变量定义

内部变量包括实际国内生产总值 y_{it}、国内通货膨胀率 dp_{it}、实际股票市

场价格指数 eq_{it}、经济体货币对美元实际汇率 ep_{it}、货币政策基准利率 r_{it}、债券市场长期利率 lr_{ir}、期限利差 ts_{it}，其定义如下：

$$y_{it} = \ln(GDP_{it}) \tag{6-18}$$

$$dp_{it} = \ln(CPI_{it}) - \ln(CPI_{i,t-1}) \tag{6-19}$$

$$ep_{it} = \ln(EX_{it}/CPI_{it}) \tag{6-20}$$

$$eq_{it} = \ln(EQ_{it}/CPI_{it}) \tag{6-21}$$

$$r_{it} = \ln(1 + R_{it}/100)/4 \tag{6-22}$$

$$lr_{it} = \ln(1 + R_{it}^{L}/100)/4 \tag{6-23}$$

$$ts_{it} = \ln(1 + TS_{it}/100)/4 \tag{6-24}$$

上述定义式中，GDP_{it} 为实际国内生产总值，CPI_{it} 为定基的消费者物价指数，EX_{it} 为经济体 i 的货币对美元的名义汇率，EQ_{it} 为主要股票市场指数，R_{it} 为名义基准利率的年化值，R_{it}^{L} 为债券市场长期名义利率的年化值，TS_{it} 为期限利差的年化值。上述最后三式将利率和利差数据均换算为季度值。

外部变量以内部变量为基础，按照式（6-15）和式（6-17）构造。其中，权重参数 w_{ij} 是以经济体 i 与经济体 j 双边贸易额占经济体 i 对外贸易总额的比重来测度的，满足 $w_{ii}=0$ 和 $\sum_{j=1}^{N} w_{ij} = 1$。为了减轻单一年份贸易数据异常导致的偏差，$w_{ij}$ 以贸易份额的三年平均值来计量，具体计算方法如下：

$$w_{ij} = \frac{T_{ij,y1} + T_{ij,y2} + T_{ij,y3}}{T_{i,j1} + T_{i,j2} + T_{i,j3}} \tag{6-25}$$

式中，$T_{ij,y1}$ 表示 $y1$ 期经济体 i 与经济体 j 的双边贸易额；$T_{i,y1}$ 表示 $y1$ 期经济体 i 的对外贸易总额。

最后，全局变量国际石油价格 p_t^0 定义为国际石油价格 P_t^0 的自然对数：

$$y_{it} = \ln(P_t^0) \tag{6-26}$$

二、样本选择与数据处理

本章所使用的样本覆盖了包括中国、美国、日本等在内的 15 个国家，样本期限为 1997 年第三季度至 2016 年第四季度，采样频率为季度。在进行模型参数估计时，各国均以单一经济体的形式进入模型；在进行模型动态分析时，借鉴 DdPS-GVAR 框架，将部分国家归集到一个群组内。样本国家如表 6-2 所示。

表 6 – 2 各经济体 VARX 模型的变量设置

单一经济体	亚洲经济体	欧元区经济体	其他经济体
美国	日本	芬兰	澳大利亚
中国	新加坡	法国	加拿大
	印度	意大利	南非
		荷兰	英国
		西班牙	
		德国	

数据来源和处理方法如下：

（1）实际国内生产总值 *GDP*。除中国和印度之外，其他经济体的实际国内生产总值均来自 IFS，其统计口径为：国内生产总值总量指数（GDP Volume Index，2010 = 100）。中国的实际国内生产总值数据为国家统计局发布的以 2015 年为基期的不变价国内生产总值。印度的实际国内生产总值数据来自 Haver Analytics，其统计口径为：以 2010 年价格和汇率计算的国内生产总值（GDP at 2010 Prices and Exchange Rates）。利用 X12 方法对上述数据进行季节调整。

（2）消费者物价指数 *CPI*。除印度以外，其他所有经济体的 CPI 指数均来自 IFS，其统计口径为：所有商品消费者价格指数（Consumer Prices，All items，Quaterly，2010 = 100）。印度的 CPI 数据来自 Haver Analytics，其统计口径为：以 2001 年 4 月至 2002 年 3 月为基期的工业劳动者消费价格指数（Industrial Workers Consumer Price Index，Apr 2001 – Mar 2002 = 100）。利用 X12 方法对上述数据进行季节调整。

（3）名义汇率 *EX*。所有经济体名义汇率数据均来自 IFS，计价方式为单位美元可兑换外币数量。计算每日名义汇率的算术平均数，得到本章所使用的季度数据。

（4）股票价格指数 *EQ*。除中国外，其他经济体的股票价格指数均来自 Bloomberg，其计量方法是对 MSCI 国家指数的每日收盘价取算术平均值，得到季度数据。中国的股票价格指数来自 Wind 数据库，是上证综指每日收盘价的季度算术平均值。

（5）名义基准利率 *R*。基准利率的数据主要来自 IFS，不同经济体统计口径差异较大。中国基准利率的统计口径为 1 年期存款基准利率（Interest Rates，Deposit Rate）；加拿大、南非、英国以及美国的基准利率为国库券利率（Interest Rates，Treasury Bill Rate）；澳大利亚、芬兰、德国、意大利、日本、新加坡、西班牙的基准利率为货币市场利率（Interest Rates，Money Market Rate）；样本期内，法国、荷兰的基准利率没有完整数据，借鉴 Di Mauro & Pesaran 分为三段处理，在 1998 年第四季度以前为该国的货币市场利率，1999 年欧元引入后两国不再公布基准利率，以德国的货币市场利率作为补充，2012 年第二季度之后，以欧元银行间拆借利率补充；印度的基准利率为 3 月期国债收益率（India Treasury Bill3 – Month Yield）。

（6）名义长期利率 R^L。IFS 数据库中长期债券利率数据覆盖的国家包括澳大利亚、加拿大、法国、德国、意大利、日本、荷兰、南非、西班牙、英国和美国。中国的长期利率数据用该季度发行的 10 年期国债票面利率的平均值代替。其他样本国家的数据缺失。

（7）期限利差 TS。计算期限利差的原始数据主要来自 IFS，计算中国期限利差的部分数据来自 Wind 数据库收集的 10 年期国债利率。

（8）国际石油价格 P^O。国际石油价格以布伦特原油价格为代理变量，日频数据来源于 Bloomberg，算术平均后得到季度数据。

（9）进口贸易数据 T。用于计算权重矩阵的进出口贸易数据主要来自国际货币基金组织的贸易统计数据（IMF Direction of Trade Statistics），其数据频率为年度数据。

利用上述数据，按照式（6 – 18）至式（6 – 26）的定义，即可得到 GVAR 模型变量所使用的数据。需要注意的是，由于模型涉及国家较多，相关变量数据来源和统计口径比较复杂。不过，由于向量自回归一类模型为非结构化的计量方法，变量的统计口径、量纲差异不会影响模型的主要结论。

根据模型设定和实际数据情况，最终纳入 GVAR 模型的变量如表 6 – 3 所示。

表 6 – 3　实际纳入变量情况

国家	内部变量							外部变量							全局变量
	y	dp	r	ts	eq	ep	lr	y^*	dp^*	r^*	ts^*	eq^*	ep^*	lr^*	$poil$
Austrilia	1	1	1	1	1	1	1	1	1	1	1	1	0	1	1
Canada	1	1	1	1	1	1	1	1	1	1	1	1	0	1	1
China	1	1	1	1	1	1	1	1	1	1	1	1	0	1	1
Finland	1	1	1	0	1	1	0	1	1	1	1	1	0	1	1

国家	内部变量							外部变量							全局变量
	y	dp	r	ts	eq	ep	lr	y^*	dp^*	r^*	ts^*	eq^*	ep^*	lr^*	$poil$
France	1	1	1	1	1	1	1	1	1	1	1	1	0	1	1
Germany	1	1	1	1	1	1	1	1	1	1	1	1	0	1	1
India	1	1	1	1	1	1	1	1	1	1	1	1	0	1	1
Italy	1	1	1	1	1	1	1	1	1	1	1	1	0	1	1
Japan	1	1	1	1	1	1	1	1	1	1	1	1	0	1	1
Netherland	1	1	1	1	1	1	1	1	1	1	1	1	0	1	1
South Africg	1	1	1	1	1	1	1	1	1	1	1	1	0	1	1
Singapore	1	1	1	0	1	1	0	1	1	1	1	1	0	1	1
Spain	1	1	1	1	1	1	1	1	1	1	1	1	0	1	1
UK	1	1	1	1	1	1	1	1	1	1	1	1	0	1	1
US	1	1	1	1	0	1	1	1	1	0	0	0	0	1	0	1

注：表中 1 表示 GVAR 模型纳入了对应经济体和对应变量的数据，0 表示模型中不包含该变量的数据。国家缩写依次表示：澳大利亚、加拿大、中国、芬兰、法国、德国、印度、意大利、日本、荷兰、南非、新加坡、西班牙、英国、美国。

第三节 基于 GVAR 模型的实证分析

一、GVAR 模型相关检验

（一）弱外部性检验

如前所述，GVAR 模型参数估计依赖的主要假设是外部变量 X_{it}^* 和全局变量 d_t 的弱外部性。借鉴 Johansen 和 Harbo 等的方法，可检验模型中的外部变量和全局变量的弱外部性假设。检验方法的核心是：针对特定经济体外部变量构建辅助方程，对方程中的误差修正项进行联合显著性检验。具体而言，对 X_{it}^* 中的第 ℓ 个元素构建如下辅助方程：

$$\Delta x_{it,\ell}^* = \alpha_{i,\ell} + \sum_{j=1}^{r_i} \delta_{ij,\ell} ECM_{ij,t-1} + \sum_{k=1}^{s_i} \phi'_{ik,\ell} \Delta X_{i,t-k} + \sum_{m=1}^{n_i} \Psi'_{im,\ell} \Delta \tilde{x}_{i,t-m}^* + \eta_{it,\ell}$$

$$(6-27)$$

式中，$ECM_{ij,t-1}$，$j=1,2,\cdots,r_i$，表示由估计得到的经济体 i 的 VARX 模

型中针对第 r_i 个协整关系的误差修正项。$\Delta X_{it}^{\sim*} = (\Delta X_{it}^{'*}, \Delta p_{it}^0)'$ 为所有外部变量和全局变量一阶差分构成的向量。s_i 和 n_i 分别表示内部变量和外部变量的滞后阶数，是根据 AIC 准则计算得到的最佳滞后阶数：

$$AIC_{i,sn} = -\frac{Tk_i}{2}(1 + \log 2\pi) - \frac{T}{2}\log\left|\sum_i\right| - k_i b_i \qquad (6-28)$$

式中，T 表示样本容量，$b_i = k_i s_i + k_i^* n_i + 2$，$k_i$ 和 k_i^* 分别表示内部变量和外部变量（包含全局变量）的数量，$\hat{\sum}_i = \sum_{t=1}^{T} \hat{\eta}_{it}\hat{\eta}'_{it}/T$。

弱外部性 F 检验的原假设是 $\delta_{ij,\ell}$（$j = 1, 2, \cdots, r_i$）均为 0，检验结果汇报在表 6 – 4 中。

表 6 – 4　外部变量与全局变量的弱外部性检验结果

Country	F test	y^*	dp^*	r^*	ts^*	eq^*	ep^*	lr^*	$poil$
Austrilia	F (2, 53)	1.31	0.59	1.75	3.26 *	0.50	—	0.35	1.28
Canada	F (3, 52)	2.05	1.04	4.48 *	1.82	3.71	—	0.83	1.07
China	F (3, 52)	2.68	1.39	0.79	1.05	0.55	—	1.26	1.79
Finland	F (2, 55)	0.36	0.14	0.29	0.09	1.81	—	1.99	0.18
France	F (2, 53)	2.31	0.63	1.16	0.40	3.11	—	0.63	0.16
Germany	F (2, 53)	4.41 *	0.04	0.15	0.30	4.74 *	—	0.24	0.20
India	F (3, 52)	1.89	0.61	0.74	2.58	0.92	—	2.53	0.86
Italy	F (3, 52)	0.30	0.72	0.76	0.44	1.63	—	1.29	1.54
Japan	F (2, 53)	1.54	5.03 *	1.41	0.23	0.76	—	0.61	0.28
Netherland	F (2, 53)	1.30	1.67	3.51 *	1.94	1.73	—	1.14	0.81
South Africa	F (4, 51)	2.09	1.90	2.74	1.47	1.05	—	0.55	2.24
Singapore	F (1, 56)	1.55	0.02	0.38	0.07	0.08	—	0.48	0.00
Spain	F (3, 52)	0.90	0.25	0.21	1.69	0.12	—	2.37	2.78
UK	F (1, 54)	2.56	0.00	0.12	0.06	1.01	—	2.69	3.74
US	F (0, 59)	—	—	—	—	—	—	—	—

注：表中列示了外部变量和全局变量的弱外部性 F 检验统计量。* 表示在 5% 水平拒绝了弱外部性原假设。由于模型中美国的 VARX 模型的阶数（rank order）为 0，因此没有得到 F 检验统计量。

从检验结果来看，在 5% 的显著性水平下，澳大利亚的期限利差、加拿大的货币政策基准利率、德国的实际产出和实际股票价格、日本的通货膨胀率以及荷兰的货币政策基准利率均拒绝了原假设。不过，在所有 112 个回归方程中，仅上述 6 个变量不满足弱外部性假设，占比约为 5%，这意味着：整体来看模型的弱外部性假设基本得到保障，参数估计结果有较高的可靠性。

（二）模型稳定性检验

可能存在的结构性断点是所有计量模型均可能面对的一个潜在问题，尤其是对于时间跨度较大的样本而言，有必要对模型的稳定性进行考察。本章构建的 GVAR 模型使用的样本覆盖了 1997 年第三季度至 2016 年第四季度，其间发生了互联网泡沫危机、美国次贷危机以及欧洲债务危机，主要经济体的货币政策也出现过多次转向，因此有可能存在模型不稳定的问题。

在现有的文献资料中，检测模型结构性断点的方法已经比较丰富，这里主要采用基于 OLS 估计残差累积和的 PKsup 和 PKmsq 统计量、时变参数检验的 Nyblom，以及基于 Wald 统计量的 QLR、MW 和 APW 检验方法。PKsup 和 PKmsq 是由 Ploberger 和 Krämer 提出的方法，基于 OLS 估计得到残差分别构建最大累积和（CUSUM）和均方误差（MSQ）统计量。时变参数检验是 Nyblom 最早提出的方法，通过比较参数一致模型和参数不一致备选模型构建 N 统计量。QLR、MW 和 APW 分别是由 Quandt、Hansen 以及 Andrew 和 Ploberger 构建的基于 Wald 统计量的检验方法。考虑到可能存在的异方差问题，N 统计量和三种 Wald 统计量还可以使用异方差稳健的标准差来构建，从而得到异方差稳健的 N 统计量（Robust – N）和三种异方差稳健的 Wald 统计量（Robust – QLR、Robust – MW 以及 Robust – APW）。上述检验统计量的构造公式在此不再赘述。

检验的原假设均为序列不存在结构性断点，将相关检验结果汇总后，得到原假设被拒绝的次数和所占比例，如表 6 – 5 所示。

表 6 – 5　模型稳定性检验结果

统计量	内部变量							
	y	dp	r	ts	eq	ep	lr	合计（%）
PKsup	4	0	0	0	0	3	1	8
	(26.7)	(0.0)	(0.0)	(0.0)	(0.0)	(20.0)	(6.7)	(7.9)
PKmsq	1	1	0	0	0	2	1	5
	(6.7)	(6.7)	(0.00)	(0.00)	(0.00)	(13.3)	(6.7)	(5.0)
N	1	1	2	2	0	0	1	7
	(6.7)	(6.7)	(13.3)	(13.3)	(0.0)	(0.00)	(6.7)	(6.9)
Robust-N	1	0	2	0	1	2	1	7
	(6.7)	(0.0)	(13.3)	(0.0)	(6.7)	(13.3)	(6.7)	(6.9)

统计量	内部变量							
	y	dp	r	ts	eq	ep	lr	合计（%）
QLR	3	3	3	1	3	2	5	20
	(20.0)	(20.0)	(20.0)	(6.7)	(20.0)	(13.3)	(33.3)	(19.8)
Robust-QLR	0	1	0	0	0	2	0	3
	(0.0)	(6.7)	(0.0)	(0.0)	(0.0)	(13.3)	(0.0)	(3.0)
MW	2	2	3	0	1	3	2	13
	(13.3)	(13.3)	(20.0)	(0.0)	(6.7)	(20.0)	(13.3)	(12.9)
Robust-MW	0	0	0	0	0	1	0	1
	(0.0)	(0.0)	(0.0)	(0.0)	(0.0)	(6.7)	(0.0)	(1.0)
APW	3	3	3	1	3	2	5	20
	(20.0)	(20.0)	(20.0)	(6.7)	(20.0)	(13.3)	(33.3)	(19.8)
Robust-APW	0	1	1	0	0	2	0	4
	(0.0)	(6.7)	(6.7)	(0.0)	(0.0)	(13.3)	(0.0)	(4.0)

注：表中列示的是在 1% 水平下拒绝参数稳定原假设的次数，括号中是拒绝次数所占的比例（%）。PKsup 和 PKmsq 是基于 OLS 估计残差累积和的统计量，N 表示 Nyblom 时变参数检验统计量，QLR、MW 以及 APW 均是检验序列未知断点的 Wald 统计量，Robust-QLR、Robust-MW 以及 Robust-APW 均是对应的异方差稳健 Wald 统计量。

以 PKsup 检验为例，对变量 y 而言，拒绝参数稳定性假设的次数有 4 个，占全部 15 个经济体序列的 26.7%；变量 ep 存在参数断点的情况有 3 个，占比 20%；变量 lr 存在参数断点的情况有 1 个，占比 6.7%；其他变量没有拒绝原假设。总体来看，拒绝参数稳定性假设的次数共 8 次，占全部 101 个序列的 7.9%。类似地，在 PKmsq 检验下，对参数稳定原假设的总体拒绝率在 5% 左右。其他方法中，N 统计量得到的总体拒绝率与 PKsup 接近，但基于 Wald 统计量的 QLR、MW 和 APW 检验下得到的总体拒绝率普遍较大（分别为 19.8%、12.9% 和 19.8%）。表 6-6 列示了 QLR 检验得到的断点日期。可以看出，绝大多数断点出现的时间在 2004 年至 2009 年期间，主要原因可能是 2007 年的美国次贷危机以及随后爆发的全球性经济衰退。

尽管 QLR、MW 和 APW 检验结果显示模型不稳定的可能性较高，但是注意到，如果考虑残差方差变化的可能性，模型参数的稳定性就有了很大幅度的提升。表 6-4 中，异方差稳健的 Robust - QLR、Robust - MW 以及 Robust - APW 检验下，对模型稳定的总体拒绝率分别为 3%、1% 和 4%，相比对应的固定方差检验结果大幅下降。这表明，造成模型不稳定的主要原因可能是残差方差不稳定，而不是模型参数的不稳定。这一特征与 Stock 和 Watson、Perez 等、Cecchetti 等的研究结论一致。

表 6 – 6　QLR 检验得到的断点日期

国家	y	dp	r	ts	eq	ep	lr
Austrilia	2004Q1	2004Q1	2007Q4	2009Q2	2004Q2	2003Q4	2009Q2
Canada	2009Q4	2004Q2	2004Q1	2004Q3	2004Q3	2004Q1	2003Q3
China	2007Q1	2004Q1	2003Q4	2006Q1	2005Q2	2008Q3	2004Q4
Finland	2006Q4	2005Q1	2007Q1	—	2003Q3	2008Q4	—
France	2003Q4	2003Q2	2008Q3	2009Q4	2003Q2	2008Q1	2003Q3
Germany	2010Q1	2003Q1	2009Q4	2009Q2	2008Q1	2004Q1	2010Q1
India	2006Q3	2004Q1	2009Q2	2006Q2	2003Q3	2009Q2	2003Q3
Italy	2007Q4	2005Q3	2009Q3	2009Q4	2009Q3	2004Q1	2009Q2
Japan	2010Q2	2005Q4	2006Q2	2006Q2	2010Q3	2003Q2	2004Q4
Netherland	2006Q1	2008Q2	2004Q2	2004Q1	2003Q4	2004Q4	2009Q4
South Africa	2004Q1	2004Q2	2004Q2	2004Q2	2005Q1	2004Q2	2004Q3
Singapore	2008Q3	2008Q3	2003Q1	—	2003Q1	2007Q2	—
Spain	2005Q1	2005Q2	2008Q2	2009Q3	2009Q2	2007Q1	2009Q3
UK	2008Q1	2006Q2	2003Q4	2008Q4	2003Q3	2005Q4	2003Q3
US	2006Q3	2007Q3	2005Q2	2003Q3	2003Q1	2007Q3	2003Q3

注：表中列示了 QLR 检验得到的结构性断点所在季度。

　　总体来看，本章构建的 GVAR 模型存在一些结构性断点，不过由于断点主要由方差异质性导致，并不会对参数识别和冲击响应造成太大影响。利用异方差稳健的估计量和 bootstrap 的方法可以克服这一问题。

（三）外部变量对内部变量当期效应检验

　　研究外部变量对内部变量的当期效应，有助于明确不同经济体之间的联系。表 6 – 7 列示了外部变量对其对应内部变量（如 y_{it}^* 对 y_{it} 的影响）的当期影响系数，以及异方差、自相关稳健的 t 统计量（Newey – West 方法）。

　　影响系数估计值可以理解为内、外部变量间的弹性。从表 6 – 7 来看，大多数弹性估计值均为正数，表明外部变量对内部变量有正向的溢出效应，这与理论预期基本吻合。以实际产出 y 为例，以对外贸易流量份额加权的国外实际产出增加1%会导致当期中国实际产出增长0.45%。

值得注意的是，大多数股票价格 eq 的弹性系数接近于1，例如，澳大利亚、加拿大、日本等国的弹性系数略小于1，芬兰、法国、德国等略大于1，这表明股票市场走势高度趋同。中国股票价格的内外部弹性相对较小，意味着中国的股票价格走势表现出一定的独立性。比较意外的是，模型估计得到的长期债券利率内外部弹性很小，在0值上下。不过，这尚不能说明长期债券利率不受外部影响，而只能说明当期影响不太明显；至于是否表现出滞后影响，还需要进一步考察。

表 6 - 7　外部变量对内部变量当期影响检验

国家	y	dp	r	ts	eq	ep	lr
Austrilia	0.17	0.37	0.10	1.31	0.80	—	0.00
	(1.15)	(1.52)	(0.38)	(3.37)	(8.40)	—	(−3.12)
Canada	0.59	0.47	0.16	0.94	0.89	—	0.00
	(3.87)	(3.63)	(1.08)	(8.69)	(13.78)	—	(−5.35)
China	0.45	0.29	1.87	12.92	0.48	—	−5797.52
	(1.03)	(0.88)	(1.20)	(2.17)	(4.37)	—	(−2.52)
Finland	1.57	0.27	1.10	—	1.44	—	—
	(4.83)	(1.63)	(6.76)	—	(6.64)	—	—
France	0.59	0.53	0.96	1.25	1.09	—	0.00
	(4.83)	(3.20)	(9.44)	(20.62)	(33.59)	—	(−9.47)
Germany	0.98	0.68	0.99	1.07	1.33	—	0.00
	(3.92)	(5.47)	(9.39)	(16.60)	(15.88)	—	(−9.21)
India	0.55	0.52	0.82	−0.05	1.33	—	0.00
	(2.61)	(1.00)	(0.98)	(−0.07)	(5.34)	—	(1.85)
Italy	1.13	0.60	1.31	0.79	1.11	—	0.00
	(6.61)	(8.18)	(4.49)	(5.73)	(11.10)	—	(−2.68)
Japan	0.29	−0.30	0.13	0.46	0.86	—	0.00
	(1.16)	(−2.37)	(3.36)	(4.35)	(7.40)	—	(−3.65)
Netherland	0.43	0.53	0.95	1.25	0.94	—	0.00
	(3.69)	(2.19)	(7.00)	(16.84)	(12.19)	—	(−10.96)
South Africa	0.41	0.59	0.73	1.75	0.81	—	−0.01
	(3.26)	(1.73)	(1.40)	(5.98)	(5.67)	—	(−3.84)

续表

国家	y	dp	r	ts	eq	ep	lr
Singapore	1. 69	0. 41	1. 15	—	1. 10	—	—
	(4. 43)	(3. 18)	(2. 06)	—	(7. 39)	—	—
Spain	0. 29	0. 87	1. 46	0. 53	1. 17	—	0. 00
	(2. 14)	(4. 48)	(8. 71)	(3. 12)	(18. 63)	—	(0. 74)
UK	0. 68	0. 68	1. 16	0. 82	0. 83	—	0. 00
	(3. 57)	(3. 52)	(4. 16)	(4. 95)	(11. 01)	—	(- 2. 29)
US	0. 35	0. 27	—	—	—	0. 04	—
	(2. 12)	(1. 29)	—	—	—	(2. 03)	—

注：表中列示的是内部变量对外部变量的当期弹性系数估计值，括号中是自相关和异方差稳健（Newey-West）的 t 统计量。

（四）截面相关性检验

GVAR 模型的另一个关键假设是不同经济体 VARX 模型中的随机冲击项是"独立"的，换言之，不同经济体 VARX 模型误差项之间应该是弱相关的，使得外部变量与误差项的协方差 cov（X_{it}^{*}，u_{it}）依概率趋近于 0，从而保障外部变量的弱外部性假设。检验外部变量减轻 GVAR 模型变量截面相关有效程度的一个简单方法是：计算变量一阶差分的平均配对截面相关性（Average Pairwise Cross-section Correlations）以及各个经济体 VECMX 模型残差的平均配对截面相关性，并进行比较分析。

表 6 - 8 列示了内部变量一阶差分序列的平均配对截面相关系数，以及 VECMX 模型残差序列的平均配对截面相关系数。从表 6 - 8Panel A 可以看到，各变量一阶差分序列的平均截面相关系数均较大。其中，股票价格一阶差分序列的截面相关性最大，平均为 0. 6 至 0. 7，最大值达到 0. 77；截面相关性最小的是通货膨胀率，分布在 0. 08 至 0. 38 之间。实际上，若不做一阶差分处理，原水平值序列的截面相关程度更高。因此，GVAR 模型中各变量间存在明显的截面相关性，即使一阶差分滞后仍然不容忽视。

表6-8 平均配对截面相关系数

		Panel A. First differences of domestic variables					
国家	*y*	*dp*	*r*	*ts*	*eq*	*ep*	*lr*
Austrilia	0. 19	0. 20	0. 54	0. 52	0. 72	0. 61	0. 48
Can	0. 47	0. 35	0. 43	0. 43	0. 73	0. 52	0. 48
China	0. 30	0. 08	0. 35	0. 18	0. 37	0. 32	0. 08
Finland	0. 49	0. 26	0. 59	—	0. 61	0. 68	—
France	0. 53	0. 32	0. 61	0. 60	0. 77	0. 68	0. 59
Germany	0. 52	0. 38	0. 62	0. 60	0. 76	0. 68	0. 59
India	0. 21	0. 01	0. 36	0. 31	0. 60	0. 41	0. 19
Italy	0. 55	0. 34	0. 51	0. 48	0. 72	0. 68	0. 37
Japan	0. 41	0. 17	0. 49	0. 32	0. 64	0. 18	0. 28
Netherland	0. 48	0. 25	0. 62	0. 62	0. 76	0. 68	0. 59
South Africa	0. 43	0. 17	0. 20	0. 42	0. 60	0. 50	0. 17
Singapore	0. 38	0. 11	0. 23	—	0. 62	0. 58	—
Spain	0. 45	0. 31	0. 63	0. 51	0. 71	0. 69	0. 39
UK	0. 49	0. 34	0. 57	0. 47	0. 75	0. 59	0. 51
US	0. 43	0. 40	0. 36	0. 42	0. 74	0. 41	0. 53
		Panel B. VECMX residuals					
国家	*y*	*dp*	*r*	*ts*	*eq*	*ep*	*lr*
Austrilia	− 0. 03	0. 00	0. 02	− 0. 03	0. 01	0. 32	0. 01
Can	− 0. 03	0. 00	0. 01	0. 01	0. 05	0. 08	0. 01
China	− 0. 07	− 0. 09	− 0. 05	− 0. 07	− 0. 13	0. 09	− 0. 02
Finland	0. 00	0. 02	0. 02	—	− 0. 02	0. 34	—
France	0. 01	0. 01	− 0. 01	− 0. 01	− 0. 02	0. 42	− 0. 01
Germany	− 0. 05	0. 01	0. 04	0. 03	− 0. 06	0. 36	− 0. 04
India	− 0. 01	− 0. 03	− 0. 04	− 0. 02	0. 01	− 0. 01	− 0. 02
Italy	− 0. 03	0. 02	− 0. 03	− 0. 06	− 0. 01	0. 40	− 0. 10
Japan	0. 01	− 0. 02	− 0. 03	0. 03	− 0. 03	0. 15	− 0. 04
Netherland	− 0. 05	− 0. 03	0. 01	− 0. 03	− 0. 01	0. 37	− 0. 01
South Africa	− 0. 01	0. 03	− 0. 01	− 0. 05	0. 01	0. 10	− 0. 01
Singapore	− 0. 02	− 0. 01	− 0. 01	—	− 0. 02	0. 25	—
Spain	0. 00	− 0. 03	0. 00	− 0. 05	− 0. 04	0. 37	− 0. 09

国家	y	dp	r	ts	eq	ep	lr
UK	-0.01	0.02	-0.02	-0.07	-0.01	0.33	-0.02
US	-0.03	0.01	-0.03	0.00	0.01	-0.05	0.02

注：Panel A 中列示的是内部变量一阶差分的平均配对截面相关系数，Panel B 中列示的是由 VECMX 模型得到的残差的平均配对截面相关系数。

然而，从表 6-8 Panel B 可以发现，除了实际汇率 ep 以外，由各经济体 VECMX 模型（纳入了内部变量、外部变量和全局变量）得到的各残差序列的截面相关性大幅下降。即使是一阶差分序列高度截面相关的股票价格 eq，其 VECMX 残差序列的截面相关系数也降至 0 附近。实际汇率 ep 的 VECMX 残差序列截面相关性有所下降，但仍然高于其他变量，这主要是由于在 GVAR 模型设定中，除美国以外的其他国家 VARX 模型中就没有将 ep^* 作为外部变量。

总体上，截面相关性检验的结果表明，GVAR 模型将以外部变量的形式将其他经济体数据纳入模型，能够很好地处理变量序列间的截面相关问题。尽管上述方法没有严格使用标准的检验统计量，但仍然足以说明，在合理纳入外部变量后，不同经济体随机冲击之间的相关性已经控制在微弱的水平，不会给参数识别带来困扰。

二、广义脉冲响应分析

为了进一步挖掘 GVAR 模型的动态特征，并揭示主要经济体流动性管理对中国金融市场的影响，这里利用由 Koop 等最早提出、后经 Pesaran 和 Shin 改进的广义脉冲响应函数（Generalized Impulse Response Function, GIRF）进行分析。

（一）GIRF 计算方法和相关设定

GIRF 与经典的正交脉冲响应（Orthogonalized Impulse Response, OIR）有所不同，主要的区别在于，OIR 方法要求针对一组正交化的冲击计算响应函数；而 GIRF 方法不要求冲击的正交化，其在考察某一冲击的影响时，会利用观测得到的所有冲击的分布特征来整合处理其他冲击产生的影响。因此，GIRF 的结果不受变量顺序的影响，从而在使用该方法时不必纠结于如何设置变量顺序；特别是对于本章构建的 GVAR 模型，其方程和冲击数量超过 100 个，设定合理的变量顺序几乎是难以实现的。

基于式（6-11）给出的 GVAR 模型解的形式，GIRF 定义如下：

$$GIRF(X_t; u_{i\ell t}, n) = E(X_{t+n} \mid u_{i\ell t} = \sqrt{\sigma_{ii,\ell\ell}}, I_{t-1}) - E(X_{t+n} \mid I_{t-1})$$

$$(6-29)$$

式中，I_{t-1} 表示在 $t-1$ 时期的信息集，$\sigma_{ii,\ell\ell}$ 是对应于经济体 i 第 ℓ 个方程的方差协方差矩阵 Σ_u 的对角元素，n 表示仿真期限。

进一步地，在 t 时期针对第 ℓ 个方程的一单位（一个标准差大小）冲击对第 j 个变量在 $t+n$ 时期的影响，就可以表示为以下向量的第 j 个元素：

$$GIRF(X_t; u_{i\ell t}, n) = \frac{e'_j A_n G_0^{-1} \sum_u e_\ell}{\sqrt{e'_\ell \sum_u e_\ell}}, n = 0,1,2,\cdots; \ell, j = 1,2,\cdots,k$$

$$(6-30)$$

式中，$e_\ell = (0, 0, \cdots, 0, 1, 0, \cdots, 0)'$ 是一个选择向量，其第 ℓ 个元素为 1，其他为 0，用来刻画特定冲击；其他变量的定义与前文一致，不再赘述。

尽管 GVAR 模型，以及 GIRF 方法缺少了对变量动态机制的经济学解释，但其揭示的冲击传导过程仍然很有价值。为了研究经济体流动性管理对中国金融市场的影响，有关 GIRF 的设置大致如下：

（1）冲击来源。四个经济体分别为美国、欧元区经济体、亚洲经济体、其他经济体（具体构成详见表6-2）。

（2）冲击类型。两种流动性冲击分别是：代表常规货币政策的基准利率冲击，以及代表非常规货币政策的期限利差冲击（具体阐述见本章第二节）。

（3）冲击力度和方向。冲击力度为一个标准差大小；冲击方向为负向冲击，即基准利率下滑、期限利差缩小，均代表流动性宽松。

（4）分析对象。模型中刻画中国金融市场的变量分别是：股票市场价格指数、实际汇率，以及长期债券利率。

（5）仿真期限。进行冲击效应模拟的期限长度为 40 个季度。

（6）计算方法。GIRF 的计算过程中需要使用残差的方差协方差矩阵，但是从前文的模型稳定检验结果（见表6-5）可以看出，残差序列存在结构性断点，因此点估计值可能是不可靠的。这里使用 bootstrap 的方法分别得到 GIRF 的 bootstrap 中位数、上限和下限。由于计算负担较大，仅进行 100

次计算。

（二）GIRF 计算结果与动态响应路径分析

基于 GVAR 模型的参数估计、求解和 GIRF 的定义，即可刻画中国金融市场对主要经济体流动性冲击的动态响应路径。

图 6-1 描绘了中国金融市场对美国流动性冲击的 GIRF 路径。

首先，考察美国基准利率下降和期限利差收敛对中国股票指数价格的影响。当美国下调基准利率时，中国股票指数价格随即出现上涨，大约在第 5~6 个季度时达到峰值，随后缓慢小幅回调，并维持在相比冲击之前更高的价格水平上。其背后的逻辑比较复杂，其中有两点相对明确：一是美联储调低基准利率促使美国股票市场上涨，在比价效应的影响下对中国股票市场产生直接的正向溢出效果；二是美联储调低基准利率形成了中国基准利率下调预期，按照资产定价理论模型将推高股票的折现价值，从而推动国内股票价格上涨。类似地，当美国通过流动性释放缩小期限利差时，中国的股票价格也会积极响应，其幅度和路径与基准利率冲击下大致类似。不过，期限利差的作用机制可能不同，主要是通过降低信贷市场的实际借贷成本，激发经济活力，并在短期内造成扩张预期。

其次，考察美国基准利率冲击和期限利差冲击对中国长期债券利率的影响。从 GIRF 的 bootstrap 中位数来看，冲击对国内长期债券利率的影响幅度比较正常，但 bootstrap 上下限数字均较大，这表明长期债券利率残差方差的异质性较大。总体上，美国基准利率下调和期限利差收敛都会导致中国的长期债券利率上行，但其影响速度比股票市场稍慢。长期债券利率响应过程的逻辑主要是：一方面，美国的流动性刺激政策有助于修复市场预期、降低资金成本、恢复信贷流动，从而改善美国实体经济状况和对中国商品的需求。另一方面，中国国内的流动性跟随释放预期也会促进实体经济活动的活跃度。由于对长期经济增长的预期发生了改善，长期债券利率小幅上升。

最后，考察美国基准利率下调和期限利差收敛对人民币实际汇率的影响。由于汇率反映了两国经济的相对关系，影响汇率的因素比较复杂，且不同机制的作用方向可能相反。例如，考虑两个主要的影响机制：一方面，美国流动性宽松短期内对美元币值起到压制作用，相应地，人民币有升值预期，变现为单位美元兑换人民币数量的减少。另一方面，美国流动性宽松政策会刺激美国经济较快复苏，提高经济活力，并改善未来预期，有利于美元币值的上升，即单位美元兑换人民币数量的增加。除此之外，中国的货币政策以及国内实体经济的发展也会影响汇率。从 GIRF 的结果来看，美国基准利率下调和期限利差收敛总体上会导致人民币币值上升，即单位美元兑换人民币数量的减少；且汇率对冲击的响应也比较迅速。

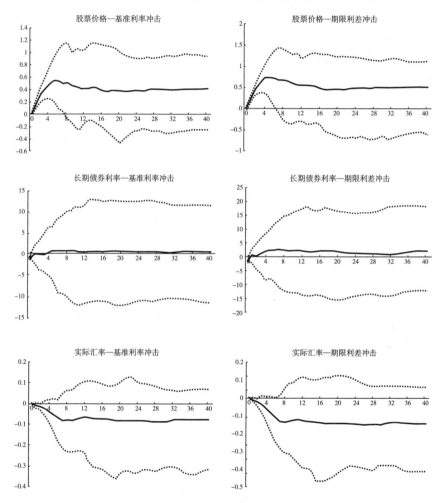

注：实线表示 bootstrap 中位数，虚线为 90% 置信度的 bootstrap 上限和下限。

图 6-1　中国金融市场变量对美国流动性冲击的广义脉冲响应路径

图 6-2 描绘了中国金融市场对欧元区经济体流动性冲击的 GIRF 路径。在本章的 GVAR 模型中，欧元区包括芬兰、法国、意大利、荷兰、西班牙以及德国。利用购买力平价的国内生产总值（Purchasing Power Parity GDP,

PPP - GDP）的相对大小将这些国家加总为一个区域经济体，从而能够考察区域整体的流动性冲击对中国金融市场的影响。

图 6 - 2 的第一行描绘了欧元区经济体基准利率下调和期限利差收敛对中国股票价格指数的影响。由于涉及经济体较多，股票价格的动态响应路径并不太平滑。总体上看，中国股票市场对欧元区经济体基准利率下调和期限利差收敛的响应是正面的，即欧元区经济体的流动性宽松操作会推动中国股票价格指数上涨。与前文中美国流动性宽松的情形相比，中国股票价格对欧元区流动性宽松的响应幅度要小得多，并且响应速度也较慢。这表明中国股票市场对美国流动性宽松政策的影响更大。

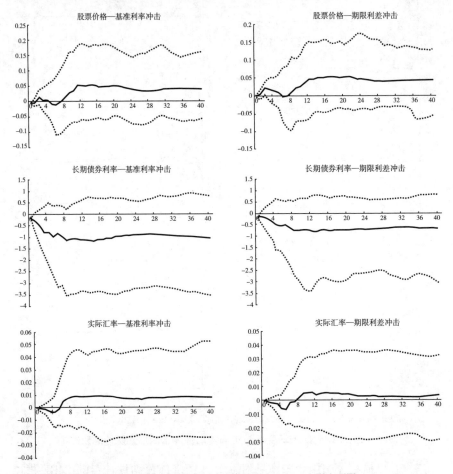

注：实线表示 bootstrap 中位数，虚线为 90% 置信度的 bootstrap 上限和下限。

图 6 - 2　中国金融市场变量对欧元区经济体流动性冲击的广义脉冲响应路径

考察欧元区经济体基准利率和期限利差冲击对中国长期债券利率的影响。中国长期债券利率对欧元区基准利率下调和期限利差收敛的响应总体是负的，与美国流动性冲击下的情况刚好相反。这一现象可能与样本期内欧元区整体比较低迷的经济状况有一定关系。在美国基准利率下调和期限利差收敛后，美国本土的长期债券利率是上升的（囿于篇幅，本章没有展示其 GIRF），表现出市场对美国未来经济预期的改善，这对中国起到了正向的溢出作用。但是，欧元区经济体基准利率下调和期限利差收敛后，以PPP - GDP 加权的欧元区经济体长期债券利率反而是下滑的，表现了市场对欧元区经济的长期悲观态度。受其影响，作为欧元区最大的进出口贸易伙伴的中国，也受到了负面影响，表现为长期债券利率下滑。

图 6 - 2 的第三行描绘了欧元区经济体基准利率下调和期限利差收敛对人民币实际汇率的影响。总体来看，欧元区经济体流动性宽松之后，单位美元兑换人民币数量小幅上升，这反映出欧元区经济体流动性宽松导致欧元区经济体本币贬值，但美元相对于欧元的升值幅度要高于人民币相对于欧元的升值幅度。出现这一现象的主要原因是美元和欧元是全球最重要的两种国际储备币种，欧元贬值对美元的影响更大。

图 6 - 3 描绘了中国金融市场对亚洲经济体流动性冲击的 GIRF 路径。在本章的 GVAR 模型中，亚洲国家包括日本、新加坡和印度，加总的权重仍然是 PPP - GDP 的区域内份额。这里需要注意的是，由于模型中亚洲经济体里日本的 PPP - GDP 权重具有绝对优势，其流动性宽松操作的影响发挥了主导作用。但是，样本期内日本基准利率长期处于较低水平，这使得基准利率的下调对其经济的刺激作用并不明显，对中国金融市场的溢出作用也受到了一定影响。

首先，考察亚洲经济体基准利率下降和期限利差收敛对中国股票指数价格的影响。总体上，亚洲经济体流动性宽松会推动中国股票价格指数上行，主要表现出两个特征：一是亚洲经济体流动性宽松对中国股票市场的影响小于美国流动性宽松政策，但比欧元区流动性宽松政策的影响要大，这主要是因为地缘上更接近，导致股票价格的溢出影响更大（一般而言，日经 225 指数比法国 CAC40 指数、德国 DAX 指数对上证综指的影响更大）。二是期限利差冲击比基准利率冲击对中国股票市场的影响更大也更迅速，这可能是由于 GVAR 模型中亚洲经济体里占主导地位的日本的基准利率长期保持在低位，降息空间很小且对经济的影响不大。

其次，考察亚洲经济体基准利率冲击和期限利差冲击对中国长期债券利率的影响。从 GIRF 来看，亚洲经济体基准利率下调和期限利差缩小对中国长期债券利率的影响方向相反，其中基准利率对长期债券利率的影响比较令人费解。一个可能的解释仍然是亚洲经济体里占主导地位的日本的基准利率长期保持在低位，降息空间很小且对实体经济的扩张起不到太大效果。这一点从亚洲经济体降息对日本实际 GDP 的影响可以得到确认（亚洲经济体基准利率下调后，日本实际 GDP 的 GIRF 在 10 个季度内都位于 0 轴以下）。期限利差收敛对中国长期债券利率的影响符合预期，表明期限利差收敛会加快亚洲经济体的信贷活动，改善经济复苏，改善未来经济预期，并对中国产生正面溢出效应。

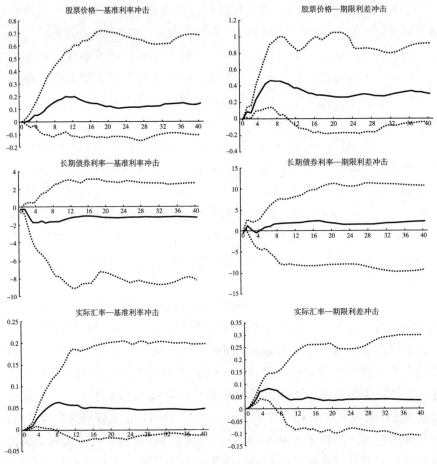

注：实线表示 bootstrap 中位数，虚线分别表示 90% 置信度的 bootstrap 上限和下限。

图 6 - 3　中国金融市场变量对亚洲经济体流动性冲击的广义脉冲响应路径

最后,考察亚洲经济体基准利率下调和期限利差收敛对人民币实际汇率的影响。总体来看,亚洲经济体流动性宽松之后,人民币对美元汇率出现小幅贬值,即单位美元兑换人民币数量小幅增加,这主要反映了中国将实行流动性宽松的预期。

图6-4描绘了中国金融市场对其他经济体流动性冲击的 GIRF 路径。在本章的 GVAR 模型中,其他经济体包括了澳大利亚、南非、加拿大以及英国,加总的权重仍然是 PPP-GDP 的组内份额。

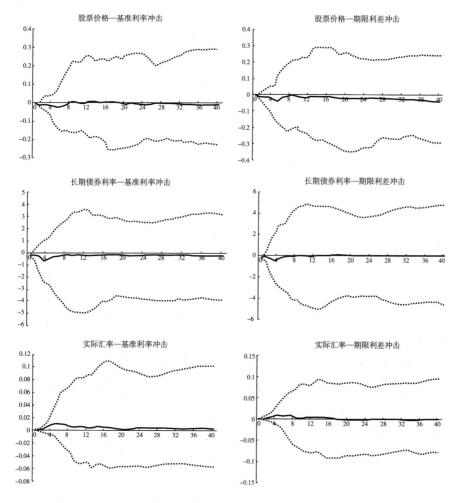

注:实线表示 bootstrap 中位数,虚线分别表示90%置信度的 bootstrap 上限和下限。

图6-4 中国金融市场变量对其他经济体流动性冲击的广义脉冲响应路径

从图中容易看到,相比美国、欧元区以及亚洲经济体而言,其他经济体的基准利率冲击和期限利差冲击对中国金融市场的影响要小得多。冲击发生后，中国的股票价格指数、长期债券利率以及人民币对美元实际汇率的响应幅度较小，响应速度较慢，且长期来看也没有显著偏离冲击发生前的水平。

三、广义方差分解分析

利用方差分解可以进一步识别主要经济体流动性冲击对中国金融市场变量预测方差的贡献度。但是，传统 VAR 模型的方差分解是基于正交化设定的，即计算的是模型提前 n 期预测方差中的由第 j 个正交化扰动项所贡献的部分。但是，在本章的 GVAR 模型中，不同经济体的随机扰动项并不是正交的，而是存在显著的正相关关系。因此，标准的预测误差方差分解（FEVD）对 GVAR 模型并不适用。

为了解决这个问题，采用广义预测方差分解（Generalized Forecast Error Variance Decomposition，GFEVD）作为替代方案。GFEVD 允许不同方程的冲击项之间存在同期相关性，从而测算"非正交化"的随机冲击对模型变量预测方差的贡献度。GFEVD 的表达式如下：

$$GFEVD(X_{(\ell)t};u_{(j)t},n) = \frac{\sigma_{jj}^{-1}\sum_{s=0}^{n}(e'_{\ell}A_sG_0^{-1}\sum_u e_j)^2}{\sum_{s=0}^{n}e'_{\ell}A_sG_0^{-1}\sum_u G_0^{-1\prime}A'_s e_{\ell}},n=0,1,2,\cdots,\ell=1,2,\cdots,k$$

$$(6-31)$$

式（6-31）表示 X_t 中第 j 个冲击对第 ℓ 个变量第 n 期预测方差的解释度，其他变量释义与前文相同。

表 6-9 列示了由广义预测方差分解结果提取的主要经济体流动性冲击对中国金融市场变量的解释度。需要注意的是，由于方差协方差矩阵 $\sum_u$ 是非对角矩阵，所以广义预测误差分解矩阵 $GFEVD(X_{(\ell)t};u_{(j)t},n)$ 在维度 j 上的数字相加并不一定等于 1。换言之，GFEVD 不能直接解释为冲击对变量预测方差贡献的百分比，这一点与传统的 FEVD 有很大差别。

表6-9　中国金融市场变量广义预测方差分解结果

Panel A. 美国流动性冲击							
		t = 0	t = 4	t = 8	t = 12	t = 20	t = 40
u^r	eq	0.004	0.044	0.031	0.023	0.020	0.021
	ep	0.038	0.053	0.042	0.030	0.025	0.023
	lr	0.087	14.541	10.486	8.649	7.466	6.785
u^{ts}	eq	0.031	0.055	0.034	0.025	0.023	0.017
	ep	0.022	0.074	0.045	0.029	0.028	0.021
	lr	0.347	17.478	11.119	7.213	6.341	5.899
Panel B. 欧元区经济体流动性冲击							
		t = 0	t = 4	t = 8	t = 12	t = 20	t = 40
u^r	eq	0.597	0.097	0.080	0.067	0.064	0.064
	ep	0.009	0.100	0.089	0.076	0.071	0.072
	lr	0.439	29.112	27.007	23.403	21.483	21.313
u^{ts}	eq	0.819	0.093	0.079	0.064	0.067	0.052
	ep	0.042	0.106	0.102	0.091	0.077	0.062
	lr	16.508	31.540	27.493	23.874	19.102	16.974
Panel C. 亚洲经济体流动性冲击							
		t = 0	t = 4	t = 8	t = 12	t = 20	t = 40
u^r	eq	0.010	0.114	0.093	0.079	0.072	0.070
	ep	0.004	0.111	0.101	0.082	0.069	0.059
	lr	0.051	32.043	28.769	25.256	22.224	22.040
u^{ts}	eq	0.019	0.016	0.018	0.017	0.018	0.014
	ep	0.005	0.015	0.022	0.022	0.017	0.014
	lr	0.255	4.354	3.953	3.606	3.207	2.618
PanelD. 其他经济体流动性冲击							
		t = 0	t = 4	t = 8	t = 12	t = 20	t = 40
u^r	eq	0.529	0.097	0.071	0.051	0.051	0.045
	ep	0.010	0.097	0.078	0.060	0.055	0.052
	lr	1.132	27.316	21.419	17.362	16.046	15.692
u^{ts}	eq	0.234	0.107	0.094	0.081	0.080	0.073
	ep	0.079	0.116	0.109	0.092	0.091	0.090
	lr	22.741	33.640	28.912	26.469	24.923	25.608

　　注：表中列示的数字是 GFEVD 结果，u^r 和 u^{ts} 分别表示基准利率冲击和期限利差冲击，t 表示预测期限，单位是季度。

从表6-9中可以观察得到以下事实：第一，主要经济体的流动性冲击对中国股票价格指数、长期债券利率以及人民币对美元实际汇率的解释力总体上呈现出先增后减的变化态势，在第20期之后基本趋于稳定。第二，虽然从GIRF来看，中国的股票价格指数和人民币对美元实际汇率受其他经济体流动性冲击的影响较大，但是GFEVD结果表明，长期预测方差中可由其他经济体流动性冲击解释的部分并不大；相反，其他经济体流动性冲击对中国长期债券利率预测方差的解释力更大。第三，其他经济体信用利差冲击对中国金融市场变量预测方差的解释力要强于基准利率冲击，这意味着样本期内其他经济体量化宽松等非常规货币政策比基准利率调整等常规货币政策对中国金融市场波动的贡献度更高。第四，表中结果显示，欧元区经济体和亚洲经济体的流动性冲击对中国长期债券收益率预测方差的解释力远大于美国的流动性冲击，这与预期存在一定差异，可能反映出模型在动态机制的刻画或样本覆盖方面还存在一定缺陷。

四、基于 GVAR 模型的反事实分析

利用反事实分析（Counter factual Analysis），可以考察在主要经济体特定流动性管理操作假设下中国金融市场变量的变化，并将其与实际数据进行比较，从而进一步揭示出主要经济体流动性操作对中国金融市场的影响。基于上述模型和其解的形式，借鉴 Pesaran 等，可通过 GVAR 模型的条件预测（Conditional Forecasts）来进行反事实分析。由于本章 GVAR 模型的样本期限为1997年第三季度至2016年第四季度，但实际估计 GVAR 模型时仅使用了1997年第三季度至2015年第四季度的数据，因此，2016年4个季度的数据可用于条件预测和对比分析。条件预测的基本思路是：对预测期 $h\epsilon$ $\{1，2，3，4\}$ 内每一期的基准利率和期限利差施加条件约束 r_{0t} 和 ts_{0t}，然后进行模型求解得到预测值。

（一）基于 GVAR 的条件预测算法

基于 GVAR 的条件预测法简要介绍如下（为了表述方便，以一个国家为例，国别下标略去）：

将 GVAR 模型在预测期内面临的条件约束表述为以下形式：

$$\Psi X_{T+j} = d_{T+j}, j = 1,2,3,4 \qquad (6-32)$$

式中，Ψ 是根据模型变量数量 k 和条件约束数量 m 定义的一个 $m \times k$ 维矩

阵；$T+j$ 表示预测期，即从第 T 期开始的第 j 期；d_{T+j} 是条件约束值构成的 $m \times 1$ 维向量。以本章中包含全部内外部变量的国家模型为例，条件约束数量 $m=2$，总变量数量 $k=15$，内部变量数量 $k_0=7$。若内部变量以如下顺序排列 $X_t = (y_t, dp_t, r_t, ts_t, eq_t, eq_t, lr_t)'$，约束向量 $d_{T+j} = (r_{0,T+j}, ts_{0,T+j})'$，$j=1$，2，3，4，则矩阵 Ψ 记为：

$$\underset{2 \times 15}{\Psi} = \begin{pmatrix} 0_{1 \times 8} & 0 & 0 & 1 & 0 & 0 & 0 & 0 \\ 0_{1 \times 8} & 0 & 0 & 0 & 1 & 0 & 0 & 0 \end{pmatrix} \qquad (6-33)$$

在上述约束下，X_{T+h} 的点预测可以表示为

$$\mu_h^* = E(X_{T+h} | I_T, \Psi X_{T+j} = d_{T+j}, j=1,2,3,4), h=1,2,3,4 \quad (6-34)$$

假设预测期内 GVAR 模型参数 F_i（$i=1$，2，$\cdots$，p）和方差协方差矩阵 $\sum_u$ 保持不变，可得到式（6-34）的解析解。首先，考虑模型的非条件方差预测值满足以下分布：

$$X_{T+h} \ I_T \sim N(\mu_h, \Omega_{hh}) \qquad (6-35)$$

标准差 Ω_{hh} 可记为

$$\Omega_{hh} = S \sum_{\ell=0}^{h-1} F^\ell \sum F'^\ell S' \qquad (6-36)$$

$S = (I_k \quad 0_{k \times k})$，$\sum$ 表示为

$$\sum = \begin{pmatrix} cov(u_{T+h-i}) & 0 & 0 \\ 0 & 0 & 0 \\ 0 & 0 & 0 \end{pmatrix} \qquad (6-37)$$

进一步地，在不考虑条件约束的情况下，由模型解得到的非条件点预测值可以表示为

$$X_{T+h} = \mu_h + \xi_{T+h}, \xi_{T+h} = \sum_{\ell=0}^{h-1} SF^\ell E_{T+h-\ell}, E_{T+h-\ell} = \begin{pmatrix} u_{T+h-\ell} \\ 0 \end{pmatrix} \quad (6-38)$$

式中，μ_h 是非条件预测下 X_{T+h} 的期望值。

引入施加的条件约束 $\Psi X_{T+j} = d_{T+j}$，则得到：

$$\Psi \xi_{T+j} = d_{T+j} - \Psi \mu_j, j=1,2,3,4 \qquad (6-39)$$

定义 $g_j = d_{T+j} - \Psi \mu_j$、$\xi_{\bar{H}} \equiv (\xi'_{T+1}, \xi'_{T+2}, \xi'_{T+3}, \xi'_{T+4})$、$g_{\bar{H}} \equiv (g'_1, g'_2, g'_3, g'_4)'$，其中 $\bar{H}$ 表示施加约束的最大期限，这里等于 4。则式（6-39）可改记为：

$$(I_H \otimes \Psi) \xi_{\bar{H}} = g_{\bar{H}} \qquad (6-40)$$

在随机冲击项联合正态分布假设下，对 $h=1$，2，3，4 有：

$$E(\xi_{T+h}|I_T, \Psi X_{T+j} = d_{T+j}, j = 1,2,3,4) = E(\xi_{T+h}|I_T, (I_{\bar{H}} \otimes \Psi)\xi_{\bar{H}} = g_{\bar{H}})$$

$$= (s'_{h\bar{H}} \otimes I_k)\Omega_{\bar{H}}(I_{\bar{H}} \otimes \Psi')[(I_{\bar{H}} \otimes \Psi)\Omega_{\bar{H}}(I_{\bar{H}} \otimes \Psi')]^{-1}g_{\bar{H}}$$

$$(6-41)$$

式中，$s_{h\bar{H}}$ 表示 $\bar{H} \times 1$ 维的选择向量，其中第 h 个元素为 1，其他均为 0。$\Omega_{\bar{H}}$ 是一个 $\overline{kH} \times \overline{kH}$ 维矩阵，其结构为

$$\Omega_{\bar{H}} = \begin{pmatrix} \Omega_{11} & \Omega_{12} & \cdots & \Omega_{1\bar{H}} \\ \Omega_{21} & \Omega_{22} & \cdots & \Omega_{2\bar{H}} \\ \vdots & \vdots & \ddots & \vdots \\ \Omega_{\bar{H}1} & \Omega_{\bar{H}2} & \cdots & \Omega_{\overline{HH}} \end{pmatrix} \qquad (6-42)$$

矩阵 $\Omega_{\bar{H}}$ 的对角元素 $\{\Omega_{ii}\}_{i=1}^{\bar{H}}$ 的取值已由式（6 - 36）给出。其他非对角元素的取值满足下式：

$$\Omega_{ij} = \begin{cases} S(\sum_{\ell=0}^{i-1} F^\ell \sum F'^\ell)F'^{(j-i)}S', i < j \\ SF^{(i-j)}(\sum_{\ell=0}^{j-1} F^\ell \sum F'^\ell)S', i > j \end{cases} \qquad (6-43)$$

式中，$\sum$ 的定义如式（6 -37）所示。

由以上可以得到条件预测结果如下：

$$\mu_h^* = \mu_h + (s'_{h\bar{H}} \otimes I_k)\Omega_{\bar{H}}(I_{\bar{H}} \otimes \Psi')[(I_{\bar{H}} \otimes \Psi)\Omega_{\bar{H}}(I_{\bar{H}} \otimes \Psi')]^{-1}g_{\bar{H}}$$

$$(6-44)$$

由式（6 -44）可见，条件预测是利用条件约束对非条件预测期望值的修正。

（二）基于 GVAR 模型的反事实分析结果

与广义脉冲响应分析、广义方差分解分析不同，在进行条件预测时仅选取各组内 PPP - GDP 权重最大的国家作为分析对象，以减轻分析的难度。具体而言，这里选择美国、欧元区经济体中的德国、亚洲经济体中的日本，以及其他经济体中的英国作为反事实分析的研究对象。

2015—2016 年，全球经济仍然处在相对低迷的状态，仅美国表现出一定的复苏态势。在流动性管理方面，美国从 2016 年第一季度开始进入新一轮加息周期；但是直到 2017 年第四季度才正式开始启动量化宽松的退出。因此，2016 年，在美国的基准利率上浮的同时，期限利差仍然保持收敛趋势，总体上流动性仍然趋于宽松。欧元区内，2014 年底开始进入负利率时代，基准利率在 2015 年全年持续走低，并在 2016 年又出现较大幅度下调。

期限利差在 2015 年第三季度和第四季度略有恢复，但进入 2016 年后继续缩小。从数据和欧洲中央银行的官方发言来看，2016 年的流动性相对于 2015 年底继续宽松。亚洲地区，除几个新兴市场国家以外，其他经济体仍然面临不小压力。日本在 2016 年基准利率进一步下滑，并在 2016 年第二季度进入负利率区间，同时期限利差也有小幅下滑，甚至出现倒挂现象。因此，总体上 2016 年的流动性相比 2015 年更加宽松。其他经济体中，英国的基准利率在 2015 年有所上升，期限利差也保持相对稳定，但进入 2016 年之后，基准利率和期限利差均出现下滑，流动性方面更加宽松（如表 6 - 10 所示）。

表 6 - 10　美国、德国、日本和英国基准利率和期限利差　　　　单位：%

	US		Germany		Japan		UK	
	R	TS	R	TS	R	TS	R	TS
2015Q1	0.023	1.943	-0.261	0.567	0.073	0.263	0.383	1.323
2015Q2	0.020	2.147	-0.331	0.821	0.067	0.321	0.450	1.533
2015Q3	0.060	2.160	-0.342	0.999	0.074	0.301	0.467	1.533
2015Q4	0.133	2.057	-0.406	0.936	0.076	0.210	0.473	1.443
2016Q1	0.297	1.623	-0.539	0.795	0.035	-0.041	0.467	1.140
2016Q2	0.263	1.490	-0.616	0.696	-0.050	-0.096	0.430	1.043
2016Q3	0.310	1.253	-0.756	0.632	-0.046	-0.066	0.270	0.570
2016Q4	0.433	1.697	-0.863	1.010	-0.043	0.043	0.120	1.177

　　利用 GVAR 模型进行条件预测时，将各经济体 2016 年四个季度的基准利率和期限利差均设置在 2015 年第四季度的水平，然后按照式（6 - 44）计算模型各内生变量的条件预测值。其中，中国的股票价格变量 eq、长期债券利率变量 lr 以及人民币对美元实际汇率变量 eq 在 2016 年的真实值与条件预测值汇报在表 6 - 11 和图 6 - 5 中。

　　按照条件约束的设置，模型假设的主要经济体 2016 年各季度流动性相比实际情况偏紧。在这一假设下，得到的中国股票价格预测值普遍高于真实值；中国长期债券利率的预测值普遍低于真实值；人民币对美元实际汇率的预测值总体略高于真实值（预测的人民币对美元贬值幅度大于实际值）。

　　这表明，在假定主要经济体流动性偏紧的情况下（即如果主要经济体在 2016 年没有继续实施流动性宽松政策），包括中国在内的各经济体景气程度将受到影响，市场对未来经济增长的预期将更加悲观；中国的经济前景也将面临更大的不确定性，导致长期债券利率偏低，人民币贬值压力增大，但资金成本的降低和进一步流动性宽松的预期可能会推动股票价格的上涨。

表 6 – 11   中国金融市场变量的条件预测结果

Panel A. 股票价格指数								
eq	真实值	条件预测值						
		US_r	US_ts	Germ_r	Germ_ts	Japan_r	Japan_rs	UK_r	UK_ts
2016Q1	1. 409	1. 543	1. 548	1. 534	1. 543	1. 546	1. 547	1. 542	1. 548
2016Q2	1. 399	1. 578	1. 591	1. 556	1. 577	1. 578	1. 587	1. 573	1. 588
2016Q3	1. 409	1. 607	1. 626	1. 579	1. 627	1. 607	1. 615	1. 596	1. 628
2016Q4	1. 421	1. 646	1. 665	1. 615	1. 677	1. 648	1. 648	1. 627	1. 665
Panel B. 长期债券利率								
lr	真实值	条件预测值						
		US_r	US_ts	Germ_r	Germ_ts	Japan_r	Japan_rs	UK_r	UK_ts
2016Q1	2. 840	1. 929	1. 959	1. 948	1. 973	1. 886	2. 118	1. 981	2. 090
2016Q2	2. 920	1. 766	1. 790	1. 656	1. 642	1. 574	2. 062	1. 801	1. 977
2016Q3	2. 770	1. 799	1. 811	1. 411	1. 623	1. 390	2. 041	1. 595	2. 028
2016Q4	2. 810	2. 134	2. 152	1. 456	1. 795	1. 587	2. 388	1. 744	2. 319
Panel C. 人民币对美元汇率								
ep	真实值	条件预测值						
		US_r	US_ts	Germ_r	Germ_ts	Japan_r	Japan_rs	UK_r	UK_ts
2016Q1	– 3. 093	– 3. 091	– 3. 092	– 3. 088	– 3. 090	– 3. 090	– 3. 093	– 3. 091	– 3. 093
2016Q2	– 3. 099	– 3. 077	– 3. 079	– 3. 070	– 3. 072	– 3. 074	– 3. 081	– 3. 077	– 3. 081
2016Q3	– 3. 083	– 3. 071	– 3. 073	– 3. 057	– 3. 061	– 3. 065	– 3. 077	– 3. 068	– 3. 077
2016Q4	– 3. 062	– 3. 073	– 3. 076	– 3. 053	– 3. 059	– 3. 065	– 3. 082	– 3. 068	– 3. 080

注：表中 US_r、US_ts、Germ_r、Germ_ts、Japan_r、Japan_ts、UK_r、UK_ts 分别表示针对美国基准利率、美国期限利差、德国基准利率、德国期限利差、日本基准利率、日本期限利差、英国基准利率、英国期限利差进行条件预测。变量 *eq*、*lr*、*ep* 的定义详见本章第二节。

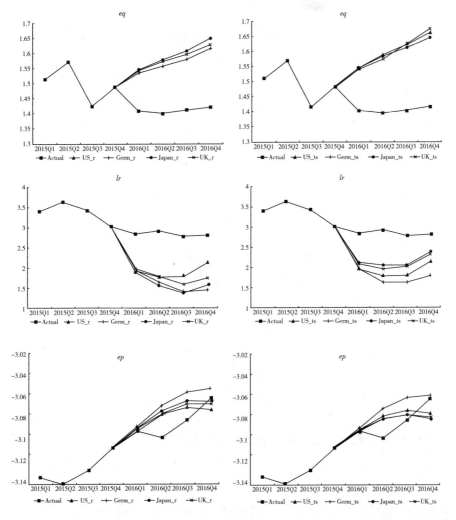

注：图中第一行两个子图为股票价格 *eq* 的真实值和条件预测值；第二行两个子图为长期债券利率 *lr* 的真实值和条件预测值；第三行为人民币对美元汇率 *ep* 的真实值和条件预测值。

图 6 – 5　2015—2016 年中国金融市场变量实际走势与条件预测走势

　　基于反事实的分析思路，上述 GVAR 模型的条件预测结果也表明，主要经济体在 2016 年持续的流动性宽松操作对全球经济复苏起到了一定作用。对中国金融市场而言，主要经济体的流动性宽松操作改善了市场对经济的预期，提升了长期债券的收益率，促进了人民币币值稳定；但是资金成本端的压力对中国股票市场价格产生了一定的抑制作用。

第四节　本章小结

货币政策或流动性管理操作在金融领域的溢出作用是客观存在的，但其影响是积极、有益的，还是消极、有害的，并不明确。本章基于 GVAR 模型探讨了主要经济体流动性管理对中国金融市场（或虚拟经济领域）的影响。利用 1997 年至 2016 年全球 15 个主要经济体的相关数据，构建、估计、求解 GVAR 模型，并利用广义脉冲分析、广义方差分解分析以及反事实分析的方法，考察了美国、欧元区经济体、亚洲经济体以及其他经济体的常规货币政策、非常规货币政策操作对中国股票市场、债券市场以及人民币汇率的影响。

结论方面，本章研究发现：第一，利用多个经济体经济与金融变量构建的 GVAR 模型有比较良好的实证表现，能够很好地刻画内外部变量间的动态关系，处理多国变量序列的截面相关问题，且参数估计值具有较好的稳定性，可广泛应用于研究流动性管理的跨国溢出效应等问题。第二，基于 GVAR 模型的广义脉冲响应分析表明，主要经济体的流动性管理操作，对中国股票价格、长期债券利率以及人民币汇率均产生了溢出效应；但是，不同经济体（美国、欧元区经济体、亚洲经济体、其他经济体）、不同的流动性管理方式（基准利率调整等常规货币政策操作、量化宽松等影响期限利差的非常规货币政策操作）对中国金融市场的冲击效果不一。第三，基于 GVAR 模型的广义方差分解分析表明，主要经济体的流动性冲击对中国金融变量预测方差的贡献度先增后减，在第 20 期之后基本趋于稳定；主要经济体的流动性冲击对中国长期债券利率的解释能力高于对股票价格和人民币汇率的解释能力；非常规货币政策冲击对中国金融市场波动的贡献度更高。第四，基于 GVAR 模型的反事实分析结果表明，2016 年主要经济体持续的流动性宽松操作改善了市场对中国经济的预期，提升了中国长期债券的收益率，促进了人民币币值稳定；但是资金成本端的压力对中国股票市场价格产生了一定的抑制作用。

本章的边际贡献和创新在于：本章对全球 15 个国家 1997—2016 年的经济金融数据构建了 GVAR 模型，研究主要经济体的流动性管理对中国金融市场的影响，填补了相关研究的空缺；在充分论证了 GVAR 模型可靠性的基础上，采用广义脉冲响应分析、广义方差分解分析以及反事实分析的方法，系统讨论了美国、欧元区经济体、亚洲经济体、其他经济体的常规与非常规货币政策对中国股票市场、债券市场和汇率的溢出效应，揭示了不同经济体、不同流动性管理工具对中国金融市场溢出影响的异质性。本章的不足之处在于，囿于掌握数据所限和数据处理能力不足，本章构建的GVAR模型对全球经济互动机制的刻画并不完善，个别细节结论比较令人费解。在后续的研究工作中，可通过对样本和变量进行扩充、对溢出机制权重矩阵进行完善等方法，提高模型的解释能力和预测能力。

第七章 研究结论与政策建议

本书以"主要经济体流动性管理对中国经济的溢出效应"为题，从宏观经济、产业活动以及金融市场三个方面，就主要经济体流动性管理对中国经济的溢出效应进行了系统、深入的研究。首先回顾了有关流动性管理的国际溢出效应传导机制、影响效果，以及主要经济体流动性管理对中国影响的相关文献资料，明确了研究的必要性和着眼点；随后考察了 20 世纪 90 年代以来三次金融危机的发展历程（互联网泡沫危机、美国次贷危机以及欧洲债务危机）、危机前后主要经济体流动性管理的历史，以及流动性管理对全球经济金融走势的塑造过程；接着构建了一个包含美国、欧元区、日本、中国四大经济体的 GPM－4 模型，通过校准、贝叶斯估计、仿真等方法分析了美国、欧元区和日本的 3 种流动性管理手段对中国 9 个关键宏观经济变量的影响；而后针对工业、农业、房地产业、消费品零售业、进出口贸易以及外商直接投资 6 种主要产业活动构建了 FAVAR 模型，研究了主要经济体流动性管理对中国主要产业活动的影响，以及各行业中流动性溢出效应的传导机制；最后，对全球 15 个主要经济体构建了 GVAR 模型，并利用广义脉冲响应分析、广义方差分解分析，以及基于 GVAR 模型的反事实分析，探讨了主要经济体流动性管理对我国金融市场的影响。

第一节 研究结论

主要研究结论包括以下四个方面：

第一，流动性变化是塑造经济金融走向的重要因素。金融危机爆发之前，主要经济体的流动性宽松为经济快速扩张提供了良好的环境，同时也为资产价格泡沫的形成和膨胀创造了条件，随后的流动性紧缩政策则起到了刺破资产价格泡沫的作用，造成金融动荡和经济衰退；金融危机期间，主要经济体中央银行的流动性管理、常规与非常规的货币政策干预，在防止金融恐慌扩散，恢复市场信心方面产生了重要影响，在降低经济成本、提振实际需求方面也起到了关键作用；金融危机具有传染性，而主要经济体的流动性管理也存在协同性。主要经济体的流动性管理方向多次转向、手段丰富，且流动性管理规模庞大，这使得研究主要经济体流动性管理对中国经济的溢出效果既有重大意义，也存在很大的研究难度。

第二，主要经济体的流动性管理对中国主要宏观经济变量产生了一定影响，但不是主导因素。不同类型的流动性冲击对中国宏观经济的影响机制不同，产生的效果也存在较大差异；从流动性瞬时冲击带来的脉冲响应来看，G3 经济体（美国、欧元区和日本）货币冲击的效果最为持久，也最容易导致中国宏观经济变量出现超调；从方差分解结果来看，信贷条件和基准利率冲击对中国宏观经济变量波动的贡献度更大；G3 经济体中，美国的流动性管理对中国宏观经济波动的影响最大，欧元区次之，日本最小；主要经济体流动性冲击对中国宏观经济变量的影响主要体现在短期（8 个季度之内），其后主要宏观经济变量逐渐回归至稳态路径，20 个季度后影响基本被完全吸收。

第三，主要经济体的流动性管理对中国主要产业活动均产生了明显的溢出效果。从流动性冲击的短期效应来看，主要经济体流动性宽松政策会促进中国产业活动的短期扩张，但部分产业活动对主要经济体流动性宽松的正面响应表现出一定的滞后和反复，且不同产业的响应幅度存在显著差异，瞬时冲击对中国主要产业活动的影响在 6 个月左右达到稳定状态；从主要经济流动性冲击对中国产业活动波动的长期贡献来看，主要经济体流动性冲击对中国各产业活动变量预测方差都有一定的解释力，但不是影响产业活动的绝对主导因素；流动性冲击的方差贡献会随时间的推移而累积，到 6 个月左右基本达到稳定；从传导机制来看，流动性冲击对大类产业部门影响的传导机制总体上遵循从初始生产资料价格和生产活动向最终产品价格和生产活动传递的过程，但冲击效应传递到后者时效果已经不太显著；流动性冲击对细分产业活动影响的传导机制具有较大差异，溢出效应主要体现在房地产业的领先指标（房屋新开工数量等）、消费品零售业的可选消费（汽车、装潢等）、进出口贸易中的出口贸易以及外商直接投资项目数量和实际使用外资金额。

第四，主要经济体的流动性管理对中国金融市场产生了明显的溢出效果。利用多个经济体经济与金融变量构建的 GVAR 模型有比较良好的实证表现，能够较好地刻画内外部变量间的动态关系，处理多国变量序列的截面相关问题，且参数估计值具有较好的稳定性，可广泛应用于研究流动性管理的跨国溢出效应等问题；主要经济体流动性管理的瞬时冲击对中国股票价格、长期债券利率以及人民币汇率均产生了溢出效应，不同经济体（美国、欧元区经济体、亚洲经济体、其他经济体）、不同的流动性管理方式（基准利率调整等常规货币政策操作、量化宽松等影响期限利差的非常规货币政策操作）对中国金融市场的冲击效果不一；主要经济体的流动性冲击对中国金融变量预测方差的贡献度先增后减，在第 20 期之后基本趋于稳定；主要经济体的流动性冲击对中国长期债券利率的解释能力高于对股票价格和人民币汇率的解释能力，非常规货币政策冲击对中国金融市场波动的贡献度更高；基于 GVAR 模型的反事实分析结果表明，2016 年主要经济体持续的流动性宽松操作改善了市场对中国经济的预期，提升了中国长期债券的收益率，促进了人民币币值稳定，但是资金成本端的压力对中国股票市场价格产生了一定的抑制作用。

第二节　政策建议

上述结论反映出，主要经济体的流动性管理对我国宏观经济、产业活动和金融市场均产生了一定的溢出效应，但并不是主导我国宏观经济、产业活动或金融市场波动的因素。相比那些宏观经济基本面疲弱、经常账户赤字大、公共债务高、通货膨胀率高、货币贬值压力巨大的新兴经济体而言，中国在最近几轮大规模金融危机中受到的直接影响相对有限，这一方面得益于中国良好的宏观经济和产业基础，另一方面可能与中国金融体系对内、对外的双重管制有关。但是，随着未来中国经济体制改革和结构调整的深化，以及金融开放程度的提升，主要经济体的流动性外溢风险仍然是必须面对的问题。另外，从最近全球经济形势来看，主要经济体的流动性政策存在高度不稳定性，可能存在货币政策立场的随时转向，甚至"以邻为壑"的恶性竞争性政策，因此，做好流动性溢出效应的管理工作仍然是中国应对未来经济、政治不确定性的首要工作。

可以实施的流动性管理工作至少包括以下三个方面：第一，继续推进经济体制和结构改革，减轻对长期经济增长的限制，提高产业竞争力；完善基础设施建设，改善商业环境；进一步提高对外商直接投资和服务贸易的开放程度；严格控制预算赤字，保持经常项目盈余和外汇储备稳定。实施这些改革将向全球市场发出积极信号，有助于吸引长期资本入驻。第二，经济政策方面需要结合宏观经济政策、宏观审慎政策和产业政策指引；宏观方面，积极使用货币政策和财政政策对冲流动性溢出效应，减轻汇率干预，保持汇率的适当浮动，以疏导国际储备压力，但也要防范过度资本流动波动导致的资产价格暴涨暴跌；宏观审慎方面，要加强对国内金融市场的宏观审慎监管，适当控制短期资本的流入流出；产业政策方面，对于流动性冲击中受影响较大的上游产业或初始生产资料价格和生产活动，需要适当的产业政策来对冲外部影响。第三，在全球金融周期的大背景下，货币独立性已经遭到很大挑战，中国应当在充分评估可能产生的流动性溢出效应的基础上，积极参与到全球货币政策协调行动中，同时积极推动区域金融和货币合作，以促进区域宏观经济和金融稳定来建立风险屏障。

附　录

附录 A　工业变量主成分分析

Variable	PC1	PC2	PC3	PC4	PC5
PPIyj	0.270	−0.027	−0.013	−0.212	−0.107
PPIdl	0.103	0.001	−0.482	0.539	0.220
PPImt	0.216	−0.108	−0.353	−0.165	0.081
PPIsy	0.241	−0.002	−0.155	0.085	0.141
PPIhx	0.270	−0.063	0.001	−0.088	−0.086
PPIjx	0.251	−0.106	0.035	−0.096	−0.131
PPIjz	0.214	−0.156	−0.100	−0.094	0.302
PPIsl	0.236	−0.148	−0.043	0.238	−0.210
PPIsp	0.233	−0.093	0.187	0.031	−0.165
PPIfz	0.198	−0.037	0.232	−0.175	0.429
PPIfr	0.185	−0.155	0.298	0.203	0.335
PPIpg	0.154	−0.183	0.169	0.235	−0.503
PPIzz	0.236	−0.156	−0.017	−0.188	−0.173
PPIwj	0.148	−0.230	−0.033	0.025	0.140
PPIqt	0.254	−0.140	−0.094	−0.094	−0.115
Idav	0.275	−0.052	−0.095	−0.068	−0.011
PMIsc	0.124	0.328	−0.043	0.096	−0.046
PMIxdd	0.130	0.332	−0.083	0.022	−0.057
PMIxck	0.140	0.305	−0.066	0.095	−0.192
PMIzs	0.177	0.277	−0.015	0.077	0.051
PMIccp	0.066	−0.194	0.321	0.489	0.052
PMIcgl	0.137	0.327	−0.019	0.037	−0.005
PMIjk	0.139	0.312	0.092	0.037	−0.124
PMIgj	0.193	0.190	0.107	−0.271	0.115
PMIycc	0.104	0.204	0.493	0.029	0.100
PMIcyry	0.180	0.229	0.012	0.172	0.167

附录 B　农业变量主成分分析

Variable	PC1	PC2	PC3	PC4	PC5
Agrwhole	0.266	−0.109	0.109	0.229	−0.207
Agrbas	0.249	−0.109	0.112	0.266	−0.250
Output1	0.030	−0.005	0.153	0.373	0.706
Output2	0.152	0.210	−0.350	0.287	0.003
Output3	0.122	0.087	−0.463	0.384	0.193
Output4	−0.044	−0.096	0.353	−0.294	0.463
Agrmeans	0.245	−0.181	−0.157	−0.027	0.103
Agrmarket1	0.264	0.185	0.045	−0.218	0.014
Agrmarket2	0.163	0.452	0.070	−0.050	0.010
Agrmarket3	0.222	0.195	−0.134	−0.348	−0.039
Agrmarket4	0.225	0.151	−0.074	−0.041	0.105
Agrmarket5	0.238	−0.222	−0.078	−0.208	0.112
Agrmarket6	0.264	0.161	0.097	−0.215	0.051
Agrmarket7	0.180	0.425	0.084	−0.065	0.004
Agrmarket8	0.147	0.226	0.224	0.198	−0.004
Agrmarket9	0.246	−0.046	0.200	0.108	0.185
Agrmarket10	0.269	−0.245	−0.064	−0.092	0.044
Agrmarket11	0.229	−0.240	0.261	0.116	−0.154
Agrmarket12	0.234	−0.182	0.312	0.167	−0.160
Agrmarket13	0.198	−0.292	−0.297	−0.214	0.087
Agrmarket14	0.276	−0.139	−0.218	−0.087	0.074
Agrmarket15	0.187	0.140	0.128	0.024	−0.082

附录 C　房地产业变量主成分分析

Variable	PC1	PC2	PC3	PC4	PC5
Realinv	0.431	−0.367	−0.171	0.325	0.080
Realde	0.479	0.149	−0.215	−0.008	−0.642
Realarea1	0.244	0.010	0.944	−0.109	−0.106
Realarea2	0.421	−0.386	0.073	0.397	0.080
Realarea3	0.460	−0.125	−0.152	−0.773	0.384
Realvol	0.254	0.575	0.019	0.353	0.600
Realarea4	0.268	0.589	−0.072	−0.043	−0.237

附录 D 消费品零售业变量主成分分析

Variable	PC1	PC2	PC3	PC4	PC5
Totalsales	− 0. 105	0. 652	− 0. 284	0. 558	0. 227
Retailsal1	0. 231	0. 017	− 0. 073	− 0. 110	0. 195
Retailsal2	0. 232	0. 007	− 0. 036	− 0. 090	0. 196
Retailsal3	0. 231	0. 009	− 0. 034	− 0. 077	0. 182
Retailsal4	0. 229	0. 036	0. 081	− 0. 007	0. 390
Retailsal5	0. 230	0. 043	− 0. 054	0. 059	0. 155
Retailsal6	0. 229	0. 053	− 0. 104	0. 048	0. 128
Retailsal7	0. 232	0. 014	0. 009	0. 087	0. 093
Retailsal8	0. 229	0. 082	− 0. 099	− 0. 002	0. 060
Retailsal9	0. 231	0. 025	− 0. 168	− 0. 103	− 0. 046
Retailsal10	0. 230	0. 048	0. 035	0. 068	0. 165
Retailsal11	0. 204	− 0. 017	0. 608	0. 583	− 0. 284
Retailsal12	0. 231	− 0. 021	− 0. 110	− 0. 092	− 0. 136
Retailsal13	0. 231	0. 017	− 0. 030	− 0. 025	− 0. 168
Retailsal14	0. 232	0. 032	− 0. 050	− 0. 009	− 0. 195
Retailsal15	0. 219	− 0. 120	0. 388	− 0. 077	0. 354
Retailsal16	0. 223	0. 128	− 0. 233	− 0. 003	− 0. 419
Retailsal17	0. 228	− 0. 019	0. 180	0. 066	− 0. 176
Retailsal18	0. 229	0. 059	− 0. 212	0. 048	− 0. 223
Retailsal19	0. 229	0. 047	− 0. 058	− 0. 147	− 0. 216
RPI	− 0. 047	0. 721	0. 427	− 0. 501	− 0. 108

附录 E 进出口贸易活动变量主成分分析

Variable	PC1	PC2	PC3	PC4	PC5
HSIM1	0. 161	− 0. 051	0. 137	0. 036	0. 053
HSIM2	0. 154	− 0. 070	0. 112	− 0. 069	0. 090
HSIM3	0. 136	− 0. 039	− 0. 042	0. 170	− 0. 185
HSIM4	0. 165	− 0. 017	0. 055	0. 098	0. 022
HSIM5	0. 138	0. 185	− 0. 116	0. 009	− 0. 083
HSIM6	0. 166	0. 003	− 0. 077	0. 015	0. 056
HSIM7	0. 168	− 0. 050	0. 045	0. 039	− 0. 036

Variable	PC1	PC2	PC3	PC4	PC5
HSIM8	0.152	− 0.071	0.155	0.205	0.041
HSIM9	0.148	− 0.078	0.050	0.377	0.009
HSIM10	0.165	− 0.077	0.023	0.083	0.061
HSIM11	0.156	− 0.037	0.060	0.313	0.131
HSIM12	0.159	− 0.076	0.067	0.179	0.087
HSIM13	0.164	− 0.112	0.069	0.078	0.047
HSIM14	0.153	0.063	0.128	− 0.121	− 0.134
HSIM15	0.154	− 0.035	− 0.054	0.232	− 0.033
HSIM16	0.166	− 0.006	− 0.014	0.022	0.090
HSIM17	0.160	0.047	− 0.118	0.085	0.203
HSIM18	0.166	− 0.003	− 0.004	0.010	0.034
HSIM19	0.158	− 0.054	− 0.013	0.167	0.142
HSIM20	0.162	− 0.106	0.085	0.154	0.101
HSIM21	0.151	− 0.057	0.130	− 0.055	− 0.161
HSIM22	− 0.023	0.454	0.444	0.276	− 0.125
HSEX1	0.162	− 0.058	0.078	− 0.125	− 0.090
HSEX2	0.161	− 0.028	− 0.034	− 0.069	0.049
HSEX3	0.122	0.278	− 0.281	0.050	0.319
HSEX4	0.162	− 0.077	0.021	− 0.108	− 0.038
HSEX5	0.154	0.190	− 0.126	− 0.067	0.062
HSEX6	0.164	0.087	− 0.077	− 0.127	− 0.039
HSEX7	0.157	0.169	− 0.147	− 0.109	0.031
HSEX8	0.154	− 0.001	− 0.059	− 0.066	− 0.252
HSEX9	0.162	− 0.030	0.030	− 0.120	− 0.186
HSEX10	0.161	0.080	− 0.134	− 0.137	0.029
HSEX11	0.132	0.191	− 0.044	− 0.218	− 0.236
HSEX12	0.157	− 0.106	0.023	− 0.133	− 0.062
HSEX13	0.165	0.030	0.017	− 0.100	− 0.101
HSEX14	0.140	− 0.275	0.038	− 0.130	− 0.098
HSEX15	0.132	0.283	− 0.245	− 0.122	0.200
HSEX16	0.165	0.050	− 0.043	− 0.039	− 0.007

续表

Variable	PC1	PC2	PC3	PC4	PC5
HSEX17	0. 165	0. 008	− 0. 004	− 0. 088	− 0. 016
HSEX18	0. 160	0. 108	− 0. 104	− 0. 025	0. 021
HSEX19	0. 044	− 0. 042	0. 539	− 0. 427	0. 550
HSEX20	0. 161	− 0. 071	0. 008	− 0. 047	0. 031
HSEX21	0. 138	− 0. 117	0. 144	− 0. 110	− 0. 332
HSEX22	0. 039	0. 530	0. 327	0. 033	− 0. 132
FDInum1	0. 003	0. 400	− 0. 072	0. 051	0. 084
FDInum2	− 0. 081	0. 342	0. 080	0. 083	− 0. 003
FDInum3	0. 012	0. 407	0. 005	0. 056	0. 006
FDIvol1	0. 056	0. 342	− 0. 128	0. 053	0. 138
FDIvol2	0. 094	0. 325	− 0. 031	− 0. 093	− 0. 074
FDIvol3	0. 033	0. 361	0. 088	0. 104	− 0. 143
FDIvol4	0. 099	0. 315	0. 015	− 0. 001	− 0. 151
Labornum	0. 109	0. 195	− 0. 100	− 0. 295	− 0. 223

附录 F　外商直接投资活动变量主成分分析

Variable	PC1	PC2	PC3	PC4	PC5
FDInum1	0. 362	0. 010	− 0. 136	− 0. 122	− 0. 175
FDInum2	− 0. 354	0. 009	0. 030	0. 522	0. 367
FDInum3	0. 363	0. 004	− 0. 127	− 0. 099	− 0. 153
FDInum4	0. 348	− 0. 008	− 0. 427	0. 110	0. 752
FDIvol1	0. 361	0. 017	− 0. 017	− 0. 151	0. 143
FDIvol2	0. 345	− 0. 015	0. 006	0. 817	− 0. 351
FDIvol3	0. 363	0. 010	− 0. 090	0. 002	− 0. 114
FDIvol4	0. 331	0. 023	0. 879	− 0. 005	0. 297
Labornum	− 0. 011	0. 999	− 0. 021	0. 013	− 0. 009

参考文献

［1］白玥明，王自锋，陈钰．美国非常规货币政策退出与中国实际产出——基于信号渠道的国际分析［J］．国际金融研究，2015，340（8）：21－30．

［2］陈磊，侯鹏．量化宽松、流动性溢出与新兴市场通货膨胀［J］．财经科学，2011（10）：48－56．

［3］丁志国，徐德财，赵晶．美国货币政策对中国价格体系的影响机理［J］．数量经济技术经济研究，2012（8）：3－18．

［4］郭晔．货币政策与财政政策的分区域产业效应比较［J］．统计研究，2011，28（3）：36－44．

［5］姜富伟，郭鹏，郭豫媚．美联储货币政策对我国资产价格的影响［J］．金融研究，2019（5）：37－55．

［6］蒋帝文．中美欧央行货币政策溢出效应的对比研究——基于GVAR模型的实证分析［J］．亚太经济，2019（3）：59－67，150－151．

［7］李明贤，张敏琦．美国量化宽松货币政策对新兴市场国家的溢出效应研究［J］．求索，2016（11）：99－103．

［8］李自磊，张云．美国量化宽松政策对金砖四国溢出效应的比较研究——基于SVAR模型的跨国分析［J］．财经科学，2014（4）：22－31．

［9］刘兰芬，韩立岩．量化宽松货币政策对新兴市场的溢出效应分析——基于中国和巴西的经验研究［J］．管理评论，2014，26（6）：13－22．

［10］刘少云．美联储货币政策对中国通货膨胀溢出效应的再审视［J］．财贸经济，2016（7）：94－106．

［11］孙浦阳，张靖佳，高恺琳．量化宽松政策对于企业出口价格的影响研究——基于微观数据的理论与实证研究［J］．管理世界，2016（11）：53－64，187－188．

［12］孙雪芬，马红霞．全球流动性对中国通货膨胀的国际传导［J］．武汉大学学报（哲学社会科学版），2011，64（2）：102－107．

[13] 闫红波, 王国林. 我国货币政策产业效应的非对称性研究——来自制造业的实证 [J]. 数量经济技术经济研究, 2008, 25 (5): 17 – 29.

[14] 叶阿忠, 朱松平. 美国货币政策、国际原油价格对中国经济波动影响的实证分析 [J]. 统计与决策, 2017 (17): 155 – 158.

[15] 易晓溦, 陈守东, 刘洋. 美国非常规货币政策冲击下中国利率期限结构动态响应研究 [J]. 国际金融研究, 2015, 339 (1): 25 – 36.

[16] 余振, 张萍, 吴莹. 美国退出 QE 对中美两国金融市场的影响及中国的对策——基于 FAVAR 模型的分析 [J]. 世界经济研究, 2015 (4).

[17] 张会清, 王剑. 全球流动性冲击对中国经济影响的实证研究 [J]. 金融研究, 2011 (3): 27 – 41.

[18] 张靖佳, 孙浦阳, 古芳. 欧洲量化宽松政策对中国企业出口影响——一个汇率网状溢出效应视角 [J]. 金融研究, 2017 (9): 18 – 34.

[19] 张蓉. 全球流动性对中国宏观经济的冲击——基于实际产出、物价水平和资产价格的实证检验 [J]. 上海金融, 2019 (7): 29 – 35.

[20] 孙立坚, 江彦. 关于中国 "通缩出口" 论的真伪性检验 [J]. 经济研究, 2003 (11): 22 – 32.

[21] Adrian T, Shin H S. Money, liquidity, and monetary policy [J]. American Economic Review, 2009, 99 (2): 600 – 605.

[22] Alam T, Waheed M. The Monetary Transmission Mechanism in Pakistan: A Sectoral Analysis [M]. Social Science Electronic Publishing, 2006.

[23] Anaya P, Hachula M, Offermanns C J. Spillovers of US unconventional monetary policy to emerging markets: The role of capital flows [J]. Journal of International Money and Finance, 2017 (73): 275 – 295.

[24] Andrews D W K, Ploberger W. Optimal tests when a nuisance parameter is present only under the alternative [J]. Econometrica: Journal of the Econometric Society, 1994: 1383 – 1414.

[25] Ang A, Piazzesi M. A no – arbitrage vector autoregression of term structure dynamics with macroeconomic and latent variables [J]. Journal of Monetary economics, 2003, 50 (4): 745 – 787.

[26] Aoki K, Proudman J, Vlieghe G. House prices, consumption, and monetary policy: a financial accelerator approach [J]. Journal of financial intermediation, 2004, 13 (4): 414 – 435.

[27] Baks K, Kramer M C F. Global liquidity and asset prices: Measurement, implications, and spillovers [M]. International Monetary Fund, 1999.

[28] Bauer M, Rudebusch G. The Signaling Channel for Federal Reserve Bond Purchases [J]. International Journal of Central Banking, 2014, 10 (3): 233 - 289.

[29] Bekaert G, Hoerova M, Duca M L. Risk, uncertainty and monetary policy [J]. Journal of Monetary Economics, 2013, 60 (7): 771 - 788.

[30] Belke A, Orth W, Setzer R. Liquidity and the dynamic pattern of asset price adjustment: A global view [J]. Journal of Banking & Finance, 2010, 34 (8): 1933 - 1945.

[31] Bernanke B S, Gertler M, Gilchrist S. The financial accelerator in a quantitative business cycle framework [J]. Handbook of macroeconomics, 1999 (1): 1341 - 1393.

[32] Bernanke B S, Gertler M. Inside the black box: the credit channel of monetary policy transmission [J]. Journal of Economic perspectives, 1995, 9 (4): 27 - 48.

[33] Bernanke B S, Kuttner K N. What Explains the Stock Market's Reaction to Federal Reserve Policy? [J]. Journal of Finance, 2005, 60 (3): 1221 - 1257.

[34] Bernanke B, Gertler M. Monetary policy and asset price volatility [R]. National bureau of economic research, 2000.

[35] Beyer H, Rojas P, Vergara R. Trade liberalization and wage inequality [J]. Journal of Development Economics, 1999, 59 (1): 103 - 123.

[36] Blagrave P, Elliott P, Garcia - Saltos M R, et al. Adding China to the Global Projection Model [M]. International Monetary Fund, 2013.

[37] Blinder A S, Reis R. Economic performance in the greenspan era: the evolution of events and ideas [C] / Symposium sponsored by the Federal Reserve Bank of Kansas City on "Rethinking Stabilization Policy", Jackson Hole, 2005: 25 - 27.

[38] Blinder A S. How central should the central bank be? [J]. Journal of Economic Literature, 2010, 48 (1): 123 - 133.

[39] Boivin J, Giannoni M P, Mihov I. Sticky prices and monetary policy: Evidence from disaggregated US data [J]. American economic review, 2009, 99

(1): 350 - 84.

[40] Borio C, Zhu H. Capital regulation, risk - taking and monetary policy: a missing link in the transmission mechanism? [J]. Journal of Financial stability, 2012, 8 (4): 236 - 251.

[41] Bowman D, Londono J M, Sapriza H. U. S. unconventional monetary policy and transmission to emerging market economies [J]. Journal of International Money and Finance, 2015 (55): 27 - 59.

[42] Bredin D, Hyde S, Nitzsche D, et al. European monetary policy surprises: the aggregate and sectoral stock market response [J]. International Journal of Finance & Economics, 2009, 14 (2): 156 - 171.

[43] Bruno V, Shin H S. Capital flows and the risk - taking channel of monetary policy [J]. Journal of Monetary Economics, 2015 (71): 119 - 132.

[44] Bruno V, Shin H S. Cross-border banking and global liquidity [J]. The Review of Economic Studies, 2014, 82 (2): 535 - 564.

[45] Buch C M, Bussiere M, Goldberg L, et al. The international transmission of monetary policy [J]. Journal of International Money and Finance, 2019 (91): 29 - 48.

[46] Calvo G A, Leiderman L, Reinhart C M. Inflows of Capital to Developing Countries in the 1990s [J]. Journal of Economic Perspectives, 1996, 10 (2): 123 - 139.

[47] Canales-Kriljenko J I, Freedman C, Garcia-Saltos R, et al. Adding Latin America to the Global Projection Model [M]. International Monetary Fund, 2009.

[48] Canova F. The transmission of US shocks to Latin America [J]. Journal of Applied econometrics, 2005, 20 (2): 229 - 251.

[49] Carabenciov I, Ermolaev I, Freedman C, et al. A Small Quarterly Projection Model of the US Economy [J]. IMF Working Papers, 2008: 1 - 54.

[50] Carabenciov I, Freedman C, Garciasaltos R, et al. GPM6 : The Global Projection Model with 6 Regions [J]. Imf Working Papers, 2013, 13 (87).

[51] Carabenciov I, Freedman M C, Garcia-Saltos M R, et al. GPM6: the global projection model with 6 regions [M]. International Monetary Fund, 2013.

[52] Carlino G A, DeFina R. Monetary policy and the US states and re-

gions: some implications for European monetary union [M]. Regional aspects of monetary policy in Europe. Springer, Boston, MA, 2000: 45 – 67.

[53] Cecchetti S G, Flores-Lagunes A, Krause S. Assessing the sources of changes in the volatility of real growth [R]. National Bureau of Economic Research, 2006.

[54] Cecchetti S G. Distinguishing theories of the monetary transmission mechanism [J]. Review-Federal Reserve Bank of Saint Louis, 1995 (77): 83.

[55] Cecchetti S G. Legal structure, financial structure, and the monetary policy transmission mechanism [R]. National bureau of economic research, 1999.

[56] Chari A, Stedman K D, Lundblad C. Taper tantrums: QE, its aftermath and emerging market capital flows [R]. National Bureau of Economic Research, 2017.

[57] Chen Q, Filardo A, He D, et al. International spillovers of central bank balance sheet policies [J]. BIS Papers chapters, 2012 (66): 220 – 264.

[58] Chen Q, Filardo A, He D, et al. Financial crisis, US unconventional monetary policy and international spillovers [J]. Journal of International Money and Finance, 2016 (67): 62 – 81.

[59] Chen, Q., Filardo, A., He, D., & Zhu, F. Financial crisis, unconventional monetary policy and international spillovers [J]. Journal of International Money and Finance, 2016, 67 (85): 62 – 81.

[60] Christiano L J, Eichenbaum M, Evans C L. Monetary policy shocks: what have we learned and to what end? [R]. National bureau of economic research, 1998.

[61] Chudik A, Pesaran M H. Theory and practice of GVAR modelling [J]. Journal of Economic Surveys, 2016, 30 (1): 165 – 197.

[62] Clarida R, Gali J, Gertler M. Optimal monetary policy in open versus closed economies: an integrated approach [J]. American Economic Review, 2001, 91 (2): 248 – 252.

[63] Clinton K, Garcia – Saltos R, Johnson M, et al. International deflation risks under alternative macroeconomic policies [J]. Journal of the Japanese and International Economies, 2010, 24 (2): 140 – 177.

［64］Corsetti G, Pesenti P. Welfare and macroeconomic interdependence ［J］. The Quarterly Journal of Economics, 2001, 116 （2）: 421 - 445.

［65］D'Agostino A, Surico P. Does global liquidity help to forecast US inflation? ［J］. Journal of Money, Credit and Banking, 2009, 41 （2 - 3）: 479 - 489.

［66］Dale S, Haldane A G. Interest rates and the channels of monetary transmission: Some sectoral estimates ［J］. European Economic Review, 1995, 39 （9）: 1611 - 1626.

［67］De Jager S, Johnston M, Steinbach R. A revised quarterly projection model for South Africa ［J］. South African Reserve Bank Working Paper （15/03）, 2015: 1 - 25.

［68］Dedola L, Lippi F. The monetary transmission mechanism: Evidence from the industries of five OECD countries ［J］. European Economic Review, 2005, 49 （6）: 1543 - 1569.

［69］Dees S, Hashem Pesaran M, Vanessa Smith L, et al. Constructing Multi-Country Rational Expectations Models ［J］. Oxford Bulletin of Economics and Statistics, 2014, 76 （6）: 812 - 840.

［70］Dees S, Mauro F, Pesaran M H, et al. Exploring the international linkages of the euro area: a global VAR analysis ［J］. Journal of applied econometrics, 2007, 22 （1）: 1 - 38.

［71］Dees S, Pesaran M H, Smith L V, et al. Supply, demand and monetary policy shocks in a multi-country New Keynesian model ［R］. CESifo working paper Empirical and Theoretical Methods, 2010.

［72］Di Mauro, F. , Pesaran, M. H. The GVAR handbook: Structure and applications of a macro model of the global economy for policy analysis ［M］. OUP Oxford, 2013.

［73］Dornbusch R. Expectations and exchange rate dynamics ［J］. Journal of political Economy, 1976, 84 （6）: 1161 - 1176.

［74］Edwards S. Monetary policy independence under flexible exchange rates: an illusion? ［J］. The World Economy, 2015, 38 （5）: 773 - 787.

［75］Eickmeier S, Ng T. How do US credit supply shocks propagate internationally? A GVAR approach ［J］. European Economic Review, 2015 （74）: 128 - 145.

[76] Feldkircher M, Horvath R, Rusnak M. Exchange market pressures during the financial crisis: A Bayesian model averaging evidence [J]. Journal of International Money & Finance, 2014, 40 (2): 21 –41.

[77] Fernald J G, Spiegel M M, Swanson E T. Monetary policy effectiveness in China: Evidence from a FAVAR model [J]. Journal of International Money and Finance, 2014 (49): 83 – 103.

[78] Fratzscher M, Duca M L, Straub R. ECB unconventional monetary policy: Market impact and international spillovers [J]. IMF Economic Review, 2016, 64 (1): 36 –74.

[79] Gagnon J, Raskin M, Remache J, et al. Large-scale asset purchases by the Federal Reserve: did they work? [R]. FRB of New York Staff Report, 2010: 441.

[80] Gagnon J, Raskin M, Remache J, et al. The financial market effects of the Federal Reserve's large-scale asset purchases [J]. International Journal of central Banking, 2011, 7 (1): 3 –43.

[81] Gali J, Monacelli T. Monetary policy and exchange rate volatility in a small open economy [J]. The Review of Economic Studies, 2005, 72 (3): 707 –734.

[82] Gambacorta L, Hofmann B, Peersman G. The Effectiveness of Unconventional Monetary Policy at the Zero Lower Bound: A Cross – Country Analysis [J]. Journal of Money Credit & Banking, 2014, 46 (4): 615 –642.

[83] Garcia – Saltos M R, Laxton M D, Andrle M, et al. Adding Indonesia to the Global Projection Model [M]. International Monetary Fund, 2009.

[84] Gert P, Frank S. The Industry Effects of Monetary Policy in the Euro Area * [J]. Economic Journal, 2005, 115 (503): 319 –342.

[85] Gertler M, Gilchrist S. The role of credit market imperfections in the monetary transmission mechanism: arguments and evidence [J]. The Scandinavian Journal of Economics, 1993: 43 –64.

[86] Ghosh S . Industry Effects of Monetary Policy: Evidence from India [J]. Indian Economic Review, 2009, 44.

[87] Giese J V, Tuxen C K. Global liquidity and asset prices in a cointegrated VAR [J]. Nuffield College, University of Oxford, and Department of Eco-

nomics, Copenhagen University, 2007: 1 – 28.

[88] Giese J V, Tuxen C K. Global liquidity, asset prices and monetary policy: evidence from cointegrated VAR models [J]. Unpublished Working Paper. University of Oxford, Nuffield College and University of Copenhagen, Department of Economics, 2007.

[89] Gilchrist S, Yue V, Zakrajsek E. US monetary policy and foreign bond yields [C] /15th Jacques Polak Annual Research Conference Hosted by the International Monetary Fund Washington, DC – November. 2014: 13 – 14.

[90] Glick R, Leduc S. Central bank announcements of asset purchases and the impact on global financial and commodity markets [J]. Journal of International Money and Finance, 2012, 31 (8): 2078 – 2101.

[91] Goldberg L S. Banking globalization, transmission, and monetary policy autonomy [R]. National Bureau of Economic Research, 2013.

[92] Goto E. Sectoral Effects of Unconventional Monetary Policy Under ZLB and its Cross-Country Implications [R]. 2018.

[93] Gray C. Responding to a monetary superpower: Investigating the behavioral spillovers of US Monetary Policy [J]. Atlantic Economic Journal, 2013, 41 (2): 173 – 184.

[94] Haitsma R, Unalmis D, Haan J D. The impact of the ECB's conventional and unconventional monetary policies on stock markets [J]. Journal of Macroeconomics, 2016 (48): 101 – 116.

[95] Hamilton J D, Wu J C. The effectiveness of alternative monetary policy tools in a zero lower bound environment [J]. Journal of Money, Credit and Banking, 2012 (44): 3 – 46.

[96] Hanson B E. Tests for parameter instability in regressions with I (1) processes [J]. Journal of Business & Economic Statistics, 2002, 20 (1): 45 – 59.

[97] Harbo I, Johansen S, Nielsen B, et al. Asymptotic inference on cointegrating rank in partial systems [J]. Journal of Business & Economic Statistics, 1998, 16 (4): 388 – 399.

[98] Hayo B, Uhlenbrock B. Industry Effects of Monetary Policy in Germany [J]. Macroeconomics, 1999 (1): 127 – 158.

［99］ Hayo B, Uhlenbrock B. Industry effects of monetary policy in Germany ［M］. Regional aspects of monetary policy in Europe. Springer, Boston, MA, 2000: 127 – 158.

［100］ Hofmann B, Takáts E. International monetary spillovers ［J］. BIS Quarterly Review, September, 2015.

［101］ Holman J A, Neumann R M. Evidence on the cross-country transmission of monetary shocks ［J］. Applied Economics, 2002, 34 (15): 1837 – 1857.

［102］ Iacoviello M. House prices, borrowing constraints, and monetary policy in the business cycle ［J］. American economic review, 2005, 95 (3): 739 – 764.

［103］ Ibrahim M H. Sectoral Effects of Monetary Policy: Evidence from Malaysia ［J］. Asian Economic Journal, 2005, 19 (1): 83 – 102.

［104］ IgnazioAngeloni, MichaelEhrmann. Monetary transmission in the euro area: early evidence ［J］. Economic Policy, 2003, 18 (37): 469 – 501.

［105］ IMF, C. Global Liquidity Expansion: Effects on Receiving "Economies and Policy Response Options" ［R］. 2010.

［106］ Inoue T, Okimoto T. How Does Unconventional Monetary Policy Affect the Global Financial Markets: Evaluating Policy Effects by Global VAR Models ［R］. Research Institute of Economy, Trade and Industry (RIETI), 2019.

［107］ Johansen S. Cointegration in partial systems and the efficiency of single-equation analysis ［J］. Journal of econometrics, 1992, 52 (3): 389 – 402.

［108］ Juillard M, Freedman C, Korshunov D, et al. A small quarterly multi-country projection model with financial-real linkages and oil prices ［M］. International Monetary Fund, 2008.

［109］ Kashyap A K, Stein J C, Wilcox D W. Monetary policy and credit conditions: Evidence from the composition of external finance: Reply ［J］. The American Economic Review, 1996, 86 (1): 310 – 314.

［110］ Kholodilin K, Montagnoli A, Napolitano O, et al. Assessing the impact of the ECB's monetary policy on the stock markets: a sectoral view ［J］. Social Science Electronic Publishing, 2009, 105 (3): 211 – 213.

［111］ Kim S, Roubini N. Exchange rate anomalies in the industrial countries: A solution with a structural VAR approach ［J］. Journal of Monetary economics, 2000, 45 (3): 561 – 586.

[112] Kim S. International transmission of US monetary policy shocks: Evidence from VAR's [J]. Journal of Monetary Economics, 2001, 48 (2): 339 – 372.

[113] Kishor N K, Marfatia H A. The time – varying response of foreign stock markets to U. S. monetary policy surprises: Evidence from the Federal funds futures market [J]. Journal of International Financial Markets, Institutions and Money, 2013, 24 (1): 1 – 24.

[114] Ko J H, Lee C M. International economic policy uncertainty and stock prices: Wavelet approach [J]. Economics Letters, 2015 (134): 118 – 122.

[115] Koop G, Pesaran M H, Potter S M. Impulse response analysis in nonlinear multivariate models [J]. Journal of econometrics, 1996, 74 (1): 119 – 147.

[116] Krishnamurthy A, Vissing-Jorgensen A. The effects of quantitative easing on interest rates: channels and implications for policy [R]. National Bureau of Economic Research, 2011.

[117] Kucharčuková O B, Claeys P, Vašíček B. Spillover of the ECB's monetary policy outside the euro area: How different is conventional from unconventional policy? [J]. Journal of Policy Modeling, 2016, 38 (2): 199 – 225.

[118] Lajmi M, El Khadraoui S. Medium-Term Forecasting Model for Tunisia [R]. Central Bank of Tunisia, 2014.

[119] Lavigne R, Sarker S, Vasishtha G. Spillover effects of quantitative easing on emerging-market economies [J]. Bank of Canada Review, 2014 (Autumn): 23 – 33.

[120] Laxton J, Ermolaev I, Freedman C, et al. A Small Quarterly Multi-Country Projection Model [R]. International Monetary Fund, 2008.

[121] Maćkowiak B. External shocks, US monetary policy and macroeconomic fluctuations in emerging markets [J]. Journal of monetary economics, 2007, 54 (8): 2512 – 2520.

[122] Mazzola F, Fazio G, Cascio I L. Regional Asymmetric Reactions to Shocks in EMU: an Assessment of Different Approaches [M]. Regional Convergence in the European Union, 2002.

[123] Mirandaagrippino S , Hélène Rey. US Monetary Policy and the Global Financial Cycle [J]. Social Science Electronic Publishing, 2015.

[124] Miranda-Agrippino S, Rey H. US monetary policy and the global financial cycle [R]. National Bureau of Economic Research, 2015.

[125] Mishkin F S. The channels of monetary transmission: lessons for monetary policy [R]. National Bureau of Economic Research, 1996.

[126] Morais B, Peydró J L, Roldán-Peña J, et al. The International Bank Lending Channel of Monetary Policy Rates and QE: Credit Supply, Reach-for-Yield, and Real Effects [J]. The Journal of Finance, 2019, 74 (1): 55 – 90.

[127] Mumtaz H, Surico P. The transmission of international shocks: a factor-augmented VAR approach [J]. Journal of Money, Credit and Banking, 2009 (41): 71 – 100.

[128] Mundell R A. Capital mobility and stabilization policy under fixed and flexible exchange rates [J]. Canadian Journal of Economics and Political Science/Revue canadienne de economiques et science politique, 1963, 29 (4): 475 – 485.

[129] Neely C J. The large scale asset purchases had large international effects [M]. Federal Reserve Bank of St. Louis, Research Division, 2010.

[130] Neri S, Nobili A. The transmission of US monetary policy to the euro area [J]. International Finance, 2010, 13 (1): 55 – 78.

[131] Nyblom J. Testing for the constancy of parameters over time [J]. Journal of the American Statistical Association, 1989, 84 (405): 223 – 230.

[132] Obstfeld M, Rogoff K. Exchange rate dynamics redux [J]. Journal of political economy, 1995, 103 (3): 624 – 660.

[133] Obstfeld M, Rogoff K. New directions for stochastic open economy models [J]. Journal of international economics, 2000, 50 (1): 117 – 153.

[134] Obstfeld M, Shambaugh J C, Taylor A M. Financial stability, the trilemma, and international reserves [J]. American Economic Journal: Macroeconomics, 2010, 2 (2): 57 – 94.

[135] Obstfeld M. Trilemmas and Tradeoffs: Living with Financial Globalization [J]. Central Banking, Analysis, and Economic Policies Book Series, 2015 (20): 13 – 78.

[136] Ostry M J D, Ghosh M A R. Obstacles to international policy coordination, and how to overcome them [M]. International Monetary Fund, 2013.

[137] Passari E, Rey H. Financial flows and the international monetary system [J]. The Economic Journal, 2015, 125 (584): 675 – 698.

[138] Peersman G. The Transmission of Monetary Policy in the Euro Area: Are the Effects Different Across Countries? [J]. Oxford Bulletin of Economics & Statistics, 2010, 66 (3): 285 – 308.

[139] Perez P J, Osborn D R, Artis M. The international business cycle in a changing world: volatility and the propagation of shocks in the G – 7 [J]. Open Economies Review, 2006, 17 (3): 255 – 279.

[140] Pesaran H H, Shin Y. Generalized impulse response analysis in linear multivariate models [J]. Economics letters, 1998, 58 (1): 17 – 29.

[141] Pesaran M H , Schuermann T , Weiner T S M . Macroeconomic Dynamics and Credit Risk: A Global Perspective [J]. Journal of Money, Credit and Banking, 2006, 38 (5): 1211 – 1261.

[142] Pesaran M H, Schuermann T, Smith L V. Forecasting economic and financial variables with global VARs [J]. International journal of forecasting, 2009 (a), 25 (4): 642 – 675.

[143] Pesaran M H, Schuermann T, Smith L V. Rejoinder to comments on forecasting economic and financial variables with global VARs [J]. International Journal of Forecasting, 2009 (b), 25 (4): 703.

[144] Pesaran M H, Schuermann T, Treutler B J. Global business cycles and credit risk [M]. The risks of financial institutions. University of Chicago Press, 2007: 419 – 474.

[145] Pesaran MH, Vanessa Smith L, Smith R P. What if the UK or Sweden had joined the euro in 1999? An empirical evaluation using a Global VAR [J]. International Journal of Finance & Economics, 2007, 12 (1): 55 – 87.

[146] Ploberger W, Krämer W. The CUSUM test with OLS residuals [J]. Econometrica: Journal of the Econometric Society, 1992: 271 – 285.

[147] Potjagailo G. Spillover Effects from Euro Area Monetary Policy across Europe: A Factor-Augmented VAR Approach [J]. Journal of International Money & Finance, 2017 (72): 127 – 147.

［148］ Quandt R E. Tests of the hypothesis that a linear regression system o-beys two separate regimes ［J］. Journal of the American statistical Association, 1960, 55 (290): 324 – 330.

［149］ Rey H. Dilemma not trilemma: the global financial cycle and mone-tary policy independence ［R］. National Bureau of Economic Research, 2015.

［150］ Rogers J H, Scotti C, Wright J H. Evaluating asset – market effects of unconventional monetary policy: A multi – country review ［J］. International Finance Discussion Papers, 2014, 29 (80): 749 – 799.

［151］ Rüffer R, Stracca L. What is global excess liquidity, and does it mat-ter? ［R］. European Central Bank, 2006.

［152］ Saccomanni F. Monetary spillovers? Boom and bust? Currency wars? The international monetary system strikes back ［J］. 2015.

［153］ Sousa J M, Zaghini A. Global monetary policy shocks in the G5: A SVAR approach ［J］. Journal of International Financial Markets, Institutions and Money, 2007, 17 (5): 403 – 419.

［154］ Stock J H, Watson M W. Forecasting inflation ［J］. Journal of Mo-netary Economics, 1999, 44 (2): 293 – 335.

［155］ Stock J H, Watson M W. Forecasting using principal components from a large number of predictors ［J］. Journal of the American statistical associa-tion, 2002, 97 (460): 1167 – 1179.

［156］ Swanson E T, Williams J C. Measuring the effect of the zero lower bound on medium-and longer-term interest rates ［J］. American Economic Re-view, 2014, 104 (10): 3154 – 85.

［157］ White W R. Should monetary policy "lean or clean"? ［J］. Federal Reserve Bank of Dallas, Globalization and Monetary Policy Institute Working Pa-per, 2009: 34.

［158］ Willems T. Analyzing the effects of US monetary policy shocks in dol-larized countries ［J］. European Economic Review, 2013 (61): 101 – 115.